科技大讲堂丛书

U0368588

管理信息系统与Web编程教程

李国红 ◎ 编著

清华大学出版社

北京

内 容 简 介

　　管理信息系统是一种由人和计算机等组成,能进行信息的收集、传递、储存、加工、维护和使用的系统,它既是一个注重技术的管理系统,又是一个突出管理的技术系统,具有计划控制、数据处理、预测和辅助决策等功能。本书以管理信息系统的开发为主线,从分析管理信息系统的概念、特点、结构与平台模式等内容入手,讨论管理信息系统的主要开发方法,阐明系统规划与分析、系统设计、系统实施与维护的基本理论与知识,进一步分析说明利用 ASP＋MySQL 数据库进行管理信息系统 Web 编程的基本原理、步骤和方法,并以 Web 信息管理系统设计与编程案例,详细阐释 Web 信息管理系统设计与实现的技术与方法,从而揭示管理信息系统的基本理论与实质。

　　本书每章都附有适量的思考题,可作为高等学校管理类专业教材,也可作为系统研发人员的参考书。

图书在版编目(CIP)数据

　　管理信息系统与 Web 编程教程 / 李国红编著. -- 北京:清华大学出版社,2025.5.
(清华科技大讲堂丛书). -- ISBN 978-7-302-68809-9
　　Ⅰ. C931.6;TP393.092.2
　　中国国家版本馆 CIP 数据核字第 202580EY19 号

责任编辑:赵　凯　薛　阳
封面设计:刘　键
责任校对:刘惠林
责任印制:沈　露

出版发行:清华大学出版社
　　　　　网　　　址:https://www.tup.com.cn,https://www.wqxuetang.com
　　　　　地　　　址:北京清华大学学研大厦 A 座　　邮　　编:100084
　　　　　社 总 机:010-83470000　　　　　　　　邮　　购:010-62786544
　　　　　投稿与读者服务:010-62776969,c-service@tup.tsinghua.edu.cn
　　　　　质量反馈:010-62772015,zhiliang@tup.tsinghua.edu.cn
　　　　　课件下载:https://www.tup.com.cn,010-83470236
印 装 者:三河市龙大印装有限公司
经　　销:全国新华书店
开　　本:185mm×260mm　　印　　张:16.75　　　　　字　　数:408 千字
版　　次:2025 年 5 月第 1 版　　　　　　　　　　印　　次:2025 年 5 月第 1 次印刷
印　　数:1～1500
定　　价:69.00 元

产品编号:106268-01

　　管理信息系统是 20 世纪 80 年代逐渐形成的一门理论性和实践性都很强的技术性学科，是在综合应用管理科学、信息科学、系统科学、行为科学、计算机科学和通信技术等学科相关理论知识的基础上形成的一门有特色的交叉学科，并已成为许多高校管理类专业教学计划中的一门重要课程。本书是在作者多年从事"管理信息系统"课程教学，通过反复在计算机上编程试验，并参阅大量文献资料的基础上编写而成的。

　　本书主要以管理信息系统的开发为主线，系统地阐述管理信息系统的基础理论知识和开发方法，并通过管理信息系统的 Web 编程和 Web 信息管理系统的设计与编程案例，从不同视角详细论述和揭示管理信息系统的设计与实现方法。全书共 7 章，各章内容如下。

　　第 1 章　管理信息系统概述。在阐述管理、信息、系统与信息系统等相关概念的基础上，分析了管理信息系统的概念、特点、结构和平台模式，探讨了管理信息系统面临的挑战与对策。

　　第 2 章　管理信息系统的开发方法。介绍了结构化生命周期法、原型法、软件包法和面向对象开发方法的基本思想、过程、特点、优缺点及适用范围等。

　　第 3 章　管理信息系统的系统规划与分析。阐述了系统规划与系统分析的内容、步骤与方法，分析了 BSP、CSF、SST、E/MA 等系统规划方法的基本思想和主要步骤等，讨论了可行性分析的基本内容，并重点揭示了组织结构、管理功能、管理业务流程及数据流程的分析方法，介绍了 U/C 矩阵、树枝因果图、甘特图、网状计划图、组织结构图、功能结构图、管理业务流程图、表格分配图、数据流程图及数据字典、决策树、决策表、结构化语言等结构化分析工具，从而为建立系统的逻辑模型奠定了基础。

　　第 4 章　管理信息系统的系统设计。阐述了系统设计的任务与目标，讨论了系统划分与模块设计的原则及结构化设计方法，并从代码设计、数据库设计、输入输出设计、处理过程设计等方面论述与揭示了详细设计的主要内容、步骤与方法，阐明了模块的耦合和聚合、校验码的设计方法及关系模型的导出方法，介绍了模块结构图、E-R 图、程序流程图、N-S 图、问题分析图、过程设计语言、Jackson 图、Warnier 图和 IPO 图等描述工具，从而为建立系统物理模型提供了必要的手段。

　　第 5 章　管理信息系统的系统实施与维护。介绍了系统实施与维护的主要内容和结构化程序设计的方法，重点分析了系统调试的内容、步骤和方法，说明系统切换方式及其适用性，并对系统运行管理和维护、系统评价的内容做了扼要的阐述，为系统实施提供了理论依据。

　　第 6 章　管理信息系统 Web 编程基础。对管理信息系统 Web 编程技术的基础知识进行了必要的阐述和说明，具体涉及的知识点主要包括管理信息系统 Web 编程环境与 IIS 设置、HTML 信息组织和网页设计、ASP 基本工作原理和编程知识、MySQL 数据库基本操作与用户管理等。在此基础上，以具体的编程示例，论述和分析了利用 ASP 对 MySQL 数据库进行插入记录、查询记录、修改记录、删除记录、数据分组统计与计算等编程技术，并进一步阐释了文件调用、过程调用及通用查询功能的实现方法，提供了相应的 ASP 程序代码和程序说明。

第 7 章　Web 信息管理系统设计与编程案例。通过案例的形式，以 MySQL 数据库的 Web 访问为例，阐述与分析了利用 HTML、DIV＋CSS、ASP 等实现 B/S 模式下的输入与校验设计、浏览与分页显示设计、查询设计、修改设计、删除设计、菜单设计、用户注册设计、系统登录设计等 Web 编程技术，并为各种重要功能模块的实现提供了若干设计、编程方式，从不同的角度阐释了 Web 信息管理系统设计与实现的关键技术与方法。

从内容编排上看，本书每章的内容既相对独立，章节之间又相互连贯，既有扎实深入的理论支撑，又有循序渐进的技术阐释，更有由浅入深的编程应用，构成一个不可分割的、理论和实践相结合的有机整体，使知识结构更加丰富和合理。

与管理信息系统学科的其他教材相比，本书内容集理论性、技术性和实践性（可操作性）于一身，提供了相对完整的 Web 信息管理系统编程案例，摒弃了电子商务、电子政务等不十分必要的概述性章节内容，使书中知识内容更加紧凑，联系更加紧密，也使管理信息系统这门学科的理论与实践相结合的特性更加突出。

总之，本书在阐述管理信息系统设计基本理论与方法的基础上，进一步论述与分析了管理信息系统的 Web 编程技术与实现方法，书中所有程序都在计算机上运行通过。全书内容充实，侧重技术，面向管理，详略得当，每章都附有适量思考题，适用于管理类专业领域的教学与科研。

感谢清华大学出版社的大力支持，感谢为本书出版倾注了心血和汗水的编辑和所有相关工作人员，感谢家人的付出和理解。

由于编者水平有限，书中难免存在错误和缺点，敬请广大读者批评指正。

李 国 红

2024 年 1 月于郑州大学

目 录

第1章

管理信息系统概述

1.1 管理、信息与系统

企业的生存与发展离不开有效的决策和管理,有效的决策和管理取决于信息的及时获取与利用,而信息的及时获取与利用又依赖以系统思想建立和完善起来的管理信息系统(management information system,MIS)。管理信息系统面向管理决策提供信息服务,使企业或组织在激烈的竞争中立于不败之地,"管理""信息"与"系统"成为管理信息系统永恒的话题。

1.1.1 管理与管理科学

1. 管理的概念

管理信息系统是面向"管理"的信息系统。所谓管理,就是把人力和资源,通过计划、组织和控制来完成一定的组织目标的过程;或者说,管理是通过计划、组织、指挥、协调、控制等基本管理功能,有效地利用人力、物力、财力等各种要素,促进它们相互密切配合,发挥它们最高的效率,以达到预期的目标。美国著名管理学家哈罗德在《管理学(第九版)》中对"管理"做了如下定义:管理就是设计和保持一种良好的环境,使人在群体里高效地完成既定目标。总之,管理是应用一切思想、理论和方法去合理地计划、组织、指挥、协调和控制他人,调度包括人、财、物、设备、技术和信息等在内的各种资源,以求以最小的投入去获得最好或最大的产出目标。管理信息系统的基本目标就是有效地支持管理与决策。

2. 管理科学的发展

管理是从人类的生产劳动活动中出现协作分工时开始的,是有组织的社会所必需的活动。但作为一种理论的管理科学是在企业管理从社会管理中分化出来时形成的。管理科学是一门独立的学科,它有着独特的研究对象和完整的学科体系。20世纪以来,管理科学的发展大致经历了以下阶段。

（1）第一阶段（20世纪20年代）：以泰罗为代表的"科学管理学派"，其主要观点是通过提高效率来提高生产率，并通过科学方法的应用来增加工人的工资，其原理强调应用科学，创造集体协调和合作，达到最大的产出量和培养工人的能力。

（2）第二阶段（20世纪30年代）：以梅约为代表的"行为科学学派"，其理论主张以人为中心，激励人的积极性。

（3）第三阶段（20世纪40年代）：以马克兰特为代表的"数学管理学派"，主张用定量化的手段，数学模型的方法来进行管理。

（4）第四阶段（20世纪50年代）：出现计算机管理学派，主张将计算机广泛应用于管理。继1954年计算机成功地运用于工资管理以后，计算机在会计、库存、计划等方面的应用逐渐展开并掀起高潮，在20世纪50年代末至60年代初形成了计算机管理的第一次热潮。

（5）第五阶段（20世纪60年代）：西方"系统管理学派"盛行，侧重以系统观点考察组织结构及管理基本职能，认为从系统观点来考察和管理企业有助于提高企业的效率与效益。

（6）第六阶段（20世纪70年代）：权变理论在美国兴起，认为在企业管理中要根据企业所处的内外条件随机应变，针对不同的具体条件寻求不同的最合适的管理模式、方案或方法。

（7）第七阶段（20世纪80年代）：比较管理理论盛行于西方，该理论认为应该从企业管理的实际出发，主张用比较的方法对大企业的管理经验进行研究。

（8）第八阶段（20世纪90年代至今）：出现学习型组织、虚拟组织等新的管理组织及管理模式学派，企业流程重组（business process reengineering，BPR）、企业资源计划（enterprise resource planning，ERP）成为人们在管理界研究的热点。

随着20世纪计算机和信息技术融入传统的管理学理论，管理信息系统借着管理科学发展的东风应运而生。管理信息系统作为面向"管理"的信息系统，也逐渐形成为一门充满活力的实用性学科，并大大推动了管理科学的进一步发展。

1.1.2　信息与数据

1. 含义

1）数据

管理信息系统是能够向用户提供信息的系统，而信息存在于大量存储的基础数据之中。数据又称资料，是指那些未经加工的事实或是着重对一种特定现象的描述，是客观实体属性的值，如当前的温度、一个零件的成本、一个人的年龄，都是数据。数据既包括以数量形式表达的定量属性值，也包括以文字形式表示的定性属性值。例如，"张三是男性，身高1.70m"，所描述的客观实体是"张三"，属性是性别、身高，对应的属性值分别为男、1.70m。类似这样的对象属性和属性值通常被存储在相关的数据库和数据表中。

数据也可以认为是对客观事物的性质、状态及相互关系等进行记载的物理符号或是这些物理符号的组合，它是可识别的、抽象的符号，这些符号不仅指数字，而且包括字符、文字、图形等。从这个意义上讲，数据就是记录下来可以被鉴别的符号。

2）信息

信息简单地定义为那些在特定背景下具有特定含义的数据。例如，假设你要决定穿什么衣服，当前温度就是信息，因为它正好与你做出的决定相关，一个零件的成本在这里就不是信息。

信息也可以是那些经过某种方式加工或以更有意义的形式提供的数据。例如,在企业中零件的成本对一个销售人员来说可能是信息,而对一个负责确定月末净利润的会计而言,它可能就只代表数据。

可以认为,信息是对数据的解释,是一种能对其接收者的行动产生作用的数据。从科学的角度讲,以文字、语言、图像等形式把客观物质运动和主观思维运动的状态表达出来就成为信息。从通信的观点出发,信息要具备两个条件:一是信息能为通信双方所理解,二是信息可以传递。

3)信息和数据的关系

信息是已经被处理成某种形式的数据,这种形式对信息的接收者具有意义,并且在当前或未来的行动或决策中,具有实际的和可觉察到的价值。信息是一种比物质和能源更重要的劳动资料。信息和数据的关系,可以比作原材料和成品之间的关系,如图1-1所示。

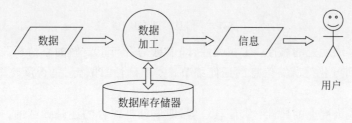

图 1-1　数据与信息的关系

数据是反映客观实体的属性值,或对客观事物的记载,数据由一些可鉴别的符号表示,如数字、文字、声音、图像、图形等;信息则是经过加工的数据,是有一定含义的数据,是对决策有影响(价值)的数据。因此,信息与数据既有区别又有联系,具体表现为:数据是符号,是物理性的,信息是对数据进行加工处理之后所得到的并对决策产生影响的数据,是逻辑性(或观念性)的;数据是信息的表现形式,信息是数据有意义的表示;对数据进行加工处理,可以得到新的数据,新的数据经过解释可以得到新的信息。

在现实生活中,信息和数据常常不加区分。在一些不很严格的场合或不易区分的情况下,人们把信息和数据当作同义词,如"信息处理"与"数据处理"。但对于某个确定的目的来说,信息和数据应该区分,且信息和数据在一定的条件下可以相互转化。

信息与接收者是有关系的,某个经过加工的数据对某个人来说是信息,对另一个人来说可能是数据,正如一个生产部门生产出来的产品可能是另外一个生产部门的原材料一样。例如,发货单对于负责发货的人员来说是信息,而对于负责库存的经理来说则可能是一种原始数据,因为库存管理人员通常所关心的不是某一种货物的发货量,而是货物的总库存量和库存结构。又如,将原始凭证经过会计分录后输入记账凭证,对于输入这一处理过程来说,原始凭证是数据,记账凭证则是信息;将记账凭证按一级科目或明细科目汇总到总账或明细账,对于汇总这一处理过程来说,记账凭证是数据,总账或明细账则是信息。

2. 信息的基本属性

信息有许多属性,但其基本属性可以从时间、内容及形式三个维度来进行描述,如图1-2所示。

信息在时间维度上的属性:①及时性,即信息是否能在需要的时间及时获取;②现时性,即信息是否是最新的。

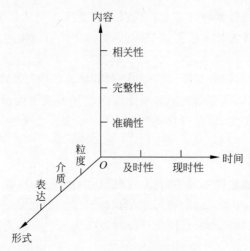

图 1-2　信息的基本属性

信息在内容维度上的属性：①相关性，即信息是否与正要做的事情相关；②完整性，即信息是否详细到可获得所需信息的任何细节；③准确性，即信息是否反映了事件的真实情况和状态。

信息在形式维度上的属性：①信息粒度，即信息是综合的还是详细的；②信息介质，即信息采用哪种介质，包括声音介质(气体、液体、固体)、印刷介质(纸张)、磁盘(软盘、硬盘)、光盘(只读光盘、可刻录光盘)、微电子存储介质(各种存储卡、U 盘)等；③表达形式，即信息的表达和呈现方式，包括文字叙述、图形、声音、影像、动画等。

3．信息的分类

1）按信息来源分类

按信息的来源，信息可分为内源信息(internal information)和外源信息(external information)。

内源信息反映组织内部各职能部门的运行状况，是决策系统运动、变化、发展的依据。中层管理人员主要使用内源信息来进行管理和控制。

外源信息反映决策系统的外部环境，是决策系统运动、变化、发展的条件。高层管理人员主要利用外源信息进行战略计划和决策。

2）按信息是否依赖个人判断分类

按信息是否依赖个人进行判断，信息可分为客观信息和主观信息。

客观信息是指对客观实体和客观对象的一种客观的、标准的度量，它不依赖某个人的判断。例如，某公司 8 月份销售额为 2000 件，则 2000 件这个数就为客观信息。客观信息准确度一般较高。

主观信息是根据人们以往对事物的认识及个人的偏好，对客观事物和实体进行的一种度量，它依赖个人对该事物的认识、判断，依赖于环境、判断者的心理状态等因素。例如，人们对某种商品的喜好程度，可以用 0~1 的一个数来表示，这个数就是一种主观信息。个人的经验是一种重要的主观信息。

3）按信息加工程度分类

按信息产生的先后和加工程度，信息可分为零次信息、一次信息、二次信息和三次信息。

零次信息是指未经任何修饰、加工的源信息,是一种零星的、分散的、无规则的信息,一般产生于人类直接的政治、经济、文化、教育、生活等活动。一次信息是指原始文献信息,它反映人类科学文化发展的直接成就,是人类科学文化知识的记载形式。二次信息是对一次信息进行有序化整理后的信息,能为获取一次信息提供有针对性的线索和途径。三次信息是在零次、一次、二次信息基础上形成的信息,它包括综述、评论、动态及二次信息的指南等。

4)按信息管理的层次分类

按信息管理的层次,信息分为战略级信息、战术级信息和作业级信息。战略级信息是提供给高层管理人员制订组织的长期发展策略的信息,而战术级信息是提供给中层管理人员进行监督和控制业务活动的信息,作业级信息则是反映组织具体业务活动情况的信息。

5)按其他形式分类

按信息的特征,可将信息分为自然信息和社会信息;按信息的应用领域,将信息分为科技信息、社会信息、经济信息;按信息反映的形式,信息可分为数字信息、图像信息、语音信息等;按信息的载体形式,信息可分为感官载体信息(主观知识信息)、语言载体信息(口头信息)、文字载体信息(文献载体信息)、缩微载体信息(文献载体的特殊形式)、其他载体信息(电磁波、光波、声像、计算机等载体形式)。

1.1.3 系统

1. 系统的定义

管理信息系统是由人和计算机等组成的能够为人们提供信息服务的系统。系统是由一些部件组成的,这些部件之间存在着密切的联系,通过这些联系达到某种目的。可以认为,系统是一些部件为了某种目标而有机结合的一个整体,或者说,系统是为了达到某种目的的相互联系的部件集合。国际标准化委员会认为,系统是能完成一组特定功能,由人、机器和各种方法构成的有机集合体。

系统也可以理解为由一些相互联系、相互作用的元素(element)为完成特定的目标而组成的一个集合,这些元素具有一定的组成结构、各自的活动内容及其功能。例如,学校是一个系统,计算机也是一个系统。

可以将一个社会经济活动的情况抽象成一个如图 1-3 所示的闭环反馈系统,系统从环境取得输入 x,经过处理过程 f,得到输出 y;对 y 进行 h 反馈处理得到输入 x 的修正量$+e$ 或$-e$,并以 $x+e$ 或 $x-e$ 作为下一阶段的新的系统输入,再经 f 处理得到下一阶段的系统输出 y,这个过程对于一个活动的系统来说将如此循环进行下去,而输出 y 也将越来越接近系统的目标。

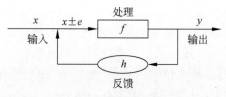

图 1-3 闭环反馈系统

这种系统过程可以用数学公式描述为:$y_t = f(x_{t-1})$;$e_t = h(y_t)$;$x_{t+1} = x_t \pm e_t$。这三个公式分别表示:系统在时刻 t 的输出是由系统在时刻 $t-1$ 的输入决定的;系统在时刻

t 的反馈结果 e_t 是由时刻 t 的输出决定的；系统在时刻 $t+1$ 的输入则是由系统在时刻 t 的输入及反馈结果共同决定的。

2. 系统的基本要素

系统的基本要素涉及系统环境、系统边界、系统的输入和输出、系统的组成要素、系统结构等，如图 1-4 所示。

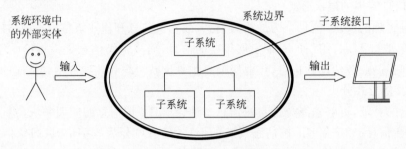

图 1-4　系统的基本要素

（1）系统环境。一切位于系统之外，与系统相关联的部分均称为该系统的环境，包括两方面的含义，一是环境对系统要有一定的影响，二是系统对环境要有一定的影响。任何系统均处于一定的环境之中，究竟哪些东西属于系统的环境取决于系统的目标。

（2）系统边界。是系统与其环境分割开来的一种假想线，系统通过其边界与外界进行物质、能量和信息的交换。

（3）系统的输入和输出。输入是所有由环境进入系统的东西，输出是从系统向其环境传输的东西。系统是通过输入和输出与其环境发生关系的，一个系统的输入可能是另一个系统的输出，一个系统的输出也可能是另一个系统的输入。

（4）系统的组成要素。指完成某种特定功能而不必进一步分解的工作单元。

（5）系统结构。系统结构包含两层意思，一是指系统的组成元素，二是指系统元素间（或子系统之间）的联系。在这种结构中，一个系统是由一系列子系统组成的，而每一个子系统可能又是由一组更小的子系统组成的。各子系统之间也可能要进行数据的交换，这称为子系统之间的接口。

3. 系统的特征

系统是由处于一定的环境中相互联系和相互作用的若干组成部分结合而成，并为达到整体目的而存在的集合。因此，作为一个系统，一般具有以下特征。

（1）整体性。系统是由各种要素或部件、子系统组成的集合，集合的整体系统的功能大于各子系统的功能之和。

（2）目的性。系统的结构都是按系统的目的建立的，系统的目的或功能决定着系统各要素的组成和结构，系统行为的输出就是对系统目标的贡献。

（3）相关性。系统内的各要素相互制约、相互影响、相互依存，构成系统的各部件之间存在各种联系，包括结构联系、功能联系、因果联系等。

（4）层次性。任何系统都有一定的层次结构，一个系统可能是更高一级系统的子系统，一个系统也可能进一步划分为若干子系统。将一个系统划分为若干子系统、再将各子系统分别划分为若干子系统，就体现出系统的层次性。

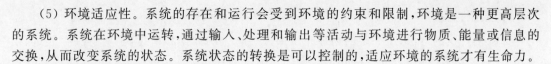

（5）环境适应性。系统的存在和运行会受到环境的约束和限制，环境是一种更高层次的系统。系统在环境中运转，通过输入、处理和输出等活动与环境进行物质、能量或信息的交换，从而改变系统的状态。系统状态的转换是可以控制的，适应环境的系统才有生命力。

4. 系统的分类

系统按是否人为形成及人为程度可以划分为自然系统、人造系统和复合系统。

（1）自然系统。是指自然形成的系统，如血液循环系统、天体运动、生态系统等。

（2）人造系统。是人类为了达到某种目的而对一系列的要素做出有规律的安排，使之成为一个相关联的整体，如计算机系统、生产系统、运输系统。

（3）复合系统。指自然系统和人造系统相结合的系统，大多数系统都属于复合系统。许多系统有人参加，是人-机系统。管理信息系统是一种复合系统。

1.2 信息系统

管理信息系统是面向"管理"的信息系统。这意味着管理信息系统就是一种"信息系统"。除面向"管理"的信息系统外，还有面向"事务"和面向"决策"的信息系统。不同的信息系统类型在支持不同的决策问题上发挥着各自应有的作用。但"信息系统"外延更广，管理信息系统内涵更丰富。那么，正确认识信息系统就需要从信息系统的概念和基本功能谈起。

1.2.1 信息系统的概念

信息系统是一个人造系统，它由人、硬件、软件和数据资源组成，目的是及时、正确地收集、加工、存储、传递和提供信息，实现组织中各项活动的管理、调节和控制。信息系统包括信息处理系统和信息传输系统，信息处理系统对数据进行处理，使它获得新的结构或形态或产生新的数据；信息传输系统不改变信息内容本身，作用是把信息从一处传到另一处。可以认为信息系统是对数据进行采集、处理、存储、管理、检索和传输，必要时能向有关人员提供有用信息的系统。管理信息系统通常被认为是一种最为常见的、用得最多的信息系统类型。信息系统的基本功能包括以下几方面。

1. 数据采集

数据采集就是把分布在各部门、各处、各点的有关信息收集起来，记录下其数据，集中起来转换成信息系统所需的形式。数据采集包括原始信息的采集和二次信息的采集，采集到的数据需用某种方法进行认真检验，不能允许错误的数据混杂在其中。数据采集范围的确定，在相当程度上决定着信息系统的质量，需要引起足够的重视。

2. 数据处理

数据处理就是将数据加工转换成有用的信息。数据加工的范畴包括：①对数值型数据进行加、减、乘、除等各种算术运算；②对非数值型数据进行拼接、取子串、转换等各种处理；③翻译、编辑、数字转换为图形、选取所需数据等。

数据加工有粗加工和细加工之分。粗加工包括数据的排序、简单的统计计算（如求平均数、求总和）等；细加工包括利用复杂的数学方法和模型，分析、挖掘数据之间的关系。数据处理的数学含义在于排序、分类、查询、统计、预测、模拟、各种数学运算等。

3. 数据存储

即采用一定的方法,用一定的物理介质来保存有关的数据和信息,主要解决存储量、信息格式、存储方式、使用方式、存储时间、安全保密等问题。

4. 数据管理

即统一管理系统中的数据,制定必要的规章制度。数据管理的主要内容包括:①事先规定好应采集数据的种类、名称、代码、地点及所用设备、数据格式、采集时间、送到何处等;②规定应存储数据的存储介质、逻辑组织方式、访问权限等;③规定应传输数据的种类、传输方式、接收者、数据保存年限等。

5. 数据检索

存储在各种介质上的庞大数据要让使用者便于查询或检索。数据检索一般要用到数据库技术和方法。

6. 数据传输

数据需要经过传输,送到指定的地方。数据传输的效果将影响到信息的质量。这里所说的效果包括两层含义,一是指数据传输的准确性,即保证在传输过程中不产生错误,使采集来的数据不受损失;二是指数据传输的及时性,确保数据能够及时提供给使用人员。

1.2.2　信息系统的特征

1. 附属性

信息系统不是孤立的、自足的系统,它总是依附于一个更大的系统,作为这个大系统中的一个关键的、具有特殊地位的子系统而存在,这就是信息系统的附属性。信息系统的附属性决定了信息系统必须要为实现它所依附的大系统的目标而服务,两者不能冲突。

2. 间接性

信息系统的间接性是指信息系统对组织的作用是间接的,其效益通过支持管理决策、提高管理水平间接地表现出来。

3. 整体性

信息系统的整体性是指信息系统本身是一个包括组织机构、人员、设备、规程等在内的系统,各组成部分相互配合、相互协调而成为一个有机整体,共同完成信息处理任务。

1.2.3　信息系统的处理方式

1. 批处理方式

批处理方式是指按一定的时间间隔(小时、日、月)把数据积累成批后一次输入计算机进行处理。这种方式是把所有业务活动、任务都集中在某一段时间内处理,数据文件可以建立在硬盘、U盘、软盘、光盘等各种存储介质上。例如,每天发生的会计凭证,或入库单据、出库单据,将它们积累在一起,凑够一定数量后,一次输入计算机,修改相应的总分类账或库存文件;再如,订货系统将一天内收到的订货单在计算机处理之前集中起来,并做一定的汇总工作,然后加以处理。

相较于人工系统来说,批处理方式速度快、费用低,程序具有较强的可修改性;而相较于联机实时处理而言,批处理方式可以更有效地使用计算机。批处理方式一般适用于以下情况:①固定周期的数据处理;②需要大量的来自不同方面的数据的综合处理;③需要在一段时间内累积数据后才能进行的数据处理;④没有通信设备而无法采用联机实时处理的情况。

2. 联机实时处理方式

联机实时处理面向处理,数据直接从数据源输入中央计算机进行处理,由计算机即时做出回答,将处理结果直接传给用户。数据可用联机的方式录入,还可以用联机的方式对这些数据做及时处理。采用这种处理方式,数据可以随时利用终端设备输入计算机。可以认为,联机实时处理系统是一种对数据库立即存取、联机询问的系统。例如,接到一张订货单就立即利用终端设备输入,并调用相应程序,以联机方式进行编辑、校正,验证无误后立即更新有关数据文件。

联机实时处理方式的特点是面向处理、及时,但费用较高。相较于批处理方式而言,联机实时处理系统价格较贵,计算机硬件和软件维护费用较高,对数据的安全性、完整性的要求也较高。联机实时处理方式一般适用于以下情况:①需要反应迅速的数据处理;②负荷易产生波动的数据处理;③数据收集费用较高的数据处理。必须使用联机实时处理方式的业务包括银行客户存款取款业务、飞机订票业务、流水线生产作业等。

3. 分布式处理方式

分布式处理系统是以计算机网络为依托,把各个同时工作的分散计算单元、数据库、操作系统连接成一个整体的系统,为多个具有不同需要的用户提供一个统一的工作环境。分布式处理方式可以看成是由多个自主的、相互连接的信息处理系统,在一个高级操作系统的协调下共同完成同一任务的处理方式。分布式处理则可以简单地理解为多台相连的计算机各自承担同一工作任务的不同部分,在管理人员的操控下同时运行,共同完成同一工作任务。

分布式处理方式是网络技术发展的必然,大多数机构,如银行、企业系统等本身就是分布式的,自然要求分布式处理,同时,工业生产体系结构由树形发展成网状、贸易的全球化、人们对资源共享的要求普遍化,都要求采用分布式信息处理,以适应客观世界的本来运行模式。

一个大型企业往往包含若干工厂,各工厂通常分布在不同的地理区域,这时的信息系统宜采用分布式处理方式。采用这种处理方式时,企业的总部一般设有一台起信息管理作用的中央计算机(大型或中型机),各工厂设置若干台小型机或微机、智能终端,形成一个网络。其大致工作原理或步骤是:①各工厂的数据在各自的小型机、微机或智能终端上录入,并可以做一些简单的处理工作,复杂的业务才通过网络去处理;②各地的计算机每隔一段时间或随时向中央计算机发送数据,中央计算机接收到数据后加以处理,并及时对中央数据库进行修正,再将处理结果发回给各地计算机;③地方计算机接到数据后,可以相应地对地方数据库进行修正,产生所需要的报表。

分布式处理具有联机实时处理的优点,但费用低廉,处理能力比联机实时处理更强。最大的优点是可以共享数据库,可靠性高,成本低,灵活性大。客户机/服务器(client/server,C/S)模式的信息处理方式是一种典型的分布式处理方式。

1.2.4　信息系统的类型

信息系统有不同的分类方法,这里按信息系统服务的对象不同,将信息系统分为6种主要类型,它们分别是事务处理系统(transaction processing systems,TPS)、知识工作系统(knowledge work systems,KWS)、办公自动化系统(office automation systems,OAS)、管理信息系统(management information systems,MIS)、决策支持系统(decision support systems,DSS)、主管支持系统(executive support systems,ESS)。

1. 事务处理系统

事务处理系统是为企业操作层服务的基本经营系统,同时是执行和记录从事经营活动所必需的日常交易的计算机系统。例如,营销领域中的销售订单系统、定价系统;生产领域中的工艺系统、质量控制系统;财务会计领域中的总账、资金管理系统;人力资源管理领域中的雇员记录、工资单系统等。

2. 知识工作系统和办公自动化系统

知识工作系统和办公自动化系统是辅助企业知识层开展工作的信息系统。其中,知识工作系统是知识工作者经常使用的基本信息系统,如计算机辅助设计系统;办公自动化系统则是主要面向数据工作者,同时也经常为知识工作者所使用的信息系统,如文字处理系统、桌面出版系统。这里,知识工作者是以创造新知识和新信息为其基本工作内容、一般具有正规的大学学位或学历的工作人员,如工程师、律师、教师、医生、科学家;而数据工作者则是指处理而不是创造信息的工作人员,如秘书、会计、文员及使用、处理或传播信息的管理人员。

3. 管理信息系统

管理信息系统是面向企业内部事件,为企业管理层的中层管理者提供报告、报表和联机查询的信息系统。管理信息系统处理事先已知的结构化问题,其数据来源依赖底层的事务处理系统。例如,管理信息系统从企业的事务处理系统中获取数据,如图 1-5 所示。

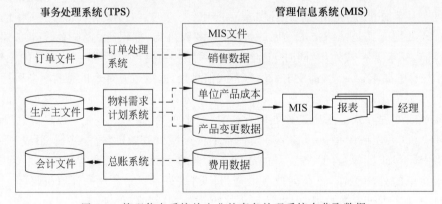

图 1-5　管理信息系统从企业的事务处理系统中获取数据

4. 决策支持系统

决策支持系统是为管理层的高层和中层管理者提供决策服务的系统,是以人机交互方式辅助企业管理层决策者解决复杂的半结构化和非结构化决策问题的信息系统。决策支持系统由人机对话子系统、数据库子系统、模型库子系统、方法库子系统等组成,决策者通过对话子系统完成决策问题的求解。应用 DSS 进行决策的过程是一个人机交互的启发式过程,问题的解决过程往往分成若干阶段,一个阶段完成后,用户获得阶段的结果及某些启示,然后进入下一阶段的人机对话,如此往复,直到决策者形成决策意见,确定问题的解。决策过程突出强调了人机交互作用及人工定性分析与计算机定量计算相结合的特点。决策支持系统使用的数据来自内部的事务处理系统、知识工作系统、办公自动化系统、管理信息系统,以及外部的其他数据源。

5. 主管支持系统

主管支持系统是为企业高层主管服务的战略层信息系统,主要针对高级管理者的信息需求,辅助管理者面向非结构化问题进行决策。主管支持系统通常由带有菜单、交互图形界面且通信能力强的工作站组成,可以访问企业内部管理信息系统、决策支持系统及其他的外部信息系统的数据。在许多主管支持系统中,来自外部系统的信息是更有价值的,因为主管更需要大量的外部信息,如竞争对手信息、产业动向信息等。主管支持系统将企业内部和外部的数据结合起来,建立一个综合的计算和通信环境,帮助高级主管监控企业的运作,跟踪竞争对手的动态,及时发现企业潜在的问题和机遇,预测产品未来的发展趋势。

以上 6 种主要信息系统及其相互关系如图 1-6 所示,各组织层所需信息系统的类型如表 1-1 所示。事务处理系统是其他系统的数据来源,主管支持系统主要从底层系统接收数据。

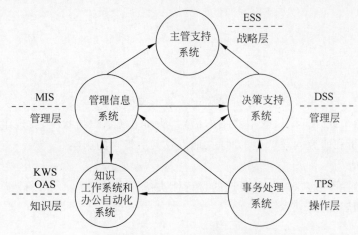

图 1-6 主要信息系统及其相互关系

表 1-1 各管理层所需信息系统类型及工作内容

组织层次	信息系统		工作内容举例
战略层	ESS		5 年销售趋势预测、5 年操作计划、5 年预算预测、盈利计划、人力计划
管理层	MIS		销售管理、库存控制、年度预算、资本投资分析、市场选择分析
	DSS		销售区域分析、生产调度、成本分析、定价/收益性分析、合同成本分析
知识层	KWS		工程工作站、图形工作站、管理工作站
	OAS		字处理、文献镜像、电子日历
操作层	TPS	营销	订单跟踪、订单处理、定价、促销、新市场
		制造	机器控制、车间调度、材料传输控制
		财务	证券交易、资金管理
		会计	应付账、应收账
		人力资源	报酬、培训和发展、雇员记录保存

1.2.5 信息系统与决策支持

1. 决策和决策过程

决策是人们为达到一定的目的而进行的有意识、有选择的活动,决策过程则是为实现某一特定目标,挖掘出多种可供选择的决策方案,再从多种方案中找出效果最优(或较好)的决策方案并付诸实施的过程。决策过程一般包括情报活动、设计活动、选择活动、实施与评价四个阶段,如图 1-7 所示。

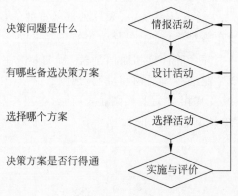

图 1-7 决策过程

1)情报活动

指收集情报、研究决策环境、分析与确定决策影响因素的一系列活动。决策者可通过组织内部的信息系统或外部网络获取详细的信息,从而了解组织的状况,发现组织中出现的问题,并进一步分析和研究问题产生的时间、地点及其所带来的影响。

2)设计活动

指研究限制性因素、探索各种备选的可行性决策方案的活动。可以借助决策支持系统设计所有可能的解决方案。

3)选择活动

指针对决策目标,从备选方案中选择一个特定的、最为满意和合理的方案的活动。可利用相关软件工具对每种方案可能的结果、成本、机会等进行评估和论证,并在此基础上形成决策。

4)实施与评价

指将选定的决策方案付诸实施,并对所实施的方案进行评价,以便进一步决定是继续决策,还是停止或修改决策。可通过发现实施过程中出现的问题,提出一些建设性的改进方案或替补方案。

2. 决策科学化

1)用信息系统支持和辅助决策

20 世纪 80 年代以来,国内外相继出现了多种功能强大的通用和专用决策支持系统,并逐步推广应用于大、中、小企业的预算分析、预测与计划、生产与销售、研究与开发等职能部门,应用于军事决策、工程决策、区域规划等方面。

2)定性决策向定量与定性相结合的决策发展

现代科学中的系统工程学、仿真技术、计算机理论、科学、预测学,特别是运筹学、布尔代数、模糊数学、泛函数分析等引进决策活动,为决策的定量化奠定了基础。近代决策活动的实践表明,定量的数学方法与信息技术相结合,能够进行比人脑更精密、更高速的逻辑推理、分析、归纳和论证,但它不能代替人的创造性思维。科学化决策必须将人的创造性形象思维与计算机的快速处理能力相结合,将定量分析与定性分析相结合。

3)单目标决策向多目标综合决策发展

现代决策活动的目标不是单一的,不仅表现在以经济利益为核心的目标是多目标的,而且表现在更为广阔的社会的和非经济领域的目标也是多目标的。面对日益复杂的社会环境,单目标决策已远远不能满足现代决策的需要,多目标综合决策活动是社会进步的必然结果。

4)战略决策向更远的未来决策发展

决策是对应于未来实践活动所做的关于行动策略的决定,决策的好坏直接影响到组织的生存和发展,其本身就具有长远的、战略性的意义。战略决策在时域上向更远的未来延伸是决策科学化的一个必然趋势。

3. 决策问题的类型

按照决策问题的复杂程度和规律性程度的不同,可将决策问题分为结构化决策、非结构化决策和半结构化决策三种类型。

(1)结构化决策。结构化决策问题相对比较简单、直接,其决策过程和决策方法有固定的规律可以遵循,能用明确的语言和模型加以描述,并可依据一定的通用模型和决策规则实现其决策过程的基本自动化。例如,应用运筹学方法等求解资源优化问题、生产计划、调度等。

(2)非结构化决策。决策过程复杂,其决策过程和决策方法没有固定的规律可以遵循,没有固定的决策规则和通用模型可依,决策者的主观行为(学识、经验、直觉、判断力、洞察力、个人偏好和决策风格等)对各阶段的决策效果有相当影响。往往是决策者根据掌握的情况和数据临时做出决定。例如,聘用人员、为杂志选封面。

(3)半结构化决策。介于结构化与非结构化决策问题之间,其决策过程和决策方法有一定的规律可以遵循,但又不能完全确定,即有所了解但不全面,有所分析但不确切,有所估计但不确定。这样的决策问题一般可适当建立模型,但无法确定最优方案。例如,开发市场、经费预算。

各组织层信息系统能够解决的主要决策问题如图1-8所示。

1.2.6 信息系统的发展

信息系统的发展与计算机技术、通信技术和管理科学的发展紧密相关。自1946年世界上第一台电子计算机诞生以来,信息系统经历了一个从低层到高层、从强调系统的效率到强调系统的效果、从结构化到非结构化、从程式化到智能化、从集中式到分布式、从单机到网络的发展过程,并大致经历了电子数据处理系统、管理信息系统、决策支持系统三个发展阶段。

(1)电子数据处理系统阶段(或事务处理系统阶段)。电子数据处理系统(electronic data processing systems,EDPS)或事务处理系统是一种面向业务的信息系统,计算机主要用于支持企业运行层的日常具体业务,所处理的问题位于管理工作的底层,所处理的业务活动有记录、汇总、综合与分类等,主要的操作是排序、列表、更新和生成等。20世纪50年代

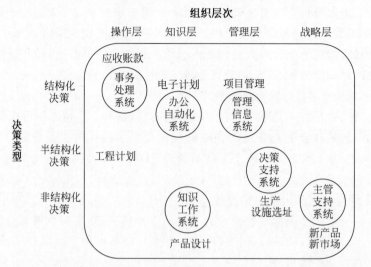

图 1-8　信息系统与决策类型

中期至 60 年代中期是电子数据处理的初级阶段,或称单项数据处理阶段,主要利用计算机进行一些简单的单项数据处理,如工资计算、统计产量等。20 世纪 60 年代中期至 70 年代初期是电子数据处理的综合数据处理阶段,在该阶段,一台计算机可带动若干终端,对多个过程的有关业务数据进行综合处理,并提供相关的生产状态报告、服务状态报告、研究状态报告等。

(2) 管理信息系统阶段。管理信息系统是一种面向管理的信息系统,20 世纪 70 年代随着数据库技术、网络技术和科学管理方法的发展及计算机在管理领域的广泛应用而逐渐发展起来,中央数据库和计算机网络系统是构成现代管理信息系统的重要标志。当前的管理信息系统大多是基于网络的,即时库存管理、电子数据交换、电子订货系统、电子转账系统、信用卡服务、商业增值服务网络等,都是网络环境下管理信息系统发展的必然结果。管理信息系统的最大特点是能够将企业或组织中的信息和数据集中起来,进行快速处理,主要解决结构化决策问题。

(3) 决策支持系统阶段。决策支持系统是一种面向决策的信息系统,是在 20 世纪 70 年代管理信息系统缺乏灵活性和适应性、不能解决半结构化和非结构化决策问题的情况下出现的,现今已得到很大发展。前述主管支持系统实质上也是一种决策支持系统,是专为高层主管服务的决策支持系统。DSS 面向企业或组织中的高层管理人员,主要解决半结构化和非结构化决策问题,决策过程的支持以应用模型为主,但更强调决策过程中人的作用。"决策支持系统"一词于 20 世纪 70 年代中期由 Keen 和 Scott Morton 首次提出,20 世纪 70 年代末该词已非常流行,这一时期研究出了许多较有代表性的 DSS,这些 DSS 大部分由模型库、数据库及人机交互系统三个部件组成,称为初阶 DSS。20 世纪 80 年代初,DSS 增加了知识库和方法库,构成三库系统或四库系统。20 世纪 80 年代后期,专家系统与 DSS 相结合,形成智能决策支持系统(intelligent decision support systems,IDSS),进一步提高了辅助决策能力。20 世纪 90 年代以来,DSS 与计算机网络技术结合构成了群体决策支持系统(group decision support systems,GDSS)。在 GDSS 的基础上,将分布式数据库、模型库与知识库等决策资源有机地集成,构建分布式决策支持系统,其研究内容很广、难度很大。近年来,研究人员正致力于将数据仓库、联机分析处理(online analytical processing,OLAP)、数据挖掘、模型库结合起来形成综合的决策支持系统,这种综合的决策支持系统是一种更高形式的辅助决策系统,其辅助决策能力将上一个新台阶。

1.3 管理信息系统

综上所述,管理信息系统是一个面向管理的信息系统,它应当能够根据管理的需要,及时提供所需信息,为管理决策服务。那么,管理信息系统究竟是什么,它有什么特点,它的强大的功能是如何发挥出来的,如何理解管理信息系统的结构,构建什么样的系统平台模式,可能面临什么样的挑战等,都值得我们深思。

1.3.1 管理信息系统的概念

管理信息系统一词最早出现于 1970 年,由瓦尔特·肯尼万(Walter T. Kennevan)给它下了一个定义,认为管理信息系统是"以书面或口头的形式,在合适的时间向经理、职员及外界人员提供过去的、现在的、预测未来的有关企业内部及其环境的信息,以帮助他们进行决策"的系统。

管理信息系统一词在中国出现于 20 世纪 70 年代末 80 年代初,许多最早从事管理信息系统工作的学者认为,管理信息系统是一个由人、计算机等组成的能进行信息的收集、传递、储存、加工、维护和使用的系统。管理信息系统能实测企业的各种运行情况;利用过去的数据预测未来;从全局出发辅助企业进行决策;利用信息控制企业的行为;帮助企业实现其规划目标。

管理信息系统是 20 世纪 80 年代逐渐形成的一门学科,不少专家和学者对此概念的丰富内涵进行了深层次的诠释,其中,对"管理信息系统"一词比较有代表性的解释如下。

(1) 管理信息系统是一个以人为主导,利用计算机硬件、软件、网络通信设备及其他办公设备,进行信息的收集、传输、加工、存储、更新和维护,以企业战略竞优、提高效益和效率为目的,支持企业高层决策、中层控制、基层运作的集成化的人机系统。这说明管理信息系统不仅是一个技术系统,而且是一个把人包括在内的人机系统,因而它同时是一个管理系统,是一个社会系统。

(2) 管理信息系统是对一个组织(单位、企业或部门)进行全面管理的人和计算机相结合的系统,它综合运用计算机技术、信息技术、管理技术和决策技术,与现代化的管理思想、方法和手段结合起来,辅助管理人员进行决策。

(3) 管理信息系统可从广义和狭义两方面来理解。广义的管理信息系统是指存在于任何组织内部,为管理决策服务的,能进行信息收集、加工、存储、传输、检索和输出的系统,任何组织和单位都存在一个管理信息系统;狭义的管理信息系统则是按照系统思想建立起来的,以计算机为基本信息处理手段,以现代通信设备为基本传输工具,具有数据处理、预测、控制和辅助决策功能的,为管理决策服务的信息系统,它是一个综合的人机系统。

由此可见,管理信息系统是一个由人、计算机等组成的能进行信息的收集、传递、储存、加工、维护和使用的系统,它是一个面向管理、可以向各级管理人员及时准确地提供所需信息、为管理决策服务的信息系统,具有计划控制、数据处理、预测和辅助决策等功能。管理信息系统的总体概念如图1-9所示。

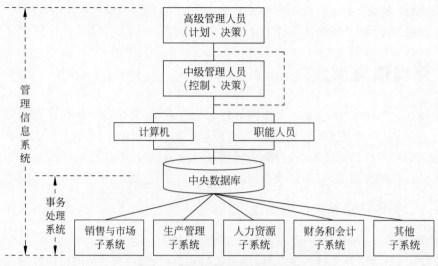

图1-9　管理信息系统的总体概念

1.3.2　管理信息系统的特点

1. 面向管理决策

管理信息系统是一个为管理决策服务的信息系统,它必须能够根据管理的需要,及时地提供所需要的信息,为管理决策服务。

2. 综合性

管理信息系统是对组织进行全面管理的综合系统。对各子系统进行综合,达到对组织综合管理的目标。通过综合产生更高层次的信息,为管理决策服务。

3. 人机系统

管理信息系统的目的在于辅助决策,决策只能由人来做,是一个人机结合的系统。应充分发挥人和计算机各自的长处,使系统整体性能达到最优。

4. 现代管理方法和手段相结合的系统

管理信息系统要发挥其在管理中的作用,就必须与先进的管理手段和方法结合起来,在开发管理信息系统时,融入现代化的管理思想和方法。

5. 多学科交叉的边缘性科学

管理信息系统是一门多学科交叉的边缘性科学,它从计算机科学与技术、应用数学、管理理论、决策理论、运筹学等相关学科中汲取营养,并加以升华,形成了有特色的管理信息系统理论基础。经过四十多年持续的探索和研究,管理信息系统的基本理论体系得到了不断的完善,管理信息系统的技术也得到了广泛的应用。

1.3.3　管理信息系统的结构

1. 概念结构

从概念上看,管理信息系统由四大部件组成,即信息源、信息处理器、信息用户和信息管理者,如图 1-10 所示。其中,信息源是信息的产生地或管理信息系统的数据来源,是管理信息系统的基础;信息处理器担负着信息的传输、加工、保存等任务,主要进行信息的接收、存储、加工、传输、输出和维护;信息用户是管理信息系统的服务对象,同时是信息的使用者,信息用户通常利用信息进行决策;信息管理者则依据信息用户的要求,负责管理信息系统的设计实现、运行管理和协调维护等工作。从管理的角度看,管理信息系统是管理者的一种信息控制工具。

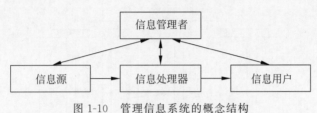

图 1-10 管理信息系统的概念结构

2. 层次结构

管理信息系统的层次结构是指基于管理任务的系统层次结构。管理信息系统根据管理任务的不同,将管理层次从高到低划分为战略管理层、管理控制层、运行控制层和事务处理层,分别服务于高层管理者、中层管理者、基层管理者和操作管理者。一般来说,低层管理业务的信息处理量较大,信息处理的结构化程度较高;管理层次越高,信息处理的非结构化程度越高,信息处理量也越小,形成一种金字塔式的管理信息系统层次结构,也称管理信息系统的金字塔结构,如图 1-11 所示。

图 1-11 管理信息系统的层次结构

(1) 战略管理层:协助管理者根据外部环境信息和有关模型方法确定和调整企业目标,制订和调整企业的长期计划、总行动方针,确定企业的组织层次和管理模式,决定企业的任务。管理问题大多属于非结构化决策问题。

(2) 管理控制层(又称战术管理层):主要根据企业整体目标和长期计划,制订中期的生产、供应和销售等活动计划,包括资源的获取与组织、人员的招聘和训练、资金监控等方面。决策问题的性质介于结构化和非结构化之间。

(3) 运行控制层(又称作业管理层):主要协助管理者合理安排各项业务活动的短期计划,涉及作业的控制,如生产日程安排等。主要目的是有效利用现有设备和资源,在预算限制内活动,大多属于结构化决策问题。

（4）事务处理层（又称业务处理层）：主要处理企业日常工作中的各类统计、报表、信息查询和文件档案管理等事务。事务处理是企业的最基本活动，管理问题属于结构化决策问题。

3．功能结构

一个管理信息系统从使用者的角度看，它总是有一个目标，具有多种功能，各种功能之间又有各种信息联系，构成一个有机结合的整体，形成一个功能结构，如图 1-12 所示。

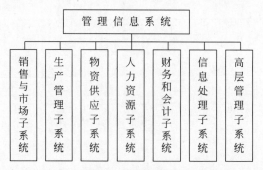

图 1-12　管理信息系统的功能结构

1）销售与市场子系统

主要进行产品的销售和推销，以及售后服务的全部活动。

（1）事务处理：销售订单和推销订单的处理。

（2）运行控制：雇佣和培训销售人员；销售和推销日常调度；按区域、产品、顾客群的销售数据的定期分析。

（3）管理控制：总的销售成果和市场计划的比较。

（4）战略管理：新市场的开拓和新市场的战略。

2）生产管理子系统

包括产品的设计、生产设备计划、生产设备的调度与运行、生产工人的雇佣与培训、质量控制与检查。

（1）事务处理：生产指令、装配单、成品单、废品单和工时单等的处理。

（2）运行控制：实际进度与计划的比较；找出瓶颈环节。

（3）管理控制：进度计划、单位成本、所用工时等的变动处理。

（4）战略管理：加工方法及各种自动化方案的选择。

3）物资供应子系统

包括采购、收货、库存控制、分发等管理活动。

（1）事务处理：购货申请、购货订单、加工单、收货报告、库存票、提货单等的处理。

（2）运行控制：物资供应情况与计划的比较；库存水平、采购成本、出库项目、库存营业额等分析报告的产生。

（3）管理控制：计划库存与实际库存的比较；采购成本、缺货情况、库存周转率等。

（4）战略管理：新的物资供应战略；对供应商的新政策；自制与外购的比较分析；新供应方案；新技术信息。

4）人力资源子系统

包括人力资源计划、职工档案管理、员工的选聘、培训、岗位调配、业绩考核、工资福利、退休和解聘等。

（1）事务处理：工作岗位职责说明；培训说明；人员基本情况数据；工资和业绩变化；工作时间；福利；终止聘用通知等。

（2）运行控制：近期招聘计划与条件；短期培训计划；日程安排。

（3）管理控制：在岗人数、招工费用、技术专长构成、应付工资等实际情况与计划的比较分析、调整措施。

（4）战略管理：人力资源状况分析；人力资源战略和方案评价；人力资源政策的制定。

5）财务和会计子系统

进行财务业务的分类、总结，财务报表的编制，财务预算的制定，成本数据的分类与分析，保证企业财务要求，使其花费尽可能低。

（1）事务处理：记账凭证录入、查询、编制报表。

（2）运行控制：每天的差错控制和异常情况报告；延迟处理的报告和未处理业务的报告等。

（3）管理控制：预算计划和成本数据的分析比较；综合财务状况分析；财务运作途径的改进。

（4）战略管理：投资理财效果；对企业战略计划的财务保证能力；中长期的投资、融资、成本和预算系统计划等。

6）信息处理子系统

包括收集数据、处理请求、处理数据、软硬件运行管理及规划。

（1）事务处理：处理请求；报告软硬件故障；网站内容更新。

（2）运行控制：软硬件故障维护；信息安全保障。

（3）管理控制：对信息系统实际运行状况与计划情况进行比较分析。

（4）战略管理：信息系统的总体规划、软硬件总体结构及系统实施方案。

7）高层管理子系统

包括查询信息和支持决策、编写文件、向企业其他部门发送指令。

（1）事务处理：日常公文处理；信息查询；内部指令发送；外部信息交流。

（2）运行控制：短期计划；会议安排；日程安排；决策支持。

（3）管理控制：各功能子系统执行计划的总结和计划的比较分析；找出问题并提出调整方案。

（4）战略管理：确定企业的定位和发展方向；制定竞争策略和融资投资战略。

4. 管理信息系统的综合结构

管理信息系统按功能结构分为销售与市场、生产管理、物资供应、人力资源、财务和会计、信息处理、高层管理等职能子系统，按管理层次分为战略管理、管理控制、运行控制、事务处理等子系统。这些子系统按照一定的方式和方法进行综合，就可以形成管理信息系统的综合结构。

管理信息系统的综合包括横向综合、纵向综合和纵横综合。横向综合就是把同一管理层次的各种职能综合在一起，如事务处理层的产品系统与销售订单系统、定价系统等综合在一起，使操作层的销售业务处理一体化。纵向综合则是把不同层次的管理业务按职能综合起来，如各部门和总公司的各级财务系统综合起来，形成综合财务子系统。纵横综合即总的综合,是将不同管理层次的各种管理职能进行总的综合,从而形成一种完全一体化的系统结构,做到信息集中统一,程序模块共享,各子系统功能无缝集成,如图 1-13 所示。其中,每个职能子系统都对应有实现各自功能的程序或文件(对应于图中的方块或矩形块),而且有各自专用的数据文件;整个系统有为全系统共享的数据和程序,包括为多个职能部门服务的公用数据文件、公用程序,以及为多个应用程序共用的公用模型库和数据库管理系统(database management system,DBMS)等。

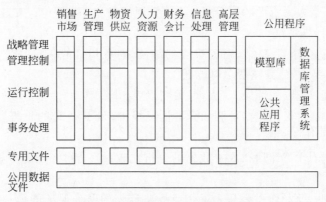

图 1-13 管理信息系统的综合结构

1.3.4 管理信息系统的平台模式

1. 管理信息系统的硬件支持平台

1) 主机/终端(H/T)模式

主机/终端(host/terminal,H/T)模式是一种由主机和终端构成的集中式系统平台,用户通过终端与主机相连,如图 1-14 所示。其特点是:①所有数据和程序都在主机上进行集中管理,主机负责几乎所有的文件存取和程序运行;②终端没有中央处理器(central processing unit,CPU)和随机存储器(random access memory,RAM),没有程序运行和数据处理的能力,只是用作"人机界面",所起的作用相当于一个显示器加键盘的功能。

图 1-14 主机/终端模式

主机/终端模式流行于 20 世纪 60—80 年代,基于主机/终端模式的系统常被称为主机系统。由于所有操作都通过主机,因此又称集中式处理系统。这种系统便于集中处理大量信息,如大型科学计算、人口普查和航空售票系统等。银行管理信息系统为了安全需要,一般采用主机/终端模式。

主机/终端模式的主要优点是便于数据的集中处理,提高主机的利用率。其主要缺点是:①所有的计算、存储都集中在主机上,一旦主机出故障,系统将全面瘫痪;②当终端用户增多时,主机负担过重,处理性能显著下降,造成"主机瓶颈";③不易扩充;④系统的购置、安装、维护费用较高。

2）文件服务器/工作站（W/S）模式

20世纪80年代以后,文件服务器/工作站（Workstation/FileServer,W/S）模式的微机网络开始流行起来,这是一种基于个人计算机局域网的文件服务器/工作站构成的分散式的网络系统平台,如图1-15所示。其基本工作原理是:工作站运行应用程序,向文件服务器发出"数据文件"请求;文件服务器接收到请求后,查找数据文件并传送给工作站。

图1-15　文件服务器/工作站模式

文件服务器/工作站模式的特点是:①文件服务器安装有数据库文件管理系统,数据库和全部应用程序都存储在文件服务器上,从而提供对数据的共享访问和文件管理,但没有协同处理能力;②应用程序的执行是在工作站上进行的,工作站具有独立运算处理数据的能力,当工作站用户需要应用程序和数据时,可以从文件服务器获取,因而数据处理和应用程序分布在工作站上,属于集中管理、分散处理的方式。

这种模式可充分发挥工作站的数据处理能力,解决了主机/终端模式中的主机瓶颈问题,但文件服务器仅提供对数据的共享访问和文件管理,无法充分发挥其数据处理功能,大量数据在网络上传输,致使网络的传输负荷加大,严重时造成"传输瓶颈"。

文件服务器/工作站模式的主要优点是:①在数据保密性较好的前提下达到资源共享的目的（可赋予相应权限的资源共享）;②文件安全性较高;③可靠性较高。其主要缺点是:①只适用于小规模的局域网,对于用户多、数据量大的情况会产生传输瓶颈,特别是在互联网上不能满足用户多样化的要求;②工作站上的资源无法直接共享;③至少需要一台专用服务器且服务器的运算功能没有充分发挥;④服务对象面向个人,系统安装与维护相对比较困难,整体开销与维护成本较高,系统整体运行效率不高,吞吐量不大。

3）客户机/服务器（C/S）模式

20世纪80年代后期和90年代初,随着局域网和数据库技术的发展,C/S模式应运而生。C/S模式是局域网中较多采用的一种模式,这种模式是将一台或几台较大的计算机作为数据库服务器,集中进行共享数据库的管理和存取,同时,将其他的应用处理工作分散到网络中被称为客户机的其他计算机上,构成分布式处理系统。

C/S模式与文件服务器/工作站模式在硬件组成、网络拓扑结构、通信连接等方面基本相同,但文件服务器变成了数据库服务器,工作站改称客户机,如图1-16所示。它们最大的区别在于,在C/S模式中,服务器控制管理数据的能力由文件管理方式上升为数据库管理方式,原先在文件服务器/工作站中由工作站所承担的数据处理任务,现改由服务器来承担。C/S模式的基本工作原理是:①客户机运行应用程序,向服务器发出"数据"请求;②服务器接收请求后,启动数据库管理系统,分析请求,从数据库中抽取满足要求的数据,通过网络返回客户机。

C/S模式的特点是:①C/S模式是一种由各种机型组网的局域网和交互式互联网构成的分布式平台,由一台或多台计算机作为服务器,为其他计算机（即客户机）提供服务,主动

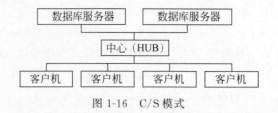

图 1-16　C/S 模式

"提出服务请求"的一方是客户端,回答需求方的请求而"提供服务"的一方是服务器端;②客户端和服务器端都需要特定的软件支持,需要针对不同的操作系统开发不同版本的软件;③需要将一个应用编写为两个或多个程序,一些程序运行在服务器上,另一些程序运行在客户机上,不仅增加了应用软件开发的复杂性,而且客户机需要安装更多的软件,形成一种"胖"客户机结构;④DBMS 安装在数据库服务器上,数据的处理可以从应用程序中分离出来,形成前后台任务,客户机运行应用程序,完成屏幕交互和输入、输出等前台任务,服务器则运行 DBMS,完成大量数据处理及存储管理等后台任务;⑤数据经服务器加工后,在局域网中传输的仅是客户机真正需要的那一小部分数据,而不是整个文件,从而大大降低了网络流通量,解决了文件服务器/工作站模式中的传输瓶颈问题。

　　C/S 模式的优点是:①客户机和服务器功能合理分布,均衡负荷,提高了系统的整体性能;②客户端有一套完整的应用程序,在出错提示、在线帮助等方面都有强大的功能,人机交互性好;③C/S 模式是相对的点对点的结构,采用适用于局域网且安全性比较好的网络协议(如 NT 操作系统中的 NetBEUI 协议),安全性可以得到较好的保证;④相较于三层结构的浏览器/服务器(browser/server,B/S)模式而言,两层的 C/S 结构的网络通信量只包含客户机和服务器之间的通信量,所以 C/S 模式处理大量信息的能力是 B/S 模式无法比拟的,采用 C/S 模式将降低网络通信量,而且对于数据量大的任务,C/S 模式比 B/S 模式完成的速度要相对快一些;⑤某台服务器发生故障时,可由另一台服务器迅速地支持必要的信息传递,可靠性提高;⑥客户端可以分担主机的负担,使响应时间缩短。其主要缺点是:①服务器仅作为数据库服务器进行数据管理,大量的应用程序都在客户端运行,每个客户机都必须安装应用程序和工具,因而客户端很复杂,系统的灵活性、可扩展性都受到很大影响;②不同的系统之间一般不兼容,功能不易扩充;③需要同时开发客户端软件和服务器端软件,增加了开发费用;④客户端的人员需要专门进行培训,增加了客户端的维护费用;⑤所采用的软件产品缺乏开放的标准,一般不能跨平台运行,当把 C/S 模式的软件应用于广域网时,就会暴露出更多问题。

　　4) 浏览器/服务器(B/S)模式

　　20 世纪 90 年代中期,随着互联网的广泛应用,B/S 模式出现。B/S 模式是一种在传统两层 C/S 模式基础上发展起来的、适用于分布式环境的三层 C/S 结构模式,同时是一种以Web 技术为基础的新型管理信息系统平台模式,如图 1-17 所示。第一层是 Web 浏览器层(表示层,前端),主要完成用户接口功能,用于接收和检查用户从键盘等输入的数据,向Web 服务器(或应用服务器)发送服务请求,显示应用输出的结果;第二层是 Web 服务器层(功能层,中间层),将传统的分别在客户端和服务器端的应用集中在一起,构成应用服务器,即执行业务逻辑,向数据库发送结构化查询语言(structured query language,SQL)请求;第三层是数据库服务器层(数据层,后台),主要负责数据库的访问、管理及维护,即执行数据逻辑,运行 SQL 或存储过程。

图 1-17 B/S 模式的三层 C/S 结构

B/S 模式的网络拓扑结构如图 1-18 所示,其基本工作原理是：用户根据浏览器端显示的 Web 页面信息,向分布在网络上的服务器发出一系列命令和请求动作,由服务器端负责对请求进行处理,并将处理的结果通过网络以超文本标记语言(hypertext markup language, HTML)的格式返回到浏览器端。

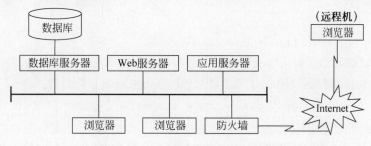

图 1-18 B/S 模式的网络拓扑结构

B/S 模式的特点是：①服务器端主要安装 Web 服务器软件和数据库管理系统,分别用于处理 Web 信息及与数据库有关的操作,对数据库的访问和应用程序的执行都在服务器上完成。②客户端(即浏览器端)只需安装简便易用的 Microsoft Edge、Google Chrome 或 QQ 浏览器等 Web 浏览器软件,成为一种"瘦"客户机结构,从而极大地简化了客户端的工作。

这种模式实质上是 C/S 模式在新技术条件下的延伸,服务器既是浏览服务器,又是应用服务器,可以运行大量应用程序,从而使客户端变得非常简单。面向 Internet 的电子商务、服务管理、业务查询等应用适于采用 B/S 模式。

B/S 模式的优点主要表现在以下方面。①简化了客户端：不需要像 C/S 模式一样在不同客户机上安装不同客户应用程序,只需安装通用的浏览器软件。②简化了系统的开发和维护：不需为不同级别的用户设计开发不同的客户应用程序,只需把所有功能实现在 Web 服务器上,就不同的功能为各组别的用户设置权限；升级时只需对 Web 服务器上的服务处理程序进行修订就可以了,不需要为每个现有客户应用程序升级。③使用户的操作更简单：客户端只是一个简单易用的浏览器软件,操作人员无须培训就可以直接使用,即使培训也只是一次性的。④更适合用于网上信息的发布。

B/S 模式的缺点主要表现在以下方面。①交互性不如 C/S 模式：在 C/S 模式中,客户端有一套完整的应用程序,在出错提示、在线帮助等方面都有强大的功能,并且可以在子程序间自由切换；而 B/S 模式虽然由 Java 技术提供一定的交互能力,但与 C/S 的一整套客户应用程序相比显得太有限了。②安全性不如 C/S 模式：C/S 模式是相对的点对点的结构,采用适用于局域网的协议,安全性可以得到较好的保证；而 B/S 模式采用点对多点、多点对多点的结构模式,采用 TCP/IP 这类运用于 Internet 的开放性协议,其安全性只能靠数据库服务器上管理密码的数据库来保证,必须采取一系列的安全措施,确保信息的安全。

2. 管理信息系统的软件支持平台

1) 对 C/S 模式

（1）操作系统：UNIX/Linux 或 Windows 或 Netware。

（2）服务器端：Oracle，SQL Server，Informix，Sybase，DB2。

（3）客户机端：Visual Basic，Visual FoxPro，Visual C++，Borland C++ Builder，Delphi，PowerBuilder 等。

（4）其他：Excel，SAS，SPSS，Eviews，MATLAB 等。

（5）流行的系统集成方式：Windows＋Visual Basic/Visual FoxPro＋SQL Server；UNIX/Windows＋PowerBuilder＋Oracle/Sybase；UNIX/Xenix＋Informix；UNIX＋DB2。

2) 对 B/S 模式

（1）操作系统：UNIX/Linux 或 Windows 等。

（2）服务器端：NGINX，Apache，IIS 等服务器软件；SQL Server，MySQL，Oracle 等数据库管理系统软件；ASP，ASP. NET，PHP，JSP 等动态网站开发语言。

（3）客户机端：Microsoft Edge、Google Chrome、Firefox、360、百度、搜狗、UC、QQ 等浏览器软件。

（4）流行的系统集成方案：Windows（IIS）＋ SQL Server/MySQL ＋ ASP；Linux（Apache Server）＋ MySQL ＋ PHP；Windows（Apache Server）＋ MySQL ＋ PHP；Linux（Apache Server）＋Oracle＋JSP；UNIX＋DB2＋CGI。

1.3.5　管理信息系统面临的挑战与对策

（1）战略性经营挑战：企业如何利用信息技术去设计具有竞争性和有效性的组织？

如何在企业中有效地利用信息技术，是信息管理和信息系统领域研究的主题。信息技术的变化比人类和企业的变化快得多，许多企业需要使用信息技术来简化沟通和协调的过程，消除不必要的工作，摒弃过时的组织结构。企业应重新考虑现行产品及服务的设计、生产、提供和维修方式。

（2）全球化挑战：企业应如何理解全球化经济环境的经营需求和系统需求？

全球化经济是当代经营环境的一个特点。全球各地的消费者、企业、供应商、经销商和制造商共同合作，不受地理界限的约束。迅速发展的国际贸易和全球化经济的产生，要求信息系统能够支持面向全球的商品生产、销售和服务。企业必须建立全球的硬件、软件和通信标准，并建立跨文化的会计和报表体系，才能在全球化的经济环境下赢得竞争优势。

（3）企业信息化体系的挑战：企业如何能够建立支持其经营目标的企业信息化体系？

种种原因导致许多企业使用的计算机硬件、软件、电信网络和信息系统是不兼容的，这就使得企业的信息化体系中出现了一个个"信息孤岛"。将这些"信息孤岛"集成为一个完整的信息体系，使之最有效地支持企业的经营目标，成为当务之急。

（4）信息系统投资的挑战：企业如何确定信息系统的经营价值？

信息系统的开发与建设是一项昂贵的系统工程，巨额的投资能否换来巨大的回报是企业不得不考虑的事情，而要搞清楚信息系统的成本和收益却不那么容易。投资，往往需要企业高层决策者做出痛苦的抉择。当然也必须发挥其聪明才智，有勇气和决心。

（5）责任和控制的挑战：企业怎样设计人们能够控制和理解的系统？企业如何能保证

其系统的使用符合伦理道德规范和对社会负责？

信息系统对企业、政府和日常生活是相当必要的，因而企业必须采取专门的措施来确保系统的准确、可靠和安全。设计信息系统时，必须保证系统能按要求运行，能被人类控制。在使用系统时，必须遵守国家法令法规和社会伦理道德规范，具有强烈的社会责任感。

（6）认识的挑战：企业如何正确认识和实施管理信息系统？

重视实施信息基础设施建设；利用现代信息技术促进企业管理；培育企业文化，提高员工素质；提高科学管理水平，为信息系统的实用化创造条件；企业领导层重视，业务人员积极性高；重视各类专业人员的技术队伍建设；具备一定的资源。

思考题

1. 什么是数据？说明信息和数据的关系。
2. 信息系统有哪些主要类型，它们服务的主要对象是什么？
3. 什么是管理信息系统？管理信息系统有哪些特点？
4. 信息系统的数据处理方式有哪些？分别适用于什么场合？
5. 试述管理信息系统的概念和结构。
6. 什么是决策，决策过程一般包括哪几个阶段？
7. 什么是结构化决策、非结构化决策、半结构化决策？
8. 简述管理信息系统的技术平台。
9. 简述管理信息系统的概念结构、层次结构（或金字塔结构）、功能结构、综合结构。
10. 简述什么是 C/S 模式和 B/S 模式，C/S 模式和 B/S 模式分别有哪些优点和缺点。

第2章

管理信息系统的开发方法

2.1 结构化生命周期法

管理信息系统有多种开发方法,结构化生命周期法被认为是一种应用最普遍、最成熟的开发方法,也是现如今大中型管理信息系统项目的最好开发方法。这种方法是假设管理信息系统有一个生命周期,像其他任何事物一样都有一个产生、发展、成熟、消亡或更新的过程。

2.1.1 管理信息系统开发的生命周期

所谓生命周期法,就是按照管理信息系统生命周期的概念,严格按照为系统生命周期的各个阶段规定的步骤去开发系统。管理信息系统传统的开发过程一般要经过系统规划、系统分析、系统设计、系统实施和系统维护这几个阶段,这一过程称为管理信息系统开发的生命周期(system development life cycle,SDLC),如图 2-1 所示。利用生命周期法开发管理信息系统,每一阶段都有明确的工作目标和任务,完成之后才允许进入下一阶段的工作。

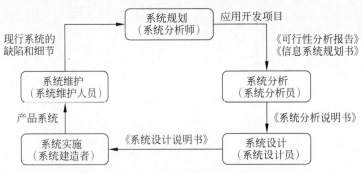

图 2-1 系统开发的生命周期

1. 系统规划

系统规划阶段的范围是整个业务系统,目的是从整个业务的角度出发确定系统的优先级。其输入是业务目标、现行系统的所有细节及约束,输出是信息系统规划书,列入开发计划的应用开发项目。主要活动包括:①单位领导提出任务和要求;②开发人员对现行管理信息系统进行初步调查,弄清现行系统存在的问题,提出新系统的目标和任务;③新系统开发的可行性研究,主要从技术、经济、管理等方面进行可行性分析,提出可行性分析报告;④拟定系统开发初步计划。

2. 系统分析

系统分析是系统开发的一个主要阶段,其范围是列入开发计划的信息系统开发项目,目的是分析业务上存在的问题,定义业务需求,最终建立新系统的逻辑模型,解决系统"做什么"的问题。其输入是列入计划的系统开发项目与先行系统的所有细节及约束、事实、需求,输出主要是说明用户业务需求规格的系统分析说明书。主要活动包括:①系统开发人员进行详细调查,主要分析现行系统的业务流程、数据流程、数据结构、用户要求及系统目标等;②建立新系统的逻辑模型(含数据字典(data dictionary,DD)、数据流程图(data flow diagram,DFD)、处理逻辑描述等),提出系统分析说明书。

3. 系统设计

系统设计的目的是设计一个以计算机为基础的技术解决方案以建立系统的物理模型,解决系统"怎么做"的问题。其输入是系统分析说明书、系统用户所推荐的设计观点,输出是技术设计方案(系统设计说明书)。主要活动包括:①总体设计,主要进行子系统划分和模块结构设计,构造软件的总体结构;②详细设计,主要包括代码设计、数据库设计、输入/输出设计、人机界面设计、处理过程设计等,提出系统设计说明书。

4. 系统实施

系统实施的目的是构造信息系统的技术部件,并最终使信息系统投入运行。其输入是技术设计方案,输出是产品化的信息系统、使用和维护该系统所必需的文档(如系统操作使用说明书、系统原理说明书等)。主要活动包括:①设备的购置、安装、调试;②编程,主要以系统设计说明书为依据,用某种(或指定的)计算机语言编写实现系统功能的程序代码;③调试,包括单程序调试、模块调试、子系统调试、系统总调试,尽可能多地发现软件中存在的错误,并对程序进行修正与完善;④人员培训;⑤系统切换,主要是新系统按一定的方式(直接切换、并行切换、分段切换、试点切换等)取代旧系统。

5. 系统维护

系统维护就是根据需要对开发的系统进行扩充、修改和优化,使之能正常运作,主要包括正确性维护、适应性维护、完善性维护和预防性维护。从开始对系统进行维护一直到系统被另一个更新的管理信息系统所取代为止,该系统的生命周期结束。

2.1.2 结构化生命周期法的基本思想与特点

结构化的基本含义是指按照一组标准的准则、规范与工具从事某项工作。结构化生命周期法是用于组织、管理和控制信息系统开发过程的一种基本方法,又称结构化系统开发方法、结构化系统分析与设计方法(structured system analysis and design,SSA&D)。

1. SSA&D 的基本思想

SSA&D 的基本思想是:系统开发人员用系统工程的思想和工程化的方法,按用户至上的原则和结构化、模块化的要求,自顶向下对信息系统进行分析和设计,自底向上对系统逐步实施。具体包含以下三层含义。

(1) 将整个信息系统开发过程划分为若干相对独立的阶段,如系统规划、系统分析、系统设计、系统实施等,每个阶段都有明确的任务和目标。

(2) 在系统规划、系统分析、系统设计阶段,坚持自顶向下地对系统进行结构化划分。在系统调查和理顺管理业务时,从最顶层的管理业务入手,逐步深入到最基层;在系统分析、提出新系统方案及进行系统设计时,从宏观整体入手,先考虑系统的整体优化,然后再考虑局部优化问题。

(3) 在系统实施阶段,坚持自底向上逐步实施。即组织人力从最基层的模块做起(编程),然后按照系统设计的结构,将模块一个个集成或结合到一起进行调试,自底向上逐渐构成整个系统。

2. SSA&D 的特点

(1) 深入调查研究。强调在设计系统之前,深入实际单位,详细地调查研究,弄清楚实际业务处理过程的每个细节,然后分析研究,制定出科学合理的新系统设计方案。

(2) 用户至上。就是在系统开发过程中面向用户,充分了解和满足用户的需求和愿望,也使用户更多地了解新系统,并随时从用户和业务的角度提出新的要求,强调开发人员与用户的紧密结合。用户应能够参与到信息系统的开发中,参与的方式主要有三种,一是用户提出功能要求,研发人员据此分析设计和生成说明书;二是研发人员生成说明书后,与用户共同讨论修改,直到用户满意;三是用户与研发人员共同确定说明书,研发人员进行编程、调试,实现用户的需求。

(3) 结构化、模块化,自顶向下整体性分析设计和自底向上逐步实施。结构化生命周期法在开发策略上强调"从上到下",注重开发过程的整体性和全局性。在系统分析和设计时要从整体或全局考虑,自顶向下地展开(从全局到局部,从领导到普通管理者);在系统实现时,要根据设计的要求先完成一个个具体的功能模块,再自底向上逐步实现整个系统。

(4) 严格区分工作阶段,每一阶段都要编写相关的文档资料。把整个系统开发过程划分为若干个工作阶段,每个阶段都有明确的任务和目标,每一阶段结束之前还要编写反映阶段成果的文档资料。在实际开发过程中要求严格按照划分的工作阶段,一步步地展开工作。如遇到较小、较简单的问题,可跳过某些步骤,但不可打乱或颠倒之。

(5) 充分预料可能发生的变化。系统可能发生的变化主要来自以下几方面:周围环境发生变化、系统内部处理模式发生变化、用户需求发生变化。SSA&D 强调在系统调查和分析时,对将来可能发生的变化给予充分的重视,强调所设计的系统对环境的变化具有一定的适应能力。

(6) 开发过程的工程化。要求开发过程的每一步都按工程标准规范化,文档资料也要标准化。

2.1.3　结构化生命周期法的优缺点与适用范围

结构化生命周期法适用于大型信息系统的开发,它的不足是开发过程复杂烦琐,周期长,系统难以适应环境的变化。

1. SSA&D 方法的优点

（1）使开发的系统整体最优，是大型信息系统和复杂信息系统的主要开发方法。它强调系统开发过程的整体性和全局性，在整体优化的前提下考虑具体的分析设计问题，强调开发人员与用户的紧密结合，开发策略注重"从上到下"，适合大型信息系统与复杂信息系统的开发。

（2）避免开发过程的盲目混乱状态，提高了系统开发的成功率。严格区分开发阶段，每一阶段的工作都有可靠的依据，每一步工作都及时总结问题，并及时进行反馈和纠正，因而常常能生产出高质量的系统。

（3）强调用户参与，最大限度地满足用户的需求。

（4）各阶段文档资料完整、齐全，为日后的系统维护工作提供了方便。

2. SSA&D 方法的缺点

（1）开发过程较为复杂，开发周期长，成本高。SSA&D 严格划分阶段，各阶段绘制图表、编写文档、讨论审批等程序烦琐，每一阶段结束之前不能进入下一阶段工作，每一阶段若发现上一阶段的错误，还必须重新返回上一阶段，从而导致系统开发周期长、成本高。

（2）需要用户提供完整的需求，对于需求不确定的情况不适用。SSA&D 是一种预先定义需求的方法，基本前提是必须能够在早期就冻结用户的需求，只适用于可在早期阶段就完全确定用户需求的项目，然而在实际中要做到这一点往往是不现实的，用户很难准确地陈述其需求。

（3）某阶段出现的错误将被带到下一阶段，并被扩大。

（4）对开发者要求苛刻。要求系统开发者在调查中充分掌握用户需求、管理状况，充分预见可能发生的变化，在实际工作与实施时有一定的困难。

（5）文档的编写工作量极大，而且随着开发工作的进行，这些文档还需要及时更新。

（6）仅在开始几个阶段与用户沟通多，且用户与开发人员的交流不够直接。只有到系统实施阶段后才能让用户看到实实在在的系统，而在这之前的很长时间内开发人员只能通过技术文档与用户交流，造成与用户交流较为困难。

（7）开发的系统难以适应迅速变化的环境，主要是开发周期长、环境易变而致。

3. SSA&D 的适用范围

该方法适用于一些组织相对稳定、业务处理过程规范、需求明确且在一定时期内不会发生较大变化的大型复杂系统的开发。

2.2　原型法

原型法是 20 世纪 80 年代随着计算机软件技术的发展，特别是在关系数据库系统（relational database system，RDBS）、第四代程序生成语言（fourth generation language，4GL）和各种辅助系统开发工具产生的基础上，提出的一种系统开发方法。相较于 4GL，1GL 是汇编语言，2GL 是高级程序设计语言（如 FORTRAN，ALGOL，BASIC，LISP），3GL 是增强性的高级程序设计语言（如 PASCAL，ALGOL68，FORTRAN77）。4GL 是按计算机科学理论指导设计出来的结构化语言（如 Ada，MODULA-2，Smalltalk-80），具有简单易学、用户界面良好、非过程化程度高、面向问题、只需告知计算机"做什么"而不必告知计算机"怎么做"、编程代码量少、大幅提高软件生产率等特点。4GL 是比 3GL 更为接近自然语言的语言，访问数据库的语言通常称为 4GL。4GL 的代表性软件系统包括 PowerBuilder，Delphi 和 Informix-4GL 等。

2.2.1　原型法的基本思想与系统开发过程

1. 原型的概念与原型法的基本思想

所谓原型，是可以逐步改进成可运行系统的模型。它是由系统分析设计人员与用户合作，在短期内定义用户基本信息需求的基础上，开发出来的一个只具备基本功能的、实验性的、简易的应用软件，是一个功能尚不十分完善但可以运行的管理信息系统软件。

原型法的基本思想：①在管理信息系统开发的开始阶段，开发人员首先对用户提出的问题进行总结，并与用户共同确定系统的基本要求与主要功能，然后在限定的时间内用最经济的方法开发一个原型系统并运行这个原型；②开发人员根据原型系统暴露出的问题及用户不断提出的新要求，反复对原型进行修改或添加新的功能，使系统逐步完善，直到用户完全满意为止；③在用原型法开发信息系统时，为了迅速建立和修改原型，需要利用多种软件开发工具，如电子表格软件（Lotus 1-2-3）、数据库管理软件（Oracle，SQL Server，MySQL，FoxPro 等）、套装软件（Office 中的 Word，Excel，PowerPoint 等）、可视化编程工具（Visual Basic）、计算机辅助软件工程（computer aided software engineering，CASE）。

2. 原型法开发系统的基本过程

利用原型法开发系统，必须满足 4 个条件，即开发周期必须短且成本低、要求用户参与评价原型、原型必须是可运行的、原型易于修改。利用原型法开发管理信息系统的基本过程

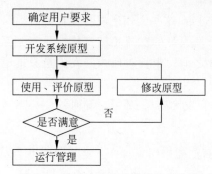

图 2-2　原型法开发系统的基本过程

如图 2-2 所示。从图 2-2 中可以看出，用原型法开发系统一般要经历以下 4 个基本阶段。

（1）确定用户要求。开发人员对系统进行初步调查，与用户一起识别和确定新系统的基本需求，如系统功能、数据规范、报表格式、菜单要求、人-机界面、输入/输出、运行环境、性能及安全可靠性等。

（2）开发系统原型。开发人员按照用户的最初要求建立起一个初始的系统原型，该原型只要满足第一阶段用户提出的基本要求就可以了。

（3）使用、评价原型。将开发的原型系统交付用户使用，由用户和开发人员各自反复运行、测试和评价原型系统，找出原型的不足，提出并共同确定改进意见和新的系统需求。

（4）修改原型。开发人员针对原型的不足，依据改进意见和新的系统需求，对原型进行修改、扩充、完善，得到一个更加符合用户要求的系统原型。然后再由用户和开发人员共同使用与评价修改后的原型，直到用户满意为止。用户满意后，原型作为正式系统投入运行。

2.2.2　原型法对环境的要求

利用原型法开发管理信息系统时，必须有一定的软件环境支持才能快速有效地建立起

系统原型。这种软件环境支持就是原型法对环境的要求,包括以下 5 方面。

(1) DBMS 或 RDBS。就是指具备一个方便灵活的数据库管理系统,或关系数据库系统。例如,MySQL、Informix、Oracle、Sybase、Visual FoxPro 等数据库管理系统都具有操作方便灵活的特点。

(2) 数据字典。指具有一个与 DBMS 或 RDBS 相对应的、方便灵活的数据字典,具有存储所有实体的功能。例如,可以利用各种 DBMS 创建数据库和数据表,存储相关数据。

(3) 软件工具。具备一套高级软件工具(4GL 或开发生成环境等),用以支持结构化程序,并允许采用交互方式进行书写和维护,产生任意语言的模块(即原型)。例如,可以利用 EditPlus、Dreamweaver 等编辑器生成 HTML 网页与 ASP 程序代码。

(4) 快速查询语言。具有一套与 DBMS 或 RDBS 相对应的快速查询系统,能支持任意非过程化的(即交互定义方式)组合条件查询。例如,大多数 DBMS 都支持使用 SQL 进行快速查询操作。

(5) 报告或屏幕生成器。具有一个非过程化的报告或屏幕生成器,允许设计人员详细定义报告或屏幕输出样本。例如,利用 Visual FoxPro 可以方便地进行报表设计,利用 Word,EditPlus 等可以灵活地设计和生成报告或表格样本。

2.2.3　原型法的特点和注意事项

1. 原型法的特点

(1) 从认识论角度看,原型法更多地遵循人们认识事物的规律,易于被人们掌握和接受。具体表现在:先设计一个可以运行的原型系统,通过运行原型系统不断解决暴露出来的问题,或受环境的启发对系统不断进行修改和完善,人们对系统所要解决问题的认识将逐步加深,对系统的功能和最终要达到的目标将越来越明确。这种方法贯彻的是“从下到上”的开发策略,符合人们认识问题和解决问题的习惯,更容易为人们所接受。

(2) 将模拟手段引入系统分析的初期,增强人们对系统开发的信心。原型法引入模拟手段,将系统调查、系统分析、系统设计的过程合而为一,使用户及早面对一个可以运行的原型系统,并且通过不断修改使系统得到不断的完善,使人们感觉到系统开发必能成功,并由此提高用户参与开发的积极性。

(3) 强调用户参与,缩短了用户和系统开发人员之间的距离。用户参与了系统研制的所有阶段,开发人员能够和用户进行及时的信息沟通,有利于及时发现并解决潜在的问题。在系统开发过程中,通过开发人员和用户的沟通和相互作用,使用户的要求得到较好的满足,提高了系统开发的成功率。由于用户的全过程参与,用户对系统的功能易于接受和理解,有利于系统的移交、运行和维护。

(4) 提倡使用系统开发工具,从而缩短系统开发时间,降低系统开发费用,提高系统开发的效率和质量。

2. 原型法在使用中的注意事项

在利用原型法开发管理信息系统时,应注意以下问题:①重视开发过程的控制;②将原型法与生命周期法有机地结合起来;③充分了解原型法的使用环境,掌握开发工具的使用方法。

2.2.4　原型法的优缺点和适用范围

1. 原型法的主要优点

（1）原型法是一种支持用户的方法，使得用户在系统生命周期的设计阶段起到积极的作用。

（2）原型法有利于较早地发现系统潜在的问题并确认解决方案。在原型法中，系统原型是对真实系统或目标系统的一种模拟，这种方式能使系统开发人员和使用人员较早地发现系统实现后潜在的问题，并且这些问题的解决方案是双方共同讨论确认的。

（3）原型法能减少系统开发的风险，特别是在大型项目的开发中，由于对项目需求的分析难以一次完成，应用原型法效果更为明显。

（4）原型法既适用于系统的重新开发，也适用于系统的修改。

（5）便于新旧系统的自然切换。用原型法开发管理信息系统，增强了用户的参与程度，用户参与开发过程中已掌握了系统的功能与使用方法，使系统的切换与运行管理较为容易和自然。

（6）原型法可以与生命周期法相结合使用，这样会扩大用户参与需求分析、初步设计及详细设计等阶段的活动，加深对系统的理解。

2. 原型法的缺点

（1）不能单独用于大型、复杂管理信息系统的开发。原型法在实施过程中缺乏对管理系统全面、系统的认识，对于大型、复杂的系统则难以模拟，因此，它不能单独用于大型、复杂的信息系统的开发。

（2）对于运算量大、逻辑性不强的程序模块，难以用原型法构造模型。

（3）对于原基础管理不善、信息处理过程混乱的问题，由于工作过程不够清晰或管理方法不够合理，原型难以构造。

（4）对于批处理系统，其大部分是内部处理过程，用原型法有一定的困难。

（5）原型法强调用户参与，但如果用户不合作，就会拖延开发过程。原型法强调用户的参与和系统的反复修改与不断完善，每次反复都要花费人力、物力，如果用户合作不好，盲目纠错，就会拖延开发过程。

（6）容易给管理信息系统的维护带来困难。原型法在实施过程中缺乏对管理信息系统全面、系统的认识，可能导致各子系统之间接口不明确，系统开发的文档资料不统一，容易给以后的维护带来困难。

3. 原型法的适用范围

原型法既适用于有明确需求的小型、简单系统的开发，也适用于大型系统中的某个需求明确、处理简单的局部功能模块的开发。原型法经常与其他的系统开发方法结合使用。

2.3　软件包法

1. 软件包法的基本思想

软件包法是一种利用应用软件包来开发管理信息系统的方法。应用软件包是指预先编制好的、能完成一定功能的、供出售或出租的成套软件系统。软件包法的基本思想是利用软件包开发企业或组织的管理信息系统,但通常需要重新设计企业或组织的业务流程,让它们尽量与软件包的要求相吻合。

2. 软件包法的步骤

(1)系统分析。就是明确原系统的问题和需求,确定是否用软件包开发,选择供应商,评价并选择软件包。

(2)系统设计。裁剪用户需求,以适应软件包功能,培训技术人员,完成客户化设计和新的业务流程设计。所谓软件包的客户化,就是为适应用户特殊需求而对软件包做必要的修改和补充。

(3)编程、调试、系统切换。

(4)运行与维护。就是软件的改错与升级。

3. 软件包法的优点

(1)缩短开发时间。软件包在上市前已经经过充分测试,已消除大多数技术问题;对较复杂的软件包,供应商会协助用户安装测试。

(2)可以得到比较好的维护。供应商会提供优惠的定期更新和系统升级服务。

(3)能减轻组织内部对系统开发的阻力。软件包有较大的普遍性与适应性,用户更容易接受一个第三方提出来的新的工作模式;由于软件包的成本相对比较明确,开发过程的管理也比较简单,很容易为组织的决策层所接受。

4. 软件包法的缺点

(1)功能较为简单。市场上销售的软件包主要以满足某一特定功能为主而进行设计。

(2)难以满足特殊要求。开发商一般不对修改后的软件提供技术服务和支持。

(3)实施费用随客户化工作量的增大而急剧上升。当客户化工作量较大时,所耗费的成本将大大超过购买软件包的成本。

5. 软件包法开发系统需考虑的因素

利用软件包法开发管理信息系统,最关键的就是软件包的合理选择。选择时应综合考虑以下因素,而不能仅依据某一个或少量几个因素进行选择。

(1)功能。应选择能最大限度地满足用户功能要求的软件包。

(2)灵活性。应选择易于修改的软件包,或供应商承诺替客户修改的软件包。

(3)友好性。应选择容易使用的软件包。

(4)软硬件环境要求。应选择能在自己的软硬件环境下正常运行的软件包。

(5)对数据库和文件结构的要求。应选择其数据库和文件结构能满足用户要求、异常数据输入时会报错和处理的软件包。

(6)安装维护的承诺。

(7)文档的完整性。应选择使用说明书和技术说明书完整的软件包。

(8)供应商的状况。应选择供应商信誉好、服务有保障的软件包。

(9)价格。应选择所估算的系统总开发费用较低的软件包。

6. 软件包法的适用场合

(1)需要开发的系统功能是多数组织都要用到的一些通用功能。如会计财务管理、人力资源管理、应收应付账管理等。

（2）企业内部缺少开发人员。这时可考虑全部或部分地选用软件包来开发自己的信息系统。

（3）开发的系统属于微机系统。市场上出售的绝大多数软件包都是在微机上运行的。

2.4　面向对象方法

20世纪80年代初期，大学和企业研究室开始研究面向对象（object oriented，OO）的基本原理，20世纪80年代后期开始出现面向对象的数据库，面向对象的方法真正开始在工业界流行起来则是在20世纪80年代末。面向对象的方法尽可能地按照人类认识世界的方法和思维方式来分析和解决问题，以其直观、方便的优点获得了广泛应用，并逐渐成为管理信息系统主流的开发方法。

2.4.1　面向对象方法的基本思想与基本概念

1. 面向对象的基本思想

面向对象方法是从对象的角度对系统进行分析和设计的方法。客观世界可以看成由许多不同种类的对象构成，每个对象都有自己的内部状态和运动规律，不同对象之间的相互联系和相互作用构成了完整的客观世界。任何系统都可以简单地看成一个彼此通过传递消息而相互作用的对象的集合。OO方法的基本思想就是基于所研究的问题，对问题空间进行自然分割，识别其中的对象及其相互关系，将客观世界抽象地看成若干相互联系的对象，然后根据对象和方法的特性研制出一套软件工具，使之能够映射为计算机软件系统结构模型和进程，从而实现信息系统的开发。

2. 面向对象方法的基本概念

1）对象

（1）对象的含义。

客观世界中的事物都是由对象组成的，对象是在各种事物基础上抽象的结果，任何复杂的事物都可以通过对象的某种组合构成。企业中的对象有员工、产品、设备、材料、订单等。

对象是一个封闭体，由一组数据和施加于这些数据上的一组操作组成。对象的数据刻画了对象的属性，表明对象的状态；对象的操作刻画了对象的功能，表明对象的行为，如图2-3所示。

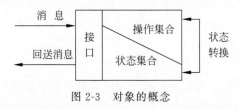

图2-3　对象的概念

（2）对象的表示。

在实际设计中，一个对象可以用它的属性和方法进行描述，属性反映对象的信息特征和状态，方法定义改变属性状态的各种操作，描述对象的具体行为和功能，如图2-4所示。

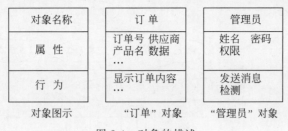

图 2-4　对象的描述

（3）对象的特征。

作为一个对象，应具备以下特征：

① 名称/标识唯一，以区别于其他对象；

② 某一时间段内，有且只有一组私有数据，用以表述一个状态，且状态的改变只能通过自身的行为来实现；

③ 有一组操作，每一个操作决定对象的一种行为；

④ 对象内部封装数据、操作，与外部以消息通信的方式进行相互联系和相互作用。

（4）对象的分类。

对象包括实体对象、接口对象、控制对象和基础对象四类。

① 实体对象。在问题领域中直接认识到的对象，相当于客观世界中的对象。实体对象联系数据存储，如物资、验收单、台账等。

② 接口对象。技术性对象，包括用户接口屏幕和对其他应用的接口，用于连接应用（应用问题/应用软件）和外界系统或用户。实体对象的数据通常都是经由接口对象进出应用的。接口对象管理用户接口，负责管理系统和用户之间的一切交往，如菜单和窗口等。

③ 控制对象。是系统驱动模块，主要用于协调实体对象和接口对象的活动。控制对象管理处理逻辑，如汇总、打印、核算、登记流水账、更新库存台账等。

④ 基础对象。是实现应用系统所需的构造体，如串、数组、队、栈、结构、树等。能为任何对象所公用和重用的对象，如开关按钮和核对框等组件，都属于基础对象和类。

2）类

OO 方法中，"类"是具有相似属性和行为（或方法）的对象的集合，包括表示对象状态的属性集和表示对象行为的方法集。类是所有相似对象的状态变量和行为构成的模板，它是从具有共同性质的实体中抽象出的事物本质特征概念。

类描述一组对象的共同行为和属性，用于定义多个相似的对象。对象是类的实例，可以把一组对象的共同特性加以抽象并存储在一个类中。例如，"动物"类是对爬行动物、哺乳动物及其他类型动物的抽象，猫科动物是哺乳动物的实例，猫是猫科动物的实例。

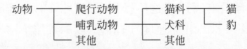

类可以有子类，也可以有父类（超类）。若类 B 继承类 A 时，称被继承类 A 为类 B 的基类、父类或超类；称继承类 B 为类 A 的派生类或子类。父类可以派生出子类，子类自动继承父类的属性和方法，形成类的层次结构，如图 2-5 所示。

利用继承，只要在原有类的基础上修改增补少量的数据和方法，就可以得到子类，然后

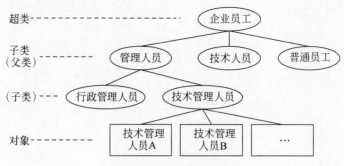

图 2-5　类的层次结构

生成大小、初态不同的实例。因此,在定义类的子类时,只需说明它不同于父类的特性,从而可以大大提高软件的可重用性。

3) 消息

对象之间的相互作用是通过"消息传递"机制实现的。消息传递过程中,由发送消息的对象将消息传送至接受消息的对象,引发接受消息的对象的一系列操作。所传送的消息实质上是接受对象所具有的操作/方法的名称,有时还包括相应的参数,如图 2-6 所示。对象间的外部接口是一系列操作名,一个对象可以向另一对象按操作名发送消息,接收消息的对象便执行相应的操作请求,完成操作任务后向发送消息的对象做出回答。一个消息可以发送给不同的对象,而每个不同的对象又可以根据自身的参数有不同的响应,调用不同的方法完成相应的操作功能,产生所需的结果信息。

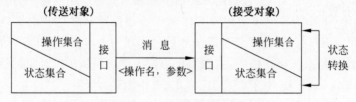

图 2-6　对象的消息传递模型

在实际设计时,对象之间的消息传递往往表示成如图 2-7 所示的形式,其中"行为"指的是对象收到消息后所执行的操作。

图 2-7　对象的消息传递模型的表示

例如,一个"汽车"对象具有"行驶"这项操作,要让汽车以 50km/h 的速度行驶,就需要传递给汽车对象"行驶"及"50km/h 的速度"的消息,以触发这个对象。

4) 继承

特殊类(子类)的对象拥有其一般类(超类)的全部属性与行为,称作特殊类对一般类的继承。继承关系也称泛化-特化关系(或一般-特殊关系),这是因为当子类 B 继承超类 A 时,B 已具备了 A 的全部属性和方法;同时,B 在 A 的基础上又有所扩充,增加了一些新的特性。例如,图的继承如图 2-8 所示。

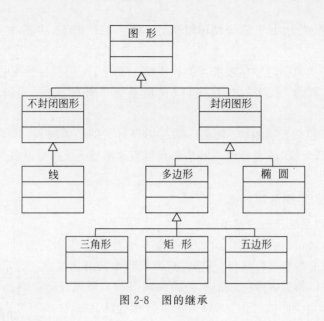

图 2-8 图的继承

3. 面向对象的特征

（1）封装性。即将对象的属性（数据）和操作（程序代码）集成为对象的一个整体。OO方法中,程序和数据是封装在一起的,对象作为一个实体,其操作隐藏在方法中,其状态由对象的属性来描述,并且只能通过对象中的"方法"来改变,从外界无从得知。对象作为独立存在的实体,将自有数据和操作封闭在一起,使自身的状态、行为局部化。用户只需根据对象提供的外部特性接口访问对象,接口用于描述对象之间的相互作用、请求和响应,即对消息的说明。

（2）继承性。继承是面向对象特有的、父类和子类之间共享数据和方法的机制。类可以派生出子类,子类自动继承父类的属性和方法（操作）。在定义子类时,只需说明它不同于父类的特性,提高了软件的可重用性。通过继承支持重用,实现软件的资源共享、演化及增强扩充。

（3）多态性。同一消息发送至不同的类或对象可导致不同的操作结果,或者说,不同的对象接收到同一消息可产生不同的动作,这种现象称为多态。其中,"同一消息"是指相同的操作或函数、过程。多态性使软件开发设计更便利,编码更灵活。

（4）易维护性。面向对象的抽象封装使对象信息（内部细节）隐藏在局部。当对象进行修改,或对象自身产生错误时,其影响仅局限在对象内部而不会波及其他对象及整个系统环境,从而极大地方便了软件设计、构造和运行过程中的检错、修改。

（5）动态链接性。对象间的联系是通过对象间的消息传递动态建立的。

（6）抽象性。OO方法中,"类"是从具有共同性质的实体中抽象出的事物本质特征概念。

2.4.2 面向对象方法的系统开发过程

1. 需求分析

用户需求是用户对所要开发的系统提出的各种要求和期望,它包括技术性要求和非技术性要求,其中技术性要求包括系统的功能、性能、可靠性、保密要求、交互方式等,非技术性要求包括资金强度、交付时间、资源使用限制等。在多数情况下,功能需求是分析员考虑最多的因素。

需要弄清楚的重点问题包括系统需要提供哪些功能,达到何种性能指标,可靠性、安全性要求,人-机交互要求,系统的对外接口(包括系统以外的人员、设备和其他系统的接口)等。

研究用户需求包括五项活动:阅读一切与用户有关的书面材料;与用户交流;现场调查;记录通过阅读、交流、调查等得到的信息和疑点;整理一份符合开发规范且确切表达系统责任的需求文档。

2. 面向对象的系统分析

1) 面向对象的系统分析的基本原则

(1) 构造和分解相结合原则。构造是指由基本对象组装成复杂对象或活动对象的过程;分解是对大粒度对象进行细化,从而完成系统模型的细化过程。

(2) 抽象和具体相结合原则。抽象是指强调事物本质属性而忽略非本质细节,具体则是对必要的细节加以刻画的过程。OO方法中,抽象包括数据抽象和过程抽象,数据抽象把一组数据及有关操作封装起来,过程抽象定义了对象间的相互作用。

(3) 封装性原则。封装是指对象的各种独立外部特性与内部实现相分离,从而减少程序间的相互依赖,有助于提高程序的可重用性。

(4) 继承性原则。继承是指直接获取父类已有的性质和特征,而不必重复定义。这样在系统开发中,各对象共有的属性和行为(操作)只需一次性说明,对子类对象只需定义其特有的属性和方法。继承的目的也是提高程序的可重用性。

(5) 构造问题空间原则。构造法则:区分对象及其属性,如区分车和车的大小;区分整体对象及其组成部分,如区分车和车轮;不同对象类的形成及区分,如所有车的类和所有船的类的形成和区分。

2) 面向对象的系统分析过程

第一步,确定对象和类。对象是对数据及其处理方式的抽象,反映了系统保存和处理现实世界中某些事物的信息的能力。类是多个对象的共同属性和方法的集合的描述,包括如何在一个类中建立一个新对象的描述。

第二步,确定结构。结构是指问题域的复杂性和连接关系,而关系是指客观世界中两个事物之间的相互作用和影响。对象或类之间的关系包括静态关系和动态关系,其中静态关系又包括概括/继承关系(泛化-特化关系、一般-特殊关系)、聚集关系(整体-部分关系),动态关系指消息连接。概括/继承关系表示类与其衍生体之间的关系;聚集关系表示对象之间存在的一种整体和部分的关系,如地址包括省名、县(市)名、街名、门牌号、邮编等部分;消息连接表示对象的调用关系。类成员结构反映了泛化-特化关系,整体-部分结构反映整体和局部之间的关系。

第三步,确定主题。主题指事物的总体概貌和总体分析模型。按主题把对象和类分组,可减少系统的复杂性。

第四步,确定属性。属性就是数据元素,可以用来描述对象或分类结构的实例,可在对象的图示中给出,并在对象的存储中指定。

第五步,确定方法。方法是指在收到消息后必须进行的一些处理方法,要在对象的图示中定义,并在对象的存储中指定。确定方法其实就是规定系统的行为,即规定问题领域中有一些什么动作。

3) 举例

一个简单的销售管理系统模型,如图 2-9 所示。"顾客""商品"是实体对象,"交易"是一个类,"交易"类包括具体对象"销售交易"和部分对象"单项计算","交易"与"销售交易"之间是一般-特殊关系,与"单项计算"之间是整体-部分关系。

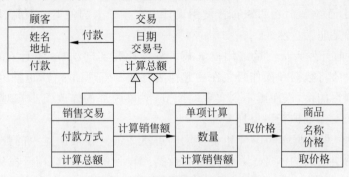

图 2-9　简单的销售管理系统模型

与顾客进行一笔交易时,需要记录客户名称、交易的日期、交易号、商品名、价格、销售数量、付款方式等属性。这些属性分别记录在顾客、交易、商品、单项计算、销售交易等 5 个对象或类中。假设对象"销售交易"要计算销售总额,总额是由个别销售项的销售额相加得到的,为此,对象"销售交易"需要向"单项计算"传送一个消息<计算销售额,商品名>,要求"单项计算"计算其销售额,并将结果返回到"销售交易"。对象"单项计算"计算每个商品的销售额时,要向"商品"传送一个消息<取价格,商品名>,要求"商品"把价格信息提供给"单项计算"。

3. 面向对象的系统设计

主要利用面向对象的技术进行概念设计,就是将分析阶段的各层模型化的"问题空间"逐层扩展,得到一个模型化的特定的"实现空间"。面向对象的系统设计(object-oriented design,OOD)与面向对象的系统分析(object-oriented analysis,OOA)使用了相同的方法,从 OOA 到 OOD 是一个从增加属性、行为开始的一种增量递进式的扩充。这就使得从分析到设计的转变非常自然,也使设计变得非常简单。

在设计阶段,还要考虑到硬件体系结构、软件体系结构,并采用各种手段(如规范化)控制因扩充而引起的数据冗余。

4. 面向对象的系统实施

面向对象的系统实施(object-oriented programming,OOP)主要是将 OOD 中得到的模型利用程序设计语言来实现。具体操作包括:选择面向对象程序设计语言编程、调试、试运行等。

C++,Delphi,Visual Basic,Visual FoxPro,Smalltalk,CLOS,LISP,ASP 等都属于面向对象的程序设计语言。

由于在设计阶段对此有所侧重,所以系统实现不会受具体语言的制约,使实施阶段占整个开发周期的比重较小。

2.4.3　面向对象方法的优越性及面向对象的开发工具

1. 面向对象方法的优越性

（1）构造复杂对象的能力使得 OO 方法对于客观世界的模拟能力强、方式自然。在 OO 方法中，对象的属性的取值可以是另一个对象，从而很容易构造一个较复杂的对象。而且，OOA 和 OOD 运用的概念是完全一致的，在需求分析中产生出来的类型和种类可以直接在设计中使用，而编程时也可以直接使用设计中产生出来的种类。因此，从分析到设计的过渡再到编程都是非常自然的。

（2）封装性向开发人员和最终用户屏蔽了复杂性和实现细节，降低了信息系统开发和维护的难度。对象将数据和操作封装在一起作为存储和管理的单位，也是用户使用的单位，从外部只能看到它的接口，而看不到实现的细节，对象内部的修改不影响对象的使用，从而使信息系统的开发和维护变得更加容易。

（3）继承性使得数据库的设计和编程成为可重用的。在面向对象的数据库系统中，类的定义和类库的层次结构体现了系统分析和数据库设计的结果，应用开发人员可以在已建立的类库的基础上派生出新的类，继承已存在的类的属性和方法。

2. 面向对象的开发工具

（1）现代开发工具应具备的基本特征。首先，作为数据库应用的开发工具，它应该提供应用开发的全面支持，包括图形化的界面描绘工具，以及强有力的数据库访问能力和浏览工具等。其次，作为面向对象的开发工具，它应该支持面向对象的开发方法，包括一个可扩充的面向对象编程语言定义、类的层次结构、继承性及多态性等。再次，开发工具还应该是客户机/服务器结构的，最好支持多种服务器的开放连接，以及支持开发组的工作方式，支持应用分割等。

（2）目前市场上面向对象的开发工具。例如，Borland C++ Builder，Visual C++，Visual Basic，PowerBuilder，Delphi，ASP，PHP 等。

思考题

1. 简述结构化生命周期法开发管理信息系统的基本思想及其特点。
2. 简述原型法开发管理信息系统的过程和局限性。
3. 简述软件包法与其他的系统开发方法有什么本质的不同。
4. OO 方法有哪些优越性？

第3章

管理信息系统的系统规划与分析

3.1 系统规划

系统规划是企业管理信息系统的长远发展规划，又称总体规划或战略规划。系统规划是建立管理信息系统的先行工程，同时又是企业信息化建设最关键的一个阶段。在这个阶段，需要对系统进行初步调查和分析，按照一定的系统规划步骤和系统规划方法，制定符合企业特点的管理信息系统长期发展方案。

3.1.1 系统规划的内容、步骤与特点

1. 系统规划的内容

系统规划的主要目标是制定管理信息系统的长期发展方案，决定管理信息系统在整个生命周期内的发展方向、规模和发展进程。管理信息系统规划的内容主要包括以下 4 方面。

(1) 系统调查。包括对企业内外环境与管理的现状、用户的需求等进行初步调查与分析。系统调查的内容主要包括单位概况、系统目标、现行管理信息系统的一般状况、与外界的联系、各级领导的态度、可提供的资源、约束条件等。系统调查的方法主要包括查阅历史资料、召开调查会、访问面谈调查、发调查表、参加业务实践等。

(2) 制定管理信息系统的发展战略。调查分析组织的目标和发展战略，分析现行信息系统的功能、环境和应用状况。在此基础上确定管理信息系统的使命，制定管理信息系统的战略目标和相关政策。

(3) 制定管理信息系统的总体方案，安排项目开发计划。在调查分析企业信息需求的基础上，提出管理信息系统的总体结构方案，包括确定新系统的目标、主要功能和结构、运行模式、与外部系统的接口、运行环境等。再根据发展战略和总体结构方案，确定系统和应用项目的开发次序与时间安排。

(4) 制订管理信息系统建设的资源分配计划。提出实现开发计划所需的硬件、软件、技

术人员、资金等资源及整个系统建设的预算,进行可行性研究与分析。

2．系统规划的步骤

管理信息系统规划从开始到结束大致分为以下 9 个步骤:①确定规划的基本问题; ②收集初始信息;③评价系统现状和识别系统约束;④设置目标;⑤识别限制因素;⑥进行项目可行性研究;⑦提出项目实施的计划进度;⑧写出管理信息系统规划;⑨上报领导审批。

3．系统规划的特点

系统规划阶段是概念形成的时期,系统规划的特点包括 5 方面。①全局性:指系统规划面向全局性和未来的、长远的关键问题,非结构化程度较高;②高层次:指系统规划是高层次的系统分析,高层管理人员是工作的主体;③指导性:对系统的描述仅在宏观级上进行,能指导而不是替代后续工作,其中系统结构的描述着眼于子系统的划分,对数据的描述在于划分数据类,进一步划分是后续的工作;④管理与技术相结合:指系统规划是应用现代信息技术有效地支持管理决策的总体方案;⑤环境适应性:指系统规划服从企业总体发展规划,并随着环境的变化而变化。

3.1.2 系统规划的方法

将系统规划分为三个阶段:制定战略、组织信息需求分析、资源分配。不同的阶段可使用不同的规划方法,如表 3-1 所示。战略目标集转化(strategy set transformation,SST)法适用于制定战略,关键成功因素(critical success factors,CSF)法、企业系统规划(business system planning,BPS)法、目的/方法分析(ends/means analysis,E/MA)法适用于组织信息需求分析,而投资回收分析法、征费法、零点预算法适用于资源分配。这些方法中,最常用的是企业系统规划法、关键成功因素法和战略目标集转化法,通常把这三种方法结合起来,先用 CSF 方法确定企业目标,然后用 SST 方法补充完善企业目标,并将这些目标转化为信息系统目标,再用 BSP 方法校核两个目标,并确定信息系统结构,这样就弥补了单个方法的不足。当然这样也使整个方法过于复杂,并削弱了单个方法的灵活性。可以说至今为止信息系统规划尚没有一种十全十美的方法。由于战略规划本身的非结构性,可能永远也找不到一个唯一解。进行任何一个企业规划均不应照搬这些方法,而应当具体情况具体分析,选择这些方法的一些可取的思想,灵活运用。

表 3-1 系统规划的三个阶段

阶段	工 作 内 容	规 划 方 法
1	制定战略	战略目标集转化法
2	组织信息需求分析	关键成功因素法、企业系统规划法、目的/方法分析法
3	资源分配	投资回收分析法、征费法、零点预算法

1．企业系统规划(BSP)法

1) BSP 方法的基本思想

BSP 方法是美国 IBM 公司在 20 世纪 70 年代初,用于企业内部系统开发的一种方法,是一种能够帮助规划人员根据企业目标制定出管理信息系统战略规划的结构化方法。BSP方法采用"自上而下"的系统规划,"自下而上"的系统实现。企业系统规划法基于信息支持企业运行的思想,首先是自上而下地识别企业的目标,识别企业过程与识别数据,再自下而上地设计系统目标,最后把企业目标转化为管理信息系统的战略规划,如图3-1所示。

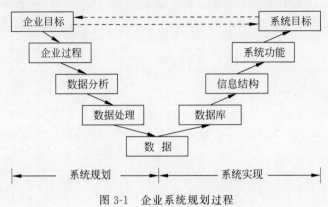

图 3-1　企业系统规划过程

2) BSP方法的主要步骤

BSP方法从企业目标入手,逐步将企业目标转换为管理信息系统的目标和结构,从而更好地支持企业目标的实现。BSP方法通过定义企业的"过程"或"过程/数据(use/create,U/C)矩阵",然后识别共享的信息,制订长远计划与子系统开发的优先次序。BSP方法的主要活动如下。

(1) 定义企业目标。通过了解企业有关决策过程、各职能部门的主要活动和存在的主要问题,确定企业各级管理的统一目标,各部门的目标要服从总体目标。

(2) 定义企业过程。企业过程是指企业资源管理中所需要的、逻辑上相关的一组决策和活动,定义企业过程是BSP方法的核心。企业资源包括关键性资源(如机械设备、零部件、科研成果等)、支持性资源(如原材料、资金、设备、人员等)、战略与控制资源(不具备产品形式)三种类型,其中关键性资源和支持性资源的企业过程可通过分析它们的生命周期来进行识别,而对战略与控制资源的企业过程进行识别时则需要作特殊的考虑。资源的生命周期是指资源从需求计划等活动开始到终止资源活动为止所经历的产生、获得、服务和归宿四个阶段。识别企业过程要依靠现有的材料进行分析研究,但更重要的是要和有经验的管理人员讨论商议,因为只有他们对企业的活动最了解。

(3) 定义数据类。数据类是指支持企业所必要的逻辑上相关的数据。识别企业数据的方法有两种,一是企业实体法,企业的实体有顾客、产品、材料及人员等客观存在的东西,每个实体的生命周期阶段都有各种数据;二是企业过程法,它利用以前识别的企业过程,分析每一个过程的输入数据和输出数据是什么,其输入数据和输出数据可作为待定数据类,最终确定信息系统的数据类,如经营计划过程使用了财务数据和成本数据,产生了计划数据,就可以将财务、成本和计划数据作为"经营计划"的数据类。定义好数据类后,构造U/C矩阵,以描述过程与数据类之间的关系,如表3-2所示。

表3-2中,C表示对应的过程产生了相应的数据类,U表示对应的过程使用了相应的数据类。

表 3-2　U/C 矩阵

过程	数据类															
	客户	职工	产品	成本	财务	订货	计划	工作令	零件规格	材料表	原材料库存	成品库存	设备负荷	材料供应	加工线路	销售区域
经营计划				U	U		C									
财务规划		U		U	C		U									
产品预测	U		U				U									U
产品设计开发	U		C						C	U						
产品工艺			U						U	C	U					
库存控制								U			C	C			U	
调度			U					C					U			
生产能力计划													C	U	U	
材料需求			U								U			C		
作业流程								U					U	U	C	
销售区域管理	C		U			U										
销售	U		U			U										C
订货服务	U		U			C										
发运			U			U								U		
普通会计	U	U	U													
成本会计				C		U										
人员计划		C														
人员招聘考核		U														

（4）定义信息结构。信息结构包括数据结构（描述所需建立数据库的优先级）、网络结构（网络优先级）、应用结构（业务部门信息系统开发的优先级）、人员结构（信息系统的组织结构）和技术结构。定义信息结构主要是根据 U/C 矩阵划分子系统，确定总体结构中的优先顺序。首先，将同类型的过程按过程组排列，每个过程组中按生命周期的四个阶段排列；其次，调整"数据类"的顺序，使 U/C 矩阵中的 C 尽可能靠近主对角线；再次，画出过程组对应的方框并命名，即可得到子系统，所有的 C 都必须被画进方框内，方框外的 U 表示对应子系统间有数据联系，加上箭头线（箭头由产生数据类的子系统指向使用数据类的子系统），就确定了信息结构的主体；最后，根据确定的准则评定总体结构中子系统的重要性，决定系统和数据库开发的优先次序，对企业贡献大、需求迫切、容易开发的子系统应优先开发。U/C 矩阵子系统划分及子系统之间的关系如表 3-3 和表 3-4 所示。

　　总之，BSP 方法通过管理人员酝酿过程引出系统的目标，从企业目标到系统目标的转换是通过 U/C 矩阵得出的，这样定义的新系统可以支持企业过程，也能把企业过程转化为系统的目标。值得注意的是，BSP 方法没有明显的目标引出过程，且收集分析资料花费太多的时间，大的 U/C 矩阵结构分析也有一定的困难，因而研究过程较长。另外，识别企业过程是企业战略规划的中心，但不能把 BSP 方法的中心内容当成 U/C 矩阵。

表 3-3　U/C 矩阵：子系统划分

功能或过程		计划	财务	产品	零件规格	材料表	原材料库存	成品库存	工作令	设备负荷	材料供应	加工线路	客户	销售区域	订货	成本	职工
																数据类	
经营计划	经营计划	C	U													U	
	财务规划	U	C													U	U
技术准备	产品预测	U		U									U	U			
	产品设计开发			C	C	U							U				
	产品工艺			U	U	C	U										
生产制造	库存控制						C	C	U		U						
	调度			U					C	U							
	生产能力计划									C	U	U					
	材料需求			U		U					C						
	作业流程									U	U	U	C				
销售	销售区域管理			U									C		U		
	销售			U									U	C	U		
	订货服务			U									U		C		
	发运			U				U							U		
财会	普通会计			U									U			U	
	成本会计														U	C	
人力资源	人员计划																C
	人员招聘考核																U

表 3-4　U/C 矩阵：子系统之间的关系

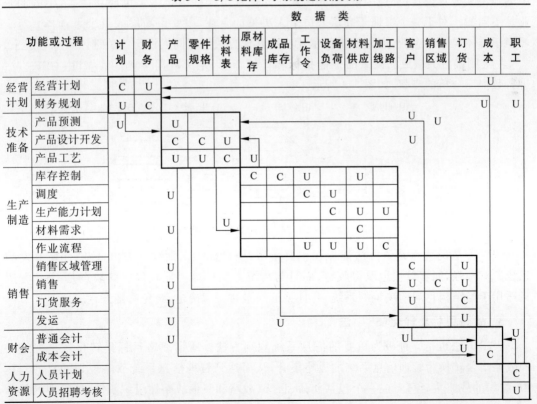

功能或过程		计划	财务	产品	零件规格	材料表	原材料库存	成品库存	工作令	设备负荷	材料供应	加工线路	客户	销售区域	订货	成本	职工
																数据类	
经营计划	经营计划	C	U													U	
	财务规划	U	C													U	U
技术准备	产品预测	U		U									U	U			
	产品设计开发			C	C	U							U				
	产品工艺			U	U	C	U										
生产制造	库存控制						C	C	U		U						
	调度			U					C	U							
	生产能力计划									C	U	U					
	材料需求			U		U					C						
	作业流程									U	U	U	C				
销售	销售区域管理			U									C		U		
	销售			U									U	C	U		
	订货服务			U									U		C		
	发运			U				U							U		
财会	普通会计			U									U			U	
	成本会计														U	C	
人力资源	人员计划																C
	人员招聘考核																U

2. 关键成功因素(CSF)法

关键成功因素是指对企业成功起关键作用的因素,关键成功因素法就是通过分析找出使得企业成功的关键因素,然后再围绕这些关键因素来确定系统的需求,并进行规划。关键成功因素法一般在高层应用效果较好,因为每个高层领导日常总在思考什么是关键因素;而中层领导所面临的决策大多数是结构化的,其自由度小,对他们最好应用其他方法。利用关键成功因素法进行系统规划主要包括以下步骤。

(1) 了解企业或管理信息系统的目标。

(2) 识别所有成功因素。可利用树枝因果图进行识别。例如,识别目标"提高产品竞争力"的成功因素,可利用如图3-2所示的树枝因果图。

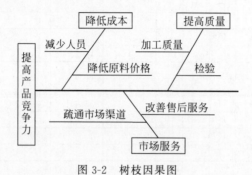

图 3-2　树枝因果图

(3) 确定关键成功因素。关键成功因素有四种主要类型:行业因素、竞争战略在行业中的地位和地理位置、环境因素、时间因素。如何评价哪些因素是关键成功因素,不同的企业是不同的。对于一个习惯于高层人员个人决策的企业,主要由高层人员个人选择。对于习惯于群体决策的企业,可以使用德尔斐法或其他方法把不同人设想的关键因素综合起来。

(4) 明确各关键成功因素的性能指标和评估指标,定义数据字典。例如,用 CSF 方法进行数据库分析的步骤,如图3-3所示。

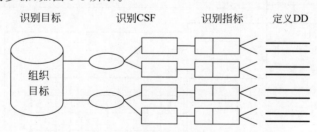

图 3-3　利用 CSF 方法进行数据库分析的步骤

CSF 方法的优点是该方法能抓住主要矛盾,使目标的识别重点突出,能够使所开发的系统针对性强,能够较快地取得收益,而且与传统方法衔接得比较好。其缺点是 CSF 方法只适用于半结构化问题决策的系统,并且关键因素靠主观确定,难免有随意性。

3. 战略目标集转化(SST)法

SST 方法也是一种极为重要的信息系统规划方法。所谓战略目标集转化就是把组织的战略集合转换为管理信息系统的战略集合,从而达到管理信息系统战略规划的目的。其中,组织的战略集合可看成一个包括使命、目标、战略和其他战略性组织属性(如管理的复杂性、对计算机应用的经验、改革的习惯及重要的环境约束等)的"信息集合",管理信息系统的战略集合则由系统目标、系统环境约束、系统战略计划组成,如图 3-4 所示。通过战略规划,使管理信息系统的战略和目标与组织总的战略和目标保持一致。SST 方法的应用一般包括以下两个步骤。

图 3-4　战略目标集转化

第一步,识别组织的战略集。先考查一下该组织是否有写成文的战略式长期计划,如果没有,就要去构造这种战略集合。首先,描绘与本组织(企业)有利害关系的各类人员的结构,如销售商、供应商、顾客、雇员、债权人、股票股东、管理者、公众、政府、竞争对手等。其次,确定各类人员的要求和目标。再次,定义组织相对于每类人员的使命(任务)和战略。最后,将识别出的组织战略交给企业组织负责人审查与修改。

第二步,将组织的战略集转换成 MIS 的战略集,MIS 战略应包括系统目标、约束及系统战略等。首先将组织的战略集中的每个元素转换为对应的 MIS 的战略约束,通过分析、归纳、综合与整理,得到一个完整的 MIS 结构。然后选择一个最佳方案送交企业组织负责人。

例如,某企业运用 SST 方法进行 MIS 战略规划的过程,如图 3-5 所示。

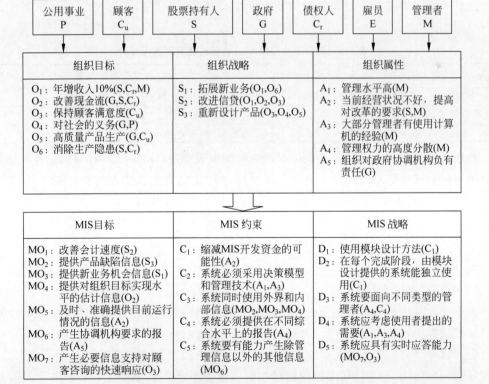

图 3-5　企业运用 SST 方法进行 MIS 战略规划

SST 方法反映了与系统相关的各种人员的要求,而且给出了按这种要求的分层,然后转化为 MIS 目标的结构化方法。其优点是能保证管理目标全面,缺点是目标的识别重点不够突出。

4. 目的/方法分析(E/MA)法

E/MA 方法是通过使用简捷、直观的方法,寻求并且确定信息需求的一种方法。使用 E/MA 方法进行系统规划的目的有两个,一是为输出制定有效性标准,二是为用于生成输出的处理过程规定效率标准。

1) 为输出制定有效性标准

需寻求以下三个问题的解答。业务处理过程中提供商品或服务的目标是什么? 提供这些商品或服务的有效性标准是什么? 评价有效性需要什么信息? 示例如表 3-5 所示。

表 3-5   为输出制定有效性标准

目　　标	有效性标准	评价有效性需要的信息
处理用户订货	先于竞争对手或与竞争对手同时为用户提交订货	交付用户货物的总结报告或异样报告;与竞争对手在交货服务方面的对比统计分析
提供用户服务	• 对有资格用户快速提供信贷 • 对用户需求快速反应,尽量减少用户不满	• 用户的信用状况和付款历史 • 用户投诉的数量和类型及解决投诉的平均时间

2) 为用于生成输出的处理过程规定效率标准

需寻求以下三个问题的解答。提供商品或服务的关键方法或关键业务处理过程是什么? 这些关键方法或业务处理过程的效率标准是什么? 评价处理效率的高低需要什么信息? 示例如表 3-6 所示。

表 3-6   为用于生成输出的处理过程规定效率标准

关键过程	效率标准	评价效率需要的信息
处理订单	较低的订货交易成本	每笔订货交易成本的历史趋势
处理信贷申请	较低的处理成本	每笔处理成本的历史趋势
装运发货	使装运成本降至最低	按照订单、客户和地区进行分类的装运成本

总之,E/MA 方法首先关注企业过程产生的结果或输出(输出可以是产品、服务及信息),然后确定得到这些结果的手段或方法;该方法同时注意企业过程产生输出的有效性和效率,因而也是管理人员确定信息需求广泛采用的方法之一。相对而言,其他大部分系统规划方法所导出的信息系统仅提供与效率有关的信息,但对管理人员来说,有效性比效率更为重要,而 E/MA 方法正好能给出有关有效性的信息。

5. 其他方法

1) 投资回收分析法

投资回收分析是一种成本分析方法,广泛用于各种项目规划中。可根据投资回收率把各项目按递减次序排列起来,然后选择排在前面且回收率达到一定标准的项目。不少组织用投资回收率来分析管理信息系统的各个项目。对于成本和效益可以定量化的情形,它是比较好的一种方法。不过,很多管理信息系统项目很难定量化,或者它们的成本和效益是变化的,而且相互牵制,因而很难估计,投资回收分析法的应用也因此受到了一定的限制。

2）征费法

管理信息系统的计划和控制经常可以采用某种形式的征费制,也就是说在一个组织中,把管理信息系统组织成一个服务中心,它向组织的所有部门提供系统服务并收取费用。征费法固然有不少优点,但如果不伴以其他一些方法,以收费概念为基础的信息系统计划同组织的总目标和战略之间就缺乏有机的联系,结果造成由下而上的开发局面,使得信息系统只能适用于组织的近期目标。

3）零点预算法

零点预算法是一种高度结构化的方法。首先,设想所有的管理信息系统工作都是从零点开始。其次,列出所有潜在的信息系统应用项目,并按它们的服务层次分类,对每个层次,列出期望的效益和管理信息系统所需要的资源。再次,通过讨论和争论,或用德尔斐法来确定各应用项目的优先次序并计算出资源需要。与投资回收分析法相比,零点预算法比较灵活一些,因为它不需要将所有的成本和效益都定量化。与征费法相比,由于有指导委员会负责优先次序,使计划决策集中化,体现出较高的决策水平。

投资回收分析法、征费法和零点预算法都用于资源分配阶段,但它们的方针却相差甚远。征费法提供分散的决策,且是以买卖的形式来回收管理信息系统的开支。零点预算法提倡集中的、指导委员会的决策,管理信息系统费用作为管理的一般费用开支。投资回收分析法则既可用于集中式的决策,也可用于分散式的决策。

3.2　可行性分析

可行性分析是在对系统进行初步调查的基础上进行的,是系统规划阶段的主要工作之一。需要通过可行性分析来确定新系统是否值得开发及开发新系统的条件是否具备,拟定开发计划,最后编写可行性分析报告。

3.2.1　管理信息系统开发的可行性分析

管理信息系统开发的可行性分析主要从以下几方面进行。

1. 开发的必要性

主要根据现行信息系统的功能、效率、工作组织、人员水平、目前存在的问题及管理上对业务工作提出的要求,分析和论证系统开发的必要性。

2. 技术上的可行性

技术可行性是指根据现有技术条件来开发和实现新系统的可行性。首先,在硬件方面,分析计算机的存储容量、运算速度、数据精度,外部设备的功能、效率、可靠性及通信设备的能力、质量等是否满足要求;其次,在软件方面,分析操作系统提供的接口能力、分时系统的响应时间、数据库管理系统的功能、程序设计语言的种类和表达能力及网络软件的性能等是否满足需求;再次,在技术力量方面,主要考虑从事本系统开发的各类技术人员(如系统分析人员、系统设计人员、程序员、操作员和系统维护人员)的数量、能力是否达到要求。

3. 经济上的可行性

经济上的可行性分析就是对系统开发费用和系统开发成功之后可能带来的经济效益进

行估计分析和比较,论证新系统开发在经济上是否划算。经济上的可行性分析包括费用估计、收益估计、费用和收益的比较三方面。

1) 费用估计

费用指管理信息系统整个生命周期中的全部开支所构成的成本。系统开发费用主要包括设备费用、系统开发成本、各种运行维护费用,可以通过以下几组公式进行大致估算。①设备费用≈硬件设备费用＋软件设备费用;硬件设备费用≈主机费用＋外部设备费用＋网络设施费用＋机房设备费用;软件设备费用≈操作系统费用＋语言处理系统费用＋各种实用软件工具费用＋数据库管理系统费用。②系统开发成本≈开发系统的人工费用。③运行维护费用≈运行维护人员费用＋运行维护所需设备和材料费用;运行维护人员费用≈运行维护人员工资＋补贴＋培训费;运行维护所需设备和材料费用≈运行维护所需水电费＋打印纸及 U 盘、色带等耗材费用。

2) 收益估计

收益指通过系统的运行所带来的成本费用减少或效益增加。系统收益＝有形收益＋无形收益＝直接收益＋间接收益。收益估计相对困难一些,因为有些收益不易直接用金额来衡量。但仍可以从以下方面做定量估计:信息资源利用率提高多少;人力资源节省多少;流动资金占用量节约多少;生产管理费用减少多少;生产率提高多少;产品成本降低多少;库存积压减少多少;资金周转速度加快多少;提供信息的精确度和详细度提高多少;提供了哪些以前不能提供的信息;完成了哪些以前不易进行的数据处理工作;单位的年利润增长多少。间接收益或无形收益可以从管理体制进一步合理化、管理方法科学化、管理基础数据规范化、提高管理效率、改善企业形象等方面来考察。

3) 分析费用和收益的关系

当费用大于或等于收益时,说明开发新系统在经济上不划算。当费用小于收益时,可通过投资回收期来分析和判断。投资回收期指新系统产生的收益补偿系统开发费用所需要的时间,可利用以下公式进行计算:

$$投资回收期＝费用／年利润增长额$$

投资回收期一般都需要几年(少则 1～2 年,多则 4～5 年)。投资回收期的值越小,其收效越明显。

4. 管理上的可行性

管理上的可行性指管理人员对新系统开发的态度和管理方面的条件是否允许新系统的开发,可从以下方面进行分析与研究:①单位主要领导及各级管理干部对开发新系统的态度;②各级人员对开发新系统的认识、愿望和迫切性;③现行管理信息系统能否提供完整、正确的原始数据;④新系统的建立将导致数据传递路线、处理方式及工作习惯的改变,决策机构能否认可,业务管理人员能否接受,都在相当大的程度上影响着新系统的成功开发和使用。

3.2.2　拟定开发计划

通过可行性分析,如果认为可以开发新系统,就需要拟定开发工作计划,包括拟定开发计划任务及进度。

1. 拟定开发计划的任务

（1）初步确定系统范围与目标,包括功能、性能、接口等问题。确定是开发一个完整的信息系统,还是某个系统中的一个或几个子系统,要达到的目标是什么。

（2）初步确定系统运行环境,包括硬件、系统软件等。目前主要有两种可供选择的结构形式：单机系统、网络系统。其中,网络系统又主要包括 C/S 和 B/S 模式的系统运行环境。

（3）制订开发进度。一般在可行性研究阶段,可以利用甘特图（Gantt chart）制订系统开发的大致进度计划。以后随着开发工作的进展,再利用网络计划法绘制分阶段的、部分项目的局部网状计划图。局部网状计划图必须符合整体进度的要求,并且细化到每一项具体工作的执行。

（4）分析与预测开发该系统的要点,提出一些基本对策。

将开发计划连同系统调查的材料及可行性研究结果,一并写入可行性分析报告,报送单位领导审批及提交正式会议讨论通过。可行性研究工作完成后,系统开发工作即可转入系统分析阶段。

2. MIS 开发的进度计划与控制

1）总体进度控制

在总体规划阶段,制订系统开发的大致进度计划,系统开发的总体进度计划可用甘特图表示。甘特图是一种对各项活动进行调度与控制的图表,具有简单、醒目和便于编制等特点,用于总体进度控制。用甘特图进行总体进度控制的示例如图 3-6 所示。

图 3-6 甘特图：总体进度控制

2）项目进度控制

随着系统分析、系统设计的不断深入,再制订系统详细的开发进度计划,用网络计划法对项目进度进行控制。网络计划法是用网状计划图安排与控制各项活动的方法,一般适合于工作步骤密切相关、错综复杂的工程项目的计划管理。网络计划法常用符号如图 3-7 所示,利用网络计划法实施项目进度控制的示例如图 3-8 所示。

图 3-7 网络计划法常用符号

3）相关说明

（1）事件的最早时间：由始点事件顺向计算,始点事件的最早时间＝0,其他事件的最早时

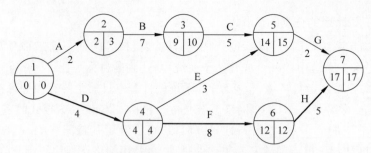

图 3-8   网络计划法：项目进度控制的网状计划图

间＝前一事件的最早时间＋先行活动的时间。若某事件的先行活动有两个或两个以上,则最早时间按先行活动对应的路线分别计算,取最早时间的最大值作为该事件的最早时间。

（2）事件的最迟时间：由终点事件逆向计算,终点事件的最迟时间＝终点事件的最早时间,其他事件的最迟时间＝后继事件的最迟时间－后继活动的时间。当事件开始的活动为两个或两个以上时,事件的最迟时间取对应路线中最迟时间的最小值。

（3）关键路线：1—4—6—7。由关键事件联结的各个活动所组成的路线称为关键路线,而关键事件是指最迟时间与最早时间相等的事件。关键路线上的事件是需要引起足够重视的事件。

3.2.3   可行性分析报告

可行性分析报告是可行性分析最终形成的文档,其主要内容包括以下方面。

1. 系统简述

简单说明系统开发相关的各种情况和因素,包括：①引言,说明系统的名称和功能,阐述系统开发的背景、必要性和意义；②系统基本环境,如企业或组织的地理位置及分布、机构及人员等。

2. 系统目标

介绍系统的目标及初步需求,主要包括：①系统应达到的目标；②系统边界；③系统主要功能；④系统软硬件配置；⑤系统大致投资；⑥开发工作的时间安排。

3. 系统的可行性结论

可行性分析的结论一般是以下五种之一：①不能或没有必要开发新系统；②目前不可行,需要待某些条件具备后才能进行；③改进原系统；④购买并扩充修改某商品化的管理信息系统(软件包法开发)；⑤自主或联合开发本单位专用管理信息系统。

可行性分析报告经主管领导审批和正式会议讨论通过后,进入管理信息系统开发的系统分析阶段。

3.3   系统分析的任务、步骤和方法

1. 系统分析的任务

系统规划的工作结束后,进入系统分析阶段。系统分析的主要内容就是详细了解用户需求和确定系统逻辑模型。

（1）了解用户需求。主要是详细调查和分析每个业务过程和业务活动的工作流程及信息处理流程，理解用户对系统功能、性能等方面的需求及对硬件配置、开发周期、开发方式等方面的要求，并以系统需求说明书的形式确定用户的这些需求。

（2）确定系统逻辑模型，形成系统分析说明书。主要是在详细调查和了解用户需求的基础上，确定系统应具备的逻辑功能，并用一定的方法表达出来，形成系统逻辑模型，最终需提交系统分析说明书，以便为进一步的系统设计提供依据。

2. 系统分析的步骤

（1）现行系统的详细调查。通过详细调查和研究，弄清楚现行系统的边界、组织结构、人员分工、业务流程，明确各种计划、单据和报表的格式、种类及处理过程，进一步了解企业资源及约束情况。

（2）组织结构与业务流程分析。详细了解各级组织的职能和有关人员的工作职责、决策内容及对新系统的要求，并通过业务流程图详细描述各环节的处理业务及信息的流动。

（3）系统数据流程分析。从数据流动过程考察实际业务的数据处理模式，主要用数据流程图和数据字典来描述信息的流动、处理与存储。

（4）建立新系统的逻辑模型。新系统的逻辑模型由一系列图表和文字组成，具体包括数据流程图、数据字典、处理逻辑描述等，主要在逻辑上描述新系统的目标及各种功能与性能。

（5）编写系统分析说明书。

3. 结构化系统分析方法

系统分析采用结构化系统分析（structured analysis，SA）方法。结构化分析是以过程为中心、建立系统用户需求模型的技术，它将系统分解为过程、输入、输出和文件，为业务问题建立一种面向输入—处理过程—输出的模型。SA 方法是企业或组织管理信息系统开发的一种较流行的方法，适用于分析大型数据处理系统。SA 方法使用自顶向下、逐层分解的方式，由大到小，由表及里，逐层分解，逐步细化，直到能对整个系统清晰理解和表达。SA 方法的基本手段是"分解"和"抽象"，任何复杂的系统都可以利用这种方法分解为若干足够简单且易于理解的子系统。利用 SA 方法进行系统分析，可以通过数据流程图和数据字典来实现。

3.4 组织结构与业务流程分析

管理信息系统的系统分析首先是对企业的组织结构、管理功能和管理业务流程进行详细的调查和分析。通过调查分析，找出现行系统存在的问题和不足，提出适合新系统建设的整改意见和建议。

3.4.1 组织结构与管理功能分析

1. 组织结构分析

组织结构，指一个组织（部门、企业、车间、科室等）的组成，以及这些组成部分之间的隶属关系或管理与被管理关系。组织结构通常可用组织结构图来表示。组织结构图是一张反映组织内部之间隶属关系的树状结构图，在绘制组织结构图时应注意，除后勤（如食堂、修缮、医务室、幼儿园、小学）之类与企业生产、经营、管理环节无直接关系的部门外，其他部门一定要反映全面、准确。例如,某企业组织结构图如图3-9所示。

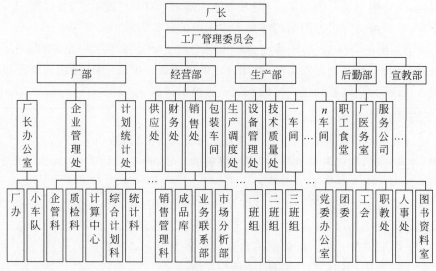

图 3-9　某企业组织结构图

组织结构分析主要是根据系统调查结果,给出企业的组织结构图,据此分析企业各业务部门间的内在联系,判断组织结构是否合理、各部门职能是否明确,找出存在的问题,并根据计算机管理的要求,提出调整机构设置的参考性意见。

2. 管理功能分析

管理功能分析就是先以组织结构图为背景分析各部门的功能,分层次将其归纳整理,形成各层次的功能结构图。然后自上而下逐层归纳与整理,形成以系统目标为核心的整个系统的功能结构图。功能结构图又称功能层次图,主要描述从系统目标到各项功能的层次关系。例如,销售系统管理的功能结构图如图3-10所示。

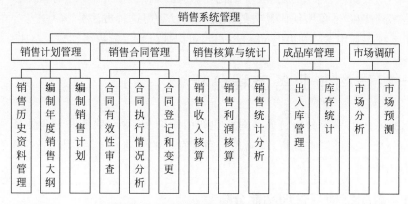

图 3-10　销售系统管理的功能结构图

3.4.2　管理业务流程分析

管理业务流程分析就是将系统分析中有关业务流程的资料整理出来,做进一步分析。其主要任务是详细调查系统中各环节的管理业务活动,深入研究管理业务的内容、作用及信息的输入/输出、存储和处理过程等,在此基础上绘制出现行系统的管理业务流程图和表格分配图。

1. 管理业务流程图

管理业务流程图是一种描述系统内各单位、人员之间业务联系及作业顺序和管理信息流向的图表。利用它可以帮助分析人员找出业务流程中的不合理流向。某采购管理业务流程图如图 3-11 所示,业务流程图图例如图 3-12 所示。

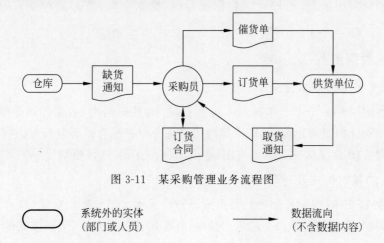

图 3-11 某采购管理业务流程图

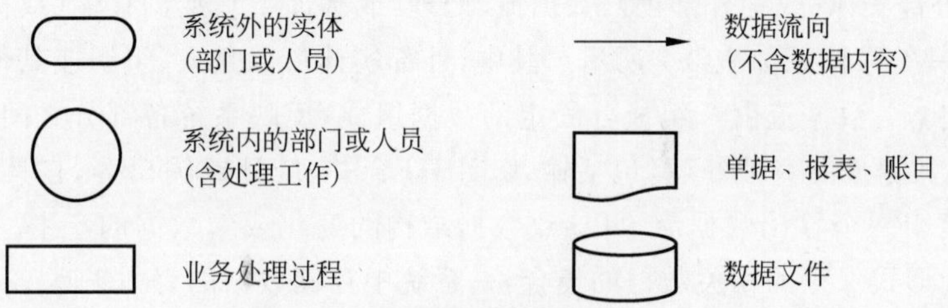

图 3-12 业务流程图图例

2. 表格分配图

表格分配图是一种表明单据报表在各部门之间的传送及处理情况的图,它可以帮助分析人员表示出系统中各种单据和报表都与哪些部门发生业务关系。某表格分配图如图 3-13 所示。

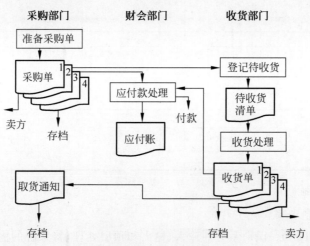

图 3-13 表格分配图

3.5 数据流程分析

数据流程分析是把数据在系统内部的流动情况抽象地独立出来,仅从数据流动过程来考察实际业务的数据处理模式,是系统分析阶段最为重要的工作内容。数据流程分析可以利用结构化分析方法进行,通过运用数据流程图、数据字典、数据处理逻辑的描述工具来实现。

3.5.1 数据流程图

1. 数据流程图的基本含义

数据流程图(DFD)是用于描述新系统数据输入、数据输出、数据存储及数据处理之间关系的一种图形化的过程建模工具,也是与用户进行紧密配合的有效媒介,它强调的是数据流和处理过程。DFD又被称为数据流图、泡泡图、变换图或过程模型。

2. DFD 的基本构成及符号体系

DFD由外部实体(或称外部项)、数据流、处理(或称加工)、数据存储(或称文件)四个基本要素构成,其符号体系如表3-7所示。其中,外部实体可以是人、组织或其他系统,反映数据的源点或终点;数据流由一组成分固定的数据组成,反映系统各部分之间的信息传递关系;处理是对数据流的一种处理,包括输入、计算、合并、统计或输出等,它具有至少一个输入数据流和至少一个输出数据流,可导致数据结构的变化或新数据的产生;数据存储是以计算机文件的形式保存的相关数据的集合,是系统中存储数据的有力工具。

表 3-7　DFD 的基本构成及符号体系

基 本 要 素	图 示 符 号	实　　　例		
外部实体 (外部项)	实体名称	客户		
数据流	数据流名称 →	入库单 →		水电费 →
处理 (加工)	标识 处理名称	P 计算工资		P1 检验
数据存储 (文件)	标识　文件名称	F　库存台账		F3　订货合同

3. DFD 的绘制

1) DFD 的绘制步骤和方法

(1) 绘制顶层 DFD。识别系统的输入、输出和顶层处理,将系统的输入作为顶层处理的输入数据流,将系统的输出作为顶层处理的输出数据流,加上相关的外部实体(源点和终点），画出顶层 DFD。

（2）逐层分解处理模块，绘制下层 DFD。将顶层（父层）处理分解成包含若干处理模块的下层（子层）DFD。顶层（父层）处理的所有输入数据流作为直接下层（子层）DFD 中相关处理模块的输入数据流，顶层（父层）处理的所有输出数据流作为直接下层（子层）DFD 中相关处理模块的输出数据流，子层 DFD 中的各个处理模块之间用相关数据流按照加工处理的顺序进行连接，再加上必要的数据存储即可构成子层 DFD。按照这种方法，可以将每一层（父层）处理模块分解成包含若干子处理模块的子层 DFD，直到所有子处理模块都是简单的或单一的处理时，不再进行分解。

（3）绘制底层 DFD。将顶层 DFD 和父层 DFD 的处理模块分别替换成其子层 DFD，连接起来之后，就得到了系统的底层 DFD。

2）处理的命名

一般情况下，详细处理过程一般以"强动词＋客体"或"客体＋动名词"的方式来命名，如检验顾客账本、修改库存数据、建立缺货订单、订货单检验、入库单审核等；高层 DFD 处理过程一般以一个能够反映整个功能的词来命名，如市场系统、销售子系统、订单处理功能。

3）应避免的常见错误

构造 DFD 时，应注意：①避免黑洞，即避免只有输入没有输出；②避免只有输出没有输入；③避免灰洞，灰洞是输入不足以产生输出、不易被察觉的错误；④数据流必须起于或止于过程（或处理）。

（1）数据流不能从一个外部实体传递给另一个外部实体。错误画法：

（2）数据流不能从一个外部实体直接传递给一个数据存储，也不能从一个数据存储未作任何处理就传递给一个外部实体。错误画法：

（3）数据流不能从一个数据存储直接传递给另一个数据存储。错误画法：

4. DFD 的用途

（1）DFD 表达了数据的来源和去向，指明了系统的各个逻辑功能。同时也说明了，一个逻辑功能可以通过一组数据元素和另一个逻辑功能连接起来。

（2）DFD 是系统分析和设计的工具。系统分析员常常利用 DFD 形象、直观地表达他们对现有系统的认识，系统设计员则依据 DFD 中的处理逻辑考虑系统的物理实现，使管理信息系统的设计步骤更加清楚、合理。

（3）功能级 DFD（高层 DFD）用来描述系统的整体概貌。

5. DFD 举例

1）采购管理业务过程的数据流程图

某采购管理业务过程如下。采购员从仓库收到缺货通知单后立即进行订货处理，即查阅订货合同,若已订货,则向供货单位发出催货单,否则,填写订货单送供货单位。供货单位发运货物后,立即向采购员发出取货通知。该采购管理业务过程的数据流程图如图3-14所示。

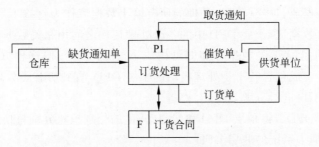

图3-14　某采购业务过程的数据流程图

2）销售管理业务过程的数据流程图

某销售管理业务过程如下：用户将订货单交给某企业的业务经理,经检验后,对不合格的订单要由用户重填,合格的订单交给仓库保管员做出库处理,即查阅库存台账,如果有货,则向用户开票发货,如果缺货,则通知采购员采购。该销售业务过程的数据流程图如图3-15所示。

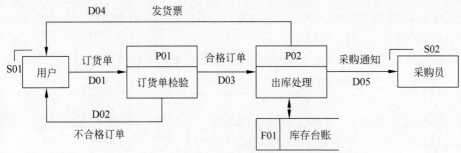

图3-15　某销售业务过程的数据流程图

3.5.2　数据字典

1. 数据字典的概念

数据字典（DD）是关于数据信息的集合,是在数据流程图的基础上,对其中出现的各外部实体、数据流、处理、数据存储及其中的基本数据项进行定义的工具。

对数据流程图中的每个成分给出精确的定义,并将所有这些成分的定义按一定的次序排列起来,便组成一个数据字典。数据字典是所有外部实体、数据流、处理逻辑、数据存储及其数据项的定义的总和,其作用是在软件分析和设计的过程中,提供关于数据的描述信息。不同系统都有它们各自的数据流程图和数据字典。

2. 数据字典的组成

DD的条目可以分成五大类：数据项条目、外部实体条目、数据流条目、处理逻辑条目、数据存储条目。

1）数据项条目

数据项又称数据元素,是数据的最小单位,在DD中仅描述数据的静态特性。数据项条目至少要说明数据项名称、类型、宽度、取值范围,也可以包含数据项编号、别名、简述等。例如,图 3-15 中,"订货单""采购通知""发货票"等数据流和"库存台账"数据存储的组成中都包含"产品代码""产品名称"等数据项,其中"产品代码"数据项条目格式举例如下。

```
数据项编号：I01
数据项名称：产品代码
别　　　名：产品编码
简　　　述：某种产品的代码
类型及宽度：字符型,4 位
取 值 范 围：0001～9999
```

2）外部实体条目

一个系统的外部实体应该是很少的。外部实体少,说明系统独立性好。外部实体定义包括外部实体编号、名称、简述及有关数据流的输入和输出。例如,图 3-15 中,"用户"外部实体条目格式举例如下。

```
外部实体编号：S01
外部实体名称：用户
简　　　述：填写订货单购置本单位产品
输入的数据流：发货票、不合格订单
输出的数据流：订货单
```

3）数据流条目

数据流条目主要说明数据流是由哪些数据项组成的,包括数据流的编号、名称、简述、来源、去向、组成与数据在单位时间内的流量等,其中数据流的名称、组成、来源、去向、数据流量等是必须表达的。数据流条目中可使用的符号及其含义如下：＋表示"和",/表示选择,{}表示重复,有时大括号旁还可加注重复次数的界限。例如,图 3-15 中,"订货单"数据流条目格式举例如下。

```
数据流编号：D01
数据流名称：订货单
简　　　述：用户填制的产品订货单
数据流来源：用户
数据流去向：订货单检验模块
数据流组成：订货单编号＋订单日期＋{产品代码＋产品名称＋单位＋数量＋单价＋
　　　　　　金额＋折扣＋折后金额＋备注}$_1^{10}$＋总计金额＋约定付款日期＋付款
　　　　　　方式＋付款金额＋尚欠金额＋收货地址＋邮编＋购货方姓名＋购货
　　　　　　方电话＋要求发货日期＋订货条款＋购货方签名＋供货方签名
数 据 流 量：约 50 张/日,每张 1～10 笔数据
高 峰 流 量：约 80 张/日
```

4）处理逻辑条目

处理逻辑条目又称加工条目，它主要说明处理逻辑的输入数据、输出数据及其处理等。处理逻辑的定义仅对数据流程图中最底层的处理逻辑加以说明。例如，图 3-15 中，"订货单检验"处理逻辑条目格式举例如下。

处理逻辑编号：P01

处理逻辑名称：订货单检验

简　　　述：检验用户填制的订货单是否合格

输入的数据流：订货单

处　　　理：审核用户填写的订货单的格式是否符合要求，产品代码、产品名称、单位、数量、单价、金额、折扣、折后金额、总计金额、约定付款日期、付款方式、付款金额、尚欠金额、要求发货日期、订货条款等是否正确，同时检查收货地址、邮编、购货方姓名、购货方电话、购货方签名等信息是否完整；不合格订单返回用户，合格订单转给仓库保管员进行出库处理

输出的数据流：合格订单，不合格订单

处　理　频　率：约 50 次/日

5）数据存储条目

数据存储条目也称文件条目，用来对文件进行定义。数据存储在数据字典中只描述数据的逻辑存储结构，而不涉及它的物理组织。数据存储条目主要说明数据存储（或文件）的数据项组成、存储方式和存取频率等，有关符号的使用规则与数据流条目相同。例如，图 3-15 中，"库存台账"数据存储条目格式举例如下。

数据存储编号：F01

数据存储名称：库存台账

简　　　述：存放产品的库存量和单价

数据存储组成：产品代码＋产品名称＋单价＋库存量＋备注

关　键　字：产品代码

相关联的处理：出库处理

3．编制数据字典的方法

编制数据字典时，要依据绘制好的 DFD。先为 DFD 的各构成要素进行编号，再依据 DFD 中表达的数据流动关系和数据字典中各种条目的构成内容及格式，来编写所有条目，最后将这些条目按类排序，即可形成系统的数据字典。例如，某糖果生产企业管理业务的 DFD 如图 3-16 所示。

为方便编制数据字典，首先为 DFD 的各外部实体、数据流、处理、数据存储进行编号，如图 3-17 所示。

然后，依据该数据流程图，并使用预先设计好的条目格式按类编制出如表 3-8～表 3-11 所示的所有条目。

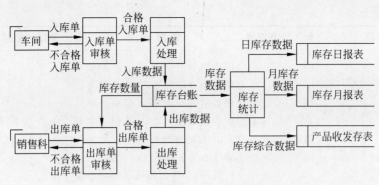

图 3-16 某管理业务的数据流程图

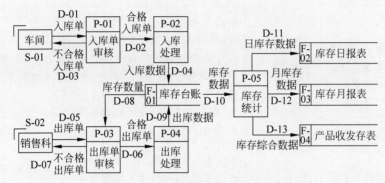

图 3-17 为数据流程图各构成要素编号

1) 外部实体条目

表 3-8 所有外部实体条目

外部实体编号	外部实体名称	简　　述	输入的数据流	输出的数据流
S-01	车间	生产产品入库	不合格入库单	入库单
S-02	销售科	销售产品出库	不合格出库单	出库单

2) 处理逻辑条目

表 3-9 所有处理逻辑条目

编号	名称	简　　述	输入的数据流	处 理 描 述	输出的数据流	处理频率
P-01	入库单审核	审查车间送来的入库单是否合格	入库单	审查车间送来的入库单填写是否符合要求,产品实际入库数量和金额与入库单上填写的数据是否一致等。不合格的单据返回车间,合格的单据转给记账员登记库存台账	合格入库单、不合格入库单	30 次/日
P-02	入库处理	根据合格入库单,将入库数据记入库存台账	合格入库单	根据合格入库单,将入库数据记入库存台账,并更新相应产品的库存数量和金额	入库数据	30 次/日

续表

编号	名称	简　述	输入的数据流	处　理　描　述	输出的数据流	处理频率
P-03	出库单审核	审查销售科开具的出库单是否合格	出库单、库存数量	审查销售科开具的出库单填写格式是否符合要求，产品实际出库数量和金额与出库单上填写的数据是否一致，出库单上填写的出库数量是否大于产品实际库存量等。不合格的单据返回销售科，合格的单据转给记账员登记库存台账	合格出库单、不合格出库单	50次/日
P-04	出库处理	根据合格出库单，将出库数据记入库存台账	合格出库单	根据合格出库单，将出库数据记入库存台账，并更新相应产品的库存数量和金额。在出库处理中，为区分产品出库是属统一调拨批发销售，还是由企业自主零售，特别将出库分成零售出库和批发出库两个数据项	出库数据	50次/日
P-05	库存统计	产品库存数据综合统计	库存数据	根据库存台账，定期统计分析各种产品每日、每月出入库数量等综合数据，也可进行库存数据的随机查询等	日库存数据、月库存数据、库存综合数据	50次/日

3）数据流条目

表 3-10　所有数据流条目

编号	名称	简　述	来源	去向	数据项组成	流量	高峰流量
D-01	入库单	车间开出的产品入库单	车间	入库单审核模块	入库单编号＋日期＋产品代码＋产品名称＋入库数量＋单价＋入库金额＋单位＋入库车间＋经手人	约30张/日	约50张/日
D-02	合格入库单	经审核合格的产品入库单	入库单审核模块	入库处理模块	入库单编号＋日期＋产品代码＋产品名称＋入库数量＋单价＋入库金额＋单位＋入库车间＋经手人	约30张/日	约50张/日
D-03	不合格入库单	经审核不合格的产品入库单	入库单审核模块	车间	入库单编号＋日期＋产品代码＋产品名称＋入库数量＋单价＋入库金额＋单位＋入库车间＋经手人	1张/周	1张/周

编号	名称	简　述	来源	去向	数据项组成	流量	高峰流量
D-04	入库数据	根据入库单,应记入库存台账的产品入库数据	入库处理模块	库存台账	入库单编号＋日期＋产品代码＋产品名称＋入库数量＋单价＋入库金额＋单位	约30笔/日	约50笔/日
D-05	出库单	销售科开出的产品出库单	销售科	出库单审核模块	出库单编号＋日期＋产品代码＋产品名称＋出库数量＋单价＋出库金额＋单位＋经手人	约50张/日	约80张/日
D-06	合格出库单	经审核合格的产品出库单	出库单审核模块	出库处理模块	出库单编号＋日期＋产品代码＋产品名称＋出库数量＋单价＋出库金额＋单位＋经手人	约50张/日	约80张/日
D-07	不合格出库单	经审核不合格的产品出库单	出库单审核模块	销售科	出库单编号＋日期＋产品代码＋产品名称＋出库数量＋单价＋出库金额＋单位＋经手人	2张/周	2张/周
D-08	库存数量	出库单上涉及的各种产品的实际库存数量	库存台账	出库单审核模块	日期＋产品代码＋产品名称＋库存数量	约50笔/日	约80笔/日
D-09	出库数据	根据出库单,应记入库存台账的产品出库数据	出库处理模块	库存台账	出库单编号＋日期＋产品代码＋产品名称＋出库数量＋单价＋出库金额＋单位	约30笔/日	约50笔/日
D-10	库存数据	库存台账上反映的各种产品实际出入库数据,用于形成库存报表和综合查询	库存台账	库存统计模块	日期＋产品代码＋产品名称＋入库数量＋入库金额＋出库数量＋出库金额＋库存数量＋库存金额	约10次/日	约15次/日
D-11	日库存数据	根据库存台账统计形成的每日各种产品库存情况的数据或综合查询数据	库存统计模块	库存日报表	日期＋产品代码＋产品名称＋入库数量＋入库金额＋出库数量＋出库金额＋库存数量＋库存金额	约10次/日	约15次/日
D-12	月库存数据	根据库存台账统计形成的每月各种产品库存情况的数据或综合查询数据	库存统计模块	库存月报表	年月＋产品代码＋产品名称＋入库数量＋入库金额＋出库数量＋出库金额＋库存数量＋库存金额	1次/月	1次/月

续表

编号	名称	简　述	来源	去向	数据项组成	流量	高峰流量
D-13	库存综合数据	根据库存台账统计形成的各种产品收发存情况的综合统计数据	库存统计模块	产品收发存表	日期＋产品代码＋产品名称＋入库数量＋入库金额＋出库数量＋出库金额＋库存数量＋库存金额	约1次/日	约2次/日

4）数据存储条目

表 3-11　所有数据存储条目

编号	名称	简　　述	组　　成	关键字	相关联处理
F-01	库存台账	记录产品出入库数据的明细账	日期＋产品代码＋产品名称＋入库数量＋零售数量＋批发数量＋库存数量	日期＋产品代码	P-02，P-03，P-04，P-05
F-02	库存日报表	根据库存台账统计形成的每日各种产品库存情况的数据或综合查询数据	日期＋产品代码＋产品名称＋入库数量＋零售数量＋批发数量＋库存数量	日期＋产品代码	P-05
F-03	库存月报表	根据库存台账统计形成的每月各种产品库存情况的数据或综合查询数据	年月＋产品代码＋产品名称＋入库数量＋零售数量＋批发数量＋库存数量	年月＋产品代码	P-05
F-04	产品收发存表	根据库存台账统计形成的各种产品收发存情况的综合统计数据	年月＋产品代码＋产品名称＋入库数量＋零售数量＋批发数量＋库存数量＋累计入库＋累计出库	年月＋产品代码	P-05

4. 数据字典的用途

（1）可以按要求列出数据项、数据结构、数据流、数据存储、处理逻辑、外部实体名称等全部或部分数据。

（2）用于修改和补充数据流程图。

（3）可以由描述内容检索到数据元素的名称。

（4）用于查出一些错误，例如，可查出没有指明来源或去向的数据流、没有指明数据存储的数据元素及没有指明所属数据流的数据元素、已作为数据流输入到某一处理逻辑而无被该处理逻辑使用的数据元素，也可查出输入或输出数据流中缺少某些数据项的处理逻辑。

（5）帮助开发人员准确地掌握系统中的各种对象及对象间的联系，为编写调试系统提供方便。

（6）使用户完整地理解系统全貌，并及时地了解设计过程中的调整情况，为开发过程管理提供方便。

（7）系统移交时，便于接收者理解系统设计思路，保证系统正常运行。

3.5.3　处理逻辑的描述工具

数据流程图中的每个处理过程都在数据字典中进行了定义,但比较粗糙、不直观,有时可能由于语言描述得不够严谨而造成对复杂处理逻辑理解上的偏差。可以利用处理逻辑描述工具详细刻画系统的局部和细节,以便为系统设计人员和编程人员的工作提供充分依据。

数据流程图、数据字典和处理逻辑描述共同构成系统的逻辑模型。数据流程图是系统的大框架,反映数据在系统中的流向及数据的转换过程,而数据字典是对数据流程图中每个成分的精确描述,处理逻辑描述则是对复杂处理逻辑的细节的详细刻画。没有数据字典和处理逻辑描述,数据流程图就不严格;而没有数据流程图,数据字典和处理逻辑描述也难以发挥其真正的作用。只有用数据流程图和数据字典,再辅以必要的处理逻辑描述,才能较好地描述系统的逻辑模型。

常用的处理逻辑描述工具包括决策树、决策表和结构化语言。

1. 决策树

决策树又称判断树、判定树,是用树形分叉图表示处理逻辑的一种工具,它由两部分组成,左侧表示条件,右侧表示采取的行动(决策)。

例如,某企业库存量监控处理的处理逻辑是:若库存量小于或等于0,则按缺货处理;若库存量小于或等于库存下限,则按下限报警处理;若库存量大于库存下限,而又小于或等于储备定额,则按订货处理;若库存量大于库存下限,且大于储备定额,而又小于或等于库存上限,则按正常处理;若库存量大于储备定额,又大于库存上限,则按上限报警处理。该企业库存量监控处理的决策树如图3-18或图3-19所示。

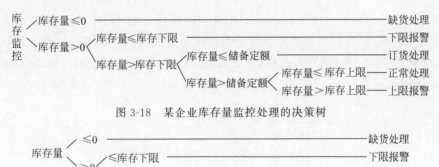

图 3-18　某企业库存量监控处理的决策树

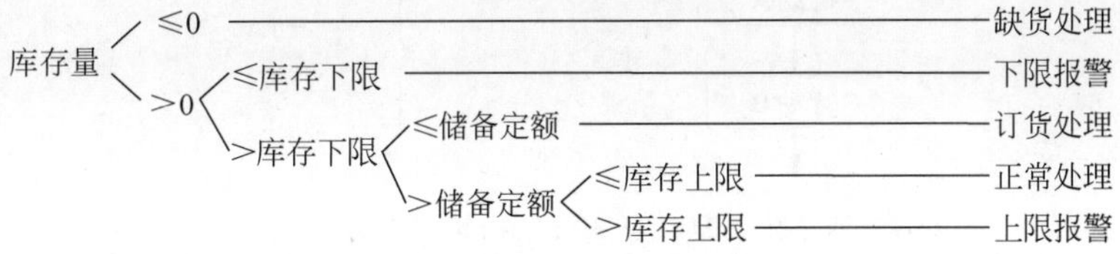

图 3-19　某企业库存量监控处理的决策树(简化形式)

2. 决策表

决策表又称判断表、判定表,是采用表格方式来描述处理逻辑的一种工具,可以清晰地表达具体条件、决策规则和应采取行动之间的逻辑关系。

例如,上述企业库存量监控处理的决策表如表3-12所示。

又如,某维修站对"功率大于50hp[①]"且"维修记录不全"的机器,或"已运行10年以上"

---

① hp:马力,一种功率单位。1马力=75kg·m/s=0.735kW。

的机器给予优先维修,否则作一般处理。其维修处理的决策表如表 3-13 所示。

表 3-12　某企业库存量监控处理的决策表

	决策规则号	1	2	3	4	5
条件	库存量≤0	Y	N	N	N	N
	库存量≤库存下限	Y	Y	N	N	N
	库存量≤储备定额	Y	Y	Y	N	N
	库存量≤库存上限	Y	Y	Y	Y	N
应采取行动	缺货处理	×				
	下限报警		×			
	订货处理			×		
	正常处理				×	
	上限报警					×

表 3-13　某维修站维修处理的决策表

	决策规则号	1	2	3	4
条件	功率>50hp	Y	/	N	/
	维修记录不全	Y	/	/	N
	已运行 10 年以上	/	Y	N	N
行动	优先维修	×	×		
	一般处理			×	×

注:决策表中 Y 表示"是",N 表示"否",/或—表示该条件取值与结果无关,×或√表示最终结果。

3. 结构化语言

结构化语言是一种由自然语言和 IF,ELSE,END IF,DO WHILE,LOOP 等程序设计语言的关键字组成的、专门用于描述处理过程逻辑功能的规范化语言。结构化语言可以表示三种基本逻辑结构:顺序结构、选择(分支)结构、循环结构,如图 3-20~图 3-25 所示。

1)顺序结构

图 3-20　顺序结构及结构化语言表示法

2)选择(分支)结构

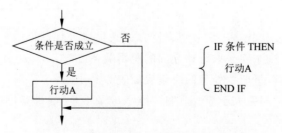

图 3-21　选择结构之一及结构化语言表示法

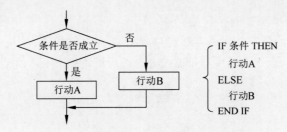

图 3-22 选择结构之二及结构化语言表示法

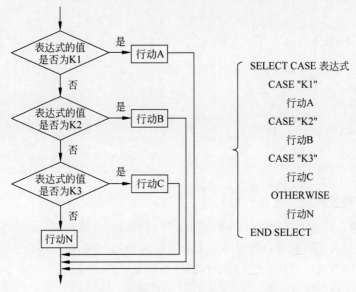

图 3-23 选择结构之三及结构化语言表示法

3) 循环结构

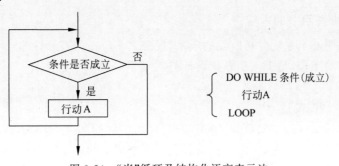

图 3-24 "当"循环及结构化语言表示法

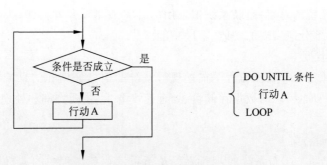

图 3-25 "直到"循环及结构化语言表示法

4）结构化语言表示法举例

结构化语言是一种介于自然语言和程序设计语言之间的语言，是一种模仿计算机语言的处理逻辑描述方法。上述企业库存量监控处理过程可用如下所示的结构化语言进行描述：

```
IF 库存量≤0 THEN
    缺货处理
ELSE
    IF 库存量≤库存下限 THEN
        下限报警
    ELSE
        IF 库存量≤储备定额 THEN
            订货处理
        ELSE
            IF 库存量≤库存上限 THEN
                正常处理
            ELSE
                上限报警
            END IF
        END IF
    END IF
END IF
```

4. 三种处理逻辑描述工具比较

三种处理逻辑描述工具表达不同类型的处理过程时各有其优缺点。①对一个不太复杂的逻辑判断，使用决策树较好；②对一个十分复杂的逻辑判断，使用决策表较好；③如果一个处理过程中，既有顺序结构，又有判断和循环处理逻辑时，使用结构化语言较好。

3.6　系统分析说明书

1. 系统分析说明书的内容

系统分析说明书是系统分析阶段的成果，反映这个阶段调查分析的全部情况，全面总结了系统分析阶段的工作，是下一步系统设计与实现系统的纲领性文件。系统分析说明书一般包括以下内容。

1）现行系统情况简述

主要包括现行系统的主要业务、组织结构、存在的问题和薄弱环节，现行系统与外部实体之间物资及信息的交换关系，用户提出开发新系统请求的主要原因。

2）新系统目标

主要包括新系统的总目标，新系统拟采用的开发战略和开发方法，人力、资金及计划进度安排，新系统各部分应实现的功能，新增功能。

3）现行系统状况

主要用业务流程图和数据流程图描述现行系统的信息处理和信息流动情况，说明各主要环节对业务的处理量、总的数据存储量、处理速度要求、主要查询和处理方式、现有的各种技术手段等。

4）新系统逻辑方案

主要包括五方面：①新系统的业务流程及新系统业务流程中的人机界面划分，含新系统的业务流程图;②新系统的数据流程及新的数据流程中的人机界面划分,含新系统的数据流程图、数据字典、处理逻辑描述等;③新系统的逻辑功能和子系统划分(通过 U/C 矩阵的建立和分析来实现);④新系统中数据资源的分布,即计算机软硬件初步配置方案;⑤与新系统配套的管理制度和运行体制的建立。

5)新系统开发费用与时间进度估算

为使领导在阶段审查中获得更多关于开发费用和工作量的信息,需要对费用和时间进行初步估算。

2. 作用

系统分析说明书能使用户在计算机管理信息系统建立之前就能了解它的逻辑模型(新系统的数据流程图、数据字典、处理逻辑描述共同构成新系统的逻辑模型)和主要功能,即明确系统做什么,有助于系统开发工作的顺利进行。系统分析说明书还能使系统设计人员,用尽可能短的时间设计出一个高质量、低成本的系统结构,使系统准确地满足所规定的逻辑要求。

思考题

1. 简述系统规划的内容。

2. 系统规划方法主要有哪几种,使用这些方法进行系统规划的主要步骤分别是什么?

3. 简述新系统逻辑方案包括哪些内容。

4. 什么是关键成功因素,关键成功因素法主要包括哪几个步骤?

5. 开发管理信息系统时,应从哪几方面进行可行性研究?

6. 什么是数据字典,数据字典由哪几类条目组成,各类条目的格式是什么? 请根据自己的理解对图 3-15"某销售业务过程的数据流程图"进行分析,编写出各外部实体、数据流、处理、数据存储及相关数据项的数据字典条目。

7. 某"检查订购单"的处理逻辑是:采购 500 元以下的货物不需要任何批准手续;采购 500~5000 元货物时需要主管部门批准;采购 5000 元以上货物时需要厂长批准。请画出其决策表。

8. 试绘制某财信公司折扣处理的决策树。该公司的折扣政策是:如果与该公司每年交易额不超过 50 000 元,则无折扣;否则,如果与该公司每年交易额高于 50 000 元,那么,当最近三个月无欠款时,折扣率为 15%;而当最近三个月有欠款,但与本公司交易超过 20 年时,折扣率为 10%;当最近三个月有欠款且与本公司交易不超过 20 年时,折扣率为 5%。

9. 某糖果生产企业库存管理业务过程如下:首先,业务经理对车间送来的入库单进行审核,不合格的入库单返回车间重填,合格的入库单由记账员进行入库处理,并将入库数据记入库存台账;其次,业务经理对销售科送来的出库单进行审核,不合格出库单返回销售科重填,合格出库单由记账员进行出库处理,并将出库数据记入库存台账;再次,统计员依据库存台账进行库存统计,即依据日库存数据产生库存日报表,依据月库存数据产生库存月报表,依据库存综合数据产生产品收发存表。试绘制该企业库存管理业务的数据流程图,并对照数据字典条目的格式,对数据流程图上的外部实体、数据流、处理、数据存储各选择一项,分别编写出其数据字典条目。

10. 已知某维修站机器维修策略的决策树如下：

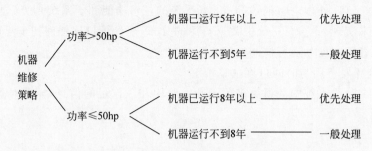

试用自己的语言简要说明此维修策略的处理逻辑，并绘制其决策表。

第4章

 管理信息系统的系统设计

4.1 系统设计的任务与目标

1. 系统设计的任务

管理信息系统的系统设计也称物理设计,主要解决系统"怎么做"的问题。系统设计分为总体设计(或概要设计)与详细设计,总体设计包括子系统的划分和模块结构设计,详细设计包括代码设计、数据库设计、输入输出设计(包括界面设计)、处理过程设计等。通过总体设计和详细设计,建立新系统的物理模型,提出系统设计说明书。

2. 系统设计的目标

系统设计的目标是在保证建立其物理模型的基础上,尽可能改善系统的各项性能指标,使设计的系统达到以下目标。

(1) 工作质量好。工作质量是指系统所提供信息的准确性、及时性及人机界面的友好性。系统应能够提供较强的人机交互能力,使用户方便灵活地使用系统,并能及时、准确地提供用户所需要的信息。这些因素在系统设计时应予以充分考虑。

(2) 工作效率高。从整个系统的角度考察,系统应具有较高的工作效率,具体表现为系统处理能力强、处理速度高和响应时间短。处理能力是指系统在单位时间内处理事务的能力,处理速度是指系统完成业务所需的平均时间,响应时间则是指在联机状态下从发出处理请求到得到应答信号的时间。这就要求合理设计与优化系统结构、人机接口,提高处理过程设计质量,从而提高系统的整体工作效率。

(3) 可靠性高。可靠性是系统在运行过程中保证系统正常工作和抗干扰的能力。设计的系统应具有较高的可靠性,包括安全保密性、检错及纠错能力、抗病毒能力、故障恢复能力等。

(4) 可扩充性与可维护性好。系统应能够扩充、修改或完善,这就要求系统按结构化、模块化思想进行设计,增强各模块的独立性,减少子系统之间的数据依赖性,从而达到提高系统可扩充性和可维护性的目的。

（5）性价比高。在满足系统需求的情况下，尽可能减少系统的开销，使系统以较少的投入获得较高的回报。

4.2　系统划分和模块设计原则

为降低系统开发的难度或复杂性，常常将系统进行模块化。所谓模块化，就是将系统划分为子系统，子系统划分为若干模块，大模块划分为若干小模块的过程。一个系统往往由若干子系统组成，存在模块之间的调用与被调用关系。管理信息系统中，模块与模块之间是有联系的，模块内部各元素之间也是有联系的。模块与模块之间的联系程度通过耦合来度量，模块内部各元素之间的联系程度通过聚合来度量。子系统与模块的划分应遵循一定的原则。

4.2.1　模块与模块的调用

1. 模块

模块是可以组合、分解和更换的单元，是组成系统、易于处理的基本单元。系统中的任何一个处理功能都可以看成一个模块，也可以理解为用一个名字就可以调用的一段程序语句。模块应具备以下 4 个要素。

（1）输入/输出：模块的输入来源和输出去向都是同一个调用者，一个模块从调用者取得输入，加工后再把输出返回调用者。

（2）功能：模块把输入转换成输出所做的工作。

（3）内部数据：仅供该模块本身引用的数据。

（4）程序代码：用来实现模块功能的程序。

其中，输入/输出和功能是模块的外部特性，反映模块的外貌；内部数据和程序代码是模块的内部特性。在结构化设计中，首先关心的是外部特性，其内部特性只做必要了解。因此，可以认为，模块就是指具有输入/输出、逻辑功能、运行程序和内部数据 4 种属性的一组程序。

2. 模块的调用

在组成系统的各模块中，存在模块的调用与被调用关系，模块之间的调用有以下 3 种类型。

（1）直接调用。一个模块调用另一个模块时，不需要附加的条件，称为直接调用，简称调用。用连接两个模块的箭头线表示调用，箭头总是由调用模块指向被调用模块，但是应该理解为被调用模块执行后又返回到调用模块。例如，模块 A 调用模块 B 时，A 可把数据传送到 B 进行处理，B 也可以将处理结果传送到 A。

（2）判断调用。一个模块是否调用一个从属模块，取决于调用模块内部的判断条件，则该调用称为模块间的判断调用，用菱形符号表示。

（3）循环调用。如果一个模块通过其内部的循环功能循环调用一个或多个从属模块，则该调用称为循环调用，用弧线箭头表示。

模块调用的类型如图 4-1 所示。其中，图 4-1(a)表示模块 A 带着数据 m 调用模块 B，返回时带回数据 n；图·4-1(b)表示根据模块 A 内部的判断条件有选择地调用 B 或 C 模块；图 4-1(c)表示 A 循环调用 B,C,D 模块。

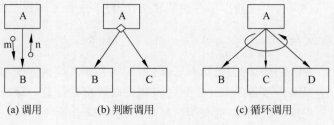

图 4-1　模块调用示意图

4.2.2　模块耦合

模块与模块之间可能是有联系的,模块之间的联系程度是通过耦合来度量的。耦合有 6 种不同的类型,按可维护性由好到差(或耦合程度由低到高)依次为非直接耦合、数据耦合、标记(特征)耦合、控制耦合、公共耦合、内容耦合。

(1) 非直接耦合。如果两个模块之间没有直接关系,它们之间的联系完全是通过主模块的控制和调用来实现的,这就是非直接耦合。这种耦合的模块独立性最强。

(2) 数据耦合。指模块与模块之间通过调用关系传递在处理中所必需的数据,传递的是简单变量,而不是控制参数、公共数据结构或外部变量。数据耦合是模块间必要的数据通信,是不可避免的。数据耦合是模块设计的目标。

(3) 标记(特征)耦合。如果调用模块将整个数据记录传递给被调用模块,而被调用模块只需要部分数据项,则称这两个模块之间存在标记耦合或特征耦合。标记耦合在调用模块与被调用模块之间传递的是数据结构,如高级语言的数组名、记录名、文件名等,这些名字即为标记或特征。标记耦合使互不相关的模块建立了依赖关系,往往会造成侦错上的困难。

(4) 控制耦合。控制耦合是指一个模块将控制信息(如开关、标志、名字等)传递给另一个模块,以控制该模块的内部处理逻辑。从分解的角度看,导致控制耦合的主要原因是分解不彻底,被调用模块不是执行单一的功能。可以认为,控制耦合就是一个模块通过传送控制信息,明显地控制选择另一模块的功能。因此,控制耦合的实质是在单一接口上选择多功能模块中的某项功能,这意味着控制模块必须知道所控制模块内部的一些逻辑关系,降低了模块的独立性。

(5) 公共耦合。如果一组模块都访问同一个公共数据环境(或全局数据域),则它们之间的耦合称为公共耦合。公共的数据环境可以是全局数据结构、共享的通信区、内存的公共覆盖区等。公共耦合的缺点是:在使用同一个公共数据环境的模块中,如果其中一个模块出现错误,则很可能该错误也出现在使用该公共数据环境的其他模块中;如果要修改一个模块,则很难确定哪些数据必须进行相应的修改;同样,如果要修改某个数据,也很难确定哪些模块必须予以修改。

(6) 内容耦合(病态耦合)。如果一个模块直接修改或操作另一个模块中的数据,或者直接转入另一个模块,则称这两个模块间的耦合为内容耦合。内容耦合意味着两个模块之一和另一个模块的内部属性有关,这是一种最高程度的耦合,应避免使用。

为使软件具有较好的可维护性和可修改性,模块间的耦合程度越低越好。因为耦合程度越低,表明模块间的依赖性越小,这样在修改一个模块时,对其他模块的影响程度就越小,从而使模块的修改工作局限于一个最小范围之内,在维护的时候,不必担心其他模块的内部处理逻辑是否会受到影响,大大减少了系统的复杂性,使系统易于理解和维护。

4.2.3 模块聚合

模块内部各元素或成分之间应当是有联系的,其联系程度是通过聚合来度量的。聚合也称内聚,它是一个模块内部各元素或成分之间相关联程度的度量。聚合的类型按可维护性由差到好(或聚合程度由低到高)依次为偶然聚合、逻辑聚合、时间聚合、过程聚合、通信聚合、顺序聚合、功能聚合。

(1)偶然聚合(或机械聚合)。如果一个模块的各成分之间毫无关系,则称偶然聚合。这类聚合是为了节省空间、减少程序量,有意将一些模块中共同的操作或语句抽出来组成一个模块,模块中各成分聚合在一起具有偶然性。因而,所组成的模块是由一组毫不相干的操作或语句组成的,模块中的活动既不是通过数据流也不是通过控制流相互关联的。这种偶然聚合的模块不便于修改,是最不好的一种聚合。

(2)逻辑聚合。将几个逻辑上相关的功能或活动放在同一模块中,则称逻辑聚合。为了使用这类模块,必须从中选择出所需要的子功能或活动。这些活动尽管不同,但共享一个且只有一个模块接口,而且有类似的处理逻辑。导致逻辑聚合的一个重要原因就是设计人员企图减少编码数量,将功能类似的语句放在一起而组成一个模块。由于逻辑聚合的模块各成分在功能上并无关系,即使局部功能的修改有时也会影响全局,因此这类模块的修改也比较困难。

(3)时间聚合(暂时聚合、古典聚合)。如果一个模块完成的功能必须在同一时间内执行(如系统初始化),但这些功能只是因为时间因素关联在一起,则称时间聚合。对于这类模块,各个处理动作和时间有关,而不是与问题有关,模块内的成分需在同一时间内完成。例如,"紧急意外故障处理"模块由"关闭文件""报警""保留现场"等不同的功能聚合而成,这些功能必须在同一瞬间完成,属于时间聚合。

(4)过程聚合。如果一个模块内部的处理成分是相关的,而且这些处理必须以特定的次序执行,则称过程聚合。对于这类模块,处理活动是根据程序中的控制流组织在一起的,各活动的处理顺序是由控制流而不是数据流来决定的。

(5)通信聚合。如果一个模块的所有成分都操作同一数据集或生成同一数据集,则称通信聚合。这类聚合的模块执行多个处理功能,且这些功能具有相同的输入数据或输出数据。例如,某模块由"输入数据转存"和"输入数据打印"两个处理活动或功能聚合而成,这两个功能使用了相同的"输入数据",因而属于通信聚合。通信聚合模块有较好的可维护性,但通信聚合模块中活动编码共享,使之很难在不影响另一活动的情况下修改一个活动。

(6)顺序聚合。如果一个模块的各个成分和同一个功能密切相关,而且一个成分的输出作为另一个成分的输入,则称顺序聚合。可以认为,顺序聚合的模块由这样一些活动组成,这些活动中前一个活动的输出是后一个活动的输入。例如,"录入汇总打印"模块由"数据录入""数据汇总""汇总数据打印"功能聚合而成,"数据录入"的输出正好是"数据汇总"的输入,"数据汇总"的输出又是"汇总数据打印"的输入,属于顺序聚合。这类模块具有较好的可维护性,其唯一的不足在于在同一系统(或其他系统)中不易重复使用,解决的办法是继续进行分解。顺序聚合与通信聚合看起来很相似,其主要区别是顺序聚合模块必须按规定的活动顺序执行,而通信聚合模块则不然。

(7) 功能聚合。如果一个模块的所有成分对于完成单一的功能都是必须的,则称功能聚合。对于功能聚合的模块,其所有活动执行且只执行一个与问题有关的功能,是具有较好可维护性的系统的一个最基本的要求。

一个模块的聚合程度越高越好,最理想的模块应该是功能聚合的模块。

4.2.4　子系统与模块划分的原则

一个管理信息系统一般都是由若干子系统组成的,而每个子系统又由若干模块组成。在系统总体设计阶段应能够合理地完成子系统和模块的划分,划分的目的主要是降低系统的开发难度,增加系统的可维护性。子系统和模块的划分应遵循一定的原则。

1. 模块划分原则

(1) 高聚合原则。就是使模块内部元素或成分的联系尽量大,使模块具有较高的聚合度,尽可能按功能聚合的要求来设计模块。

(2) 低耦合原则。就是使模块与模块之间的联系尽量小,使模块之间具有较低的耦合度,尽量按数据耦合和非直接耦合的要求来划分与设计模块。

(3) 模块扇入扇出适当原则。模块扇入扇出适当是指模块的扇入数和扇出数要适当。模块的扇入数就是模块的直接上层模块的个数,模块的扇出数是指一个模块拥有的直接下层模块的个数。例如,图4-2中,模块A的扇入数为0,扇出数为1;模块D的扇入数为3,扇出数为0。模块扇入越大,则共享该模块的上级模块数目越多,而扇出越大则意味着模块越复杂,需要控制和协调的下级模块也越多。如果一个规模很小的底层模块的扇入数为1,则可把它合并到它的上层模块中,但扇入数较大时则不能向上合并(将导致对该模块做多次编码和排错)。如果一个模块具有多种功能(扇出较大),则应当考虑做进一步分解,使模块的扇出数控制在7以内。设计得较好的系统结构通常是顶层扇出较大,中层扇出较小,底层扇入较大。

(4) 模块作用域在控制域之内原则。在系统中,某些处理的执行依赖于判定语句的结果。模块的作用域(或作用范围)是指受这个模块的判定所影响的模块的集合;模块的控制域(或控制范围)则是指模块本身及其所有下级模块的集合。例如,图4-3中,A模块的作用域是B,C模块;A模块的控制域是A,B,C,D模块。一个好的模块结构应该满足以下要求:判定所在模块的作用域不应超出控制域的范围;判定所在模块在模块层次结构中的位置不能太高。最理想的作用域由判定所在模块及其直接下层模块组成。

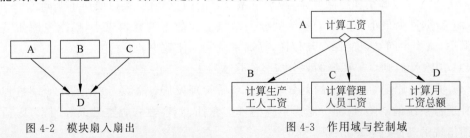

图4-2　模块扇入扇出　　　　　　　　　　图4-3　作用域与控制域

当出现作用域不在控制域之内时,可用以下措施纠正:把判定所在模块合并至上层模块中,或把判定从低层模块移至高层模块,使判定位置提高;把受判定影响的模块下移到控制域之内。例如,图4-4是"计算任务完成情况及工资计算"业务的一个模块划分结果,P1的控制域是{P1、P11、P12};而P1的作用域是{P11、P12、P21、P22},超出P1的控制域。这种模块划分方法会造成P0与P1、P0与P2之间的控制耦合,并导致双重判断,使得维护工作难度增大,系统可变性差。

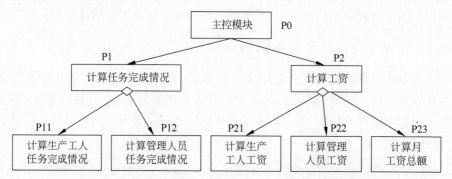

图 4-4　某"任务完成情况及工资计算"软件的模块划分(待改进)

如果将判定位置提高,使作用域落在控制域之内,就避免了控制耦合,提高了可修改性和可维护性,如图4-5所示。

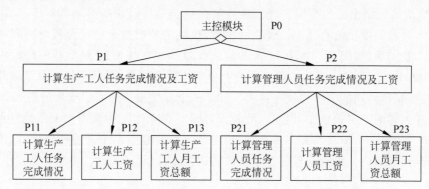

图 4-5　某"任务完成情况及工资计算"软件的模块划分(改进后)

2. 子系统划分原则

子系统划分应遵循以下原则。

(1) 独立性原则。子系统划分要具有相对的独立性,一方面要使子系统内部功能和信息等各方面具有良好的聚合性,使联系密切、功能相似的模块相对集中;另一方面要尽可能减少不必要的数据调用和控制联系,减少子系统之间的依赖性,接口要简单明确。

(2) 数据冗余最小原则。子系统划分的结果应使数据的冗余较小,以减少原始数据的反复调用,减少中间结果的保存与传递,提高系统的工作效率。

(3) 层次性原则。子系统的划分应具有层次性。

(4) 扩充性原则。子系统的划分应考虑今后管理发展的需要,在新系统研制过程中设法弥补现行系统的缺陷,应充分考虑系统的可扩充性、兼容性和版本升级等因素,以适应未来可能出现的新问题和新情况。

(5) 资源充分利用原则。子系统的划分应考虑到各类资源的充分利用。既要有利于各种设备资源在开发过程中的搭配使用，又要有利于各类信息资源的合理分布和充分使用，以减少系统对网络资源的过分依赖和输入、输出、通信等设备压力。

（6）可靠性原则。子系统的划分应充分考虑各种外界干扰因素，提高系统对外界干扰的抵御能力。

（7）阶段性实现原则。子系统的划分便于系统分阶段实现。

4.3　结构化设计

1. 结构化设计的概念

结构化设计（structured design，SD）就是通过模块划分技术将软件系统分解为尽可能功能单一、具有较好独立性的一系列模块。

具体地说，结构化设计就是根据子系统与模块的划分原则把 DFD 转换为模块结构图。模块结构图是描述系统功能层次和功能模块关系的图，也称控制结构图或系统结构图，通常为树形结构。图 4-5 所示的模块划分图实际上就是一幅模块结构图（以下简称结构图）。结构图中显示出了软件由哪些模块组成，这些模块按照什么样的层次结构组织在一起，模块之间通过什么接口联系在一起。

结构化设计的步骤是：首先由 DFD 导出初始结构图；然后对初始结构图进行改进，使之成为完整的结构图。

2. 结构化设计方法

结构化设计方法以 DFD 为基础得到软件的模块结构，采用图形表达工具——模块结构图，适合任何软件系统的软件结构设计。结构化设计方法主要有变换分析、事务分析和混合结构分析。

1）变换分析法

变换分析法也称数据流方法、以变换为中心的设计方法，它是一种面向过程的结构化设计方法。变换分析法是建立在模块化、自顶向下逐步求精和结构化程序设计（structured programming，SP）基础之上的，其实质是从系统分析中所构造的业务系统的数据流程图（即DFD）来导出软件的总体结构。变换分析法常用于将低层的 DFD 转换成系统模块结构图，适合于变换分析的 DFD 通常称为变换中心型 DFD。变换中心型 DFD 的特点表现在，它是一个线性的顺序结构（线状结构），可明显地分成输入臂、变换中心和输出臂三部分。

（1）输入臂：在 DFD 中将物理输入转换成逻辑输入的部分。物理输入指驻留在文件中的记录或数据项，物理输入包括数据的输入介质和设备等。物理输入在处理之前首先必须去掉其物理特征，然后对其进行编辑、检验、排序、格式转换等。

（2）输出臂：在 DFD 中将逻辑输出转换成物理输出的部分。系统所产生的非结构化的、未格式化的输出数据（逻辑输出）需要转化成用户要求的格式、表现形式和介质（物理输出）提供给用户。

（3）变换中心：在 DFD 中除输入臂和输出臂之外的、包含系统主要本质处理的部分称为变换中心。

变换分析法包括以下四个步骤：第一步是构造数据流程图 DFD；第二步是识别 DFD 中的输入臂、输出臂和变换中心；第三步是构造初步结构图；第四步是按照软件设计的原则,修改初步结构图,最终获得软件总体结构图。

例如,要将图 4-6 所示的抽象的 DFD 转换为结构图,可按以下步骤进行。

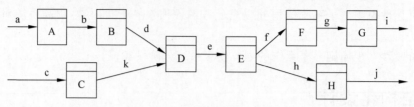

图 4-6 某抽象的 DFD

首先,识别 DFD 中的输入臂、输出臂和变换中心。识别方法有两种:第一种方法是先确定输入臂和输出臂,剩下的就是变换中心;第二种方法是先识别变换中心,向变换中心提供输入的部分即为输入臂,接收变换中心处理结果的部分即为输出臂。确定一个处理泡泡是否属于变换中心,可以根据数据流经过该处理泡泡处理后有无发生本质变化,如果发生了本质变化,则该泡泡就属于变换中心,否则就不属于变换中心。图 4-6 中,由于处理 D 的输入 d 和 k 分别来自处理 B 和处理 C,而其输出中只有一个 e;处理 E 将一个输入 e 变成 f 和 h,因此,可以断定 DFD 中的输入臂、输出臂和变换中心,如图 4-7 所示。

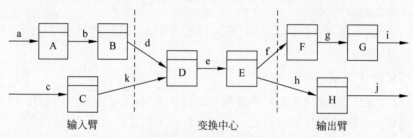

图 4-7 DFD 的输入臂、变换中心和输出臂

其次,构造初步的结构图。关键是确定主控模块(最高模块),主控模块的功能主要是协调控制、进行决策。主控模块的确定有雇佣和提升两种方法。以雇佣方法构造结构图时,假想一个主控模块,然后将输入臂、变换中心和输出臂 3 部分依次悬挂,形成一个初步的结构图框架,如图 4-8 所示;再将各部分的每个处理变成一个模块,即可得到初步的结构图,如图 4-9 所示(图中方框内的→表示"转换为",如 b→d 表示"将数据流 b 转换为数据流 d",相当于图 4-7 所示 DFD 中的 B 处理功能)。以提升方法构造结构图时,其前提是变换中心中有一个处理主要用于完成协调、控制、决策等工作,这时就可以将该处理提升为一个主控模块,其构造结构图的过程与雇佣方法基本类似。

图 4-8 初步结构图框架

最后,修改和完善结构图。得到初步结构图后,应对结构图中各模块按子系统和模块划分的原则进一步修改和完善,得到一个比较合理的、完整的结构图,如图 4-10 所示。应当说明的是,由同一个 DFD 导出的结构图可以不唯一,图 4-10 所示的结构图可以根据各模块的复杂程度做进一步的合并或分解。

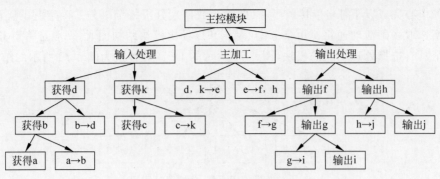

图 4-9 初步结构图

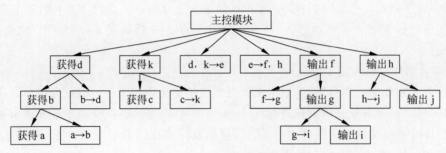

图 4-10 修改后的结构图

2）事务分析法

事务分析法是以事务为中心的转换方法，通常用于将高层的 DFD 转换为系统的模块结构图，能把一个大的、复杂的系统分解成若干较小的、简单的子系统。事务分析法作为 SD 的一种补充技术，尤其适用于导出处理事务的结构图。

（1）事务：广义的事务是指能够触发某些行动的一组数据、控制、信号或事件，狭义的事务是系统中的一组可以分解为几种类型的数据，每种类型的事务完成系统中特定的功能或处理。如商业信息系统中增加客户、删除旧客户、改变客户地址、向客户发送账单就是一组事务，每一种进入系统的事务将携带一个标签（tag），如 ADD、DELETE 等，根据此标签，系统将确定每一种事务需要什么处理。

（2）事务中心：适合于事务分析的数据流程图中有一个事务处理中心，事务中心将输入分解为许多相互平行的处理路径，可根据输入的属性，选择某一处理路径。因此，事务中心型 DFD 的特点表现在，它是一个束状结构，一个数据处理将它的输入分解成一束平行的数据流，然后对后面的处理选择执行。事务中心型 DFD 如图 4-11 所示。

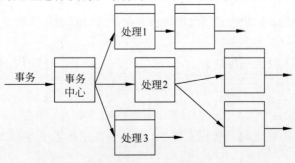

图 4-11 事务中心型 DFD

事务中心完成以下任务：接收事务（即输入数据）、分析每个事务并确定它的类型、根据事务类型选取一条活动通路。由事务中心型DFD导出模块结构图时，一般是将事务中心转换为一个具有选择处理功能的模块，图4-11所示的DFD可转换为图4-12所示的结构。

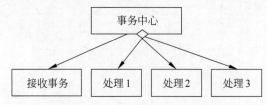

图 4-12　事务中心型 DFD 的结构图

例如，对于数据文件的维护程序，输入的事务可以分为以下几种类型：增加事务（向文件中添加新的数据记录）；修改事务（修改当前记录的值）；删除事务（从文件中删除旧的数据记录）。

3）混合结构分析方法

规模较大的数据处理系统，其数据流程图往往是变换型和事务型的混合结构。这时，通常以变换分析为主，事务分析为辅进行设计，先找出系统的输入臂、变换中心和输出臂，用变换分析法设计系统模块结构图的上层，然后，根据数据流程图各部分的特点，适当进行变换分析或事务分析，就可以导出初始模块结构图。

4.4　代码设计

代码能唯一地标识它所代表的事物或属性，在管理信息系统中表现出非常强大的功能。因此，代码设计在系统设计中处于极为重要的地位。只有按照一定的原则进行代码设计，并综合考虑代码的类型和代码的校验，才能设计出比较合理的代码体系。

4.4.1　代码的概念与功能

1. 代码的概念

代码是代表事物名称、属性、状态等的符号，为便于计算机处理，一般用数字、字母或它们的组合来表示。以下是实际应用中经常使用的几种代码形式。

（1）部门代码。部门代码常采用如下"部门代码＋班组代码"的形式：

$$\underbrace{XX}_{部门代码}\ \underbrace{XX}_{班组代码}$$

其中，一个 X 表示一位编码，两位部门代码可按数字区间分别表示不同类别的部门，如 01～49 为基本生产部门，50～99 为管理科室。

（2）人员代码。人员代码可以表示成"部门代码＋职工序号"的形式：

$$\underbrace{XX}_{部门代码}\ \underbrace{XX}_{班组代码}\ \underbrace{XXX}_{职工序号}$$

（3）物资代码。物资代码一般可采用"大类＋中类＋小类＋序号"的形式，并辅以帮助记忆的码。例如：

$$XX \quad XX \quad XX \quad XX$$

大类　中类　小类　序号

（4）产品代码。产品代码可采用"产品品种＋型号＋序列号"的形式，并辅以帮助记忆的码。如：

$$XXX \quad XXX \quad XXX$$

产品品种　型号　序列号

2. 代码的功能

代码的功能大体上表现为以下几方面。

（1）它为事物提供一个概要而不含糊的认定，便于数据的存储与检索。代码缩短了事物的名称，无论是记录、记忆还是存储，都可以节省时间和空间。

（2）按代码对事物进行排序、累计或统计分析，提高了处理的效率和精度。

（3）代码提高了数据的全局一致性，减少了因数据不一致而造成的错误。

（4）代码是人和计算机的共同语言，是两者交流信息的工具。

（5）按不同的目的为对象编码时，代码还可以起到一些特定的作用。例如，若不同类型的对象赋予不同类别的代码，代码就可以作为分类对象类别的标识；若按对象所产生的时间、所占空间或其他方面的顺序关系分类，并赋予不同的代码，代码就可以作为区别分类对象排序的标识；如果客观上需要采用专用符号（如数学运算的程序、分类对象的技术参数、性能指标等）作为代码，代码还可以提供一定的专门含义。

4.4.2　代码设计的基本原则与步骤

1. 代码设计的基本原则

（1）唯一性。一个代码应唯一标识它所代表的事物或属性。

（2）通用性（规范性、标准化）。凡是国家和主管部门已有统一标准和规定的，则应采用标准代码形式，不要另设一套，便于通用化（如总账科目编号，已有统一规定，应遵照采用：1001 库存现金；1002 银行存款；1122 应收账款；1403 原材料；6602 管理费用；…）。对于国家和主管部门没有统一规定的，应按照本企业标准化的需要进行合理设计。代码要系统化，代码的编制应尽量标准化，尽量使代码结构对事物的表示具有实际意义，以便于理解与交流。在一个代码体系中，代码结构、类型、编写格式必须统一。

（3）可扩充性。代码结构应能适应系统的发展和变化。代码设计时，要预留足够的位置，以适应不断变化的需要。但留空太多，多年用不上，也是一种浪费。

（4）简洁性。在不影响系统容量和可扩充性的情况下，代码应尽量简短，不能太长，以减少各种差错，并降低分类、准备、存储和传送的开销。

（5）系统性。代码要系统化，在逻辑上满足用户的需要；要有规律性，在结构上应当与处理方法相一致。代码结构应和相应的分类体系相对应。

（6）适用性。代码尽可能反映对象的特点，以帮助记忆，便于填写。

（7）易识别性。代码设计要注意避免引起误解，不使用易于混淆的字符。如 O,Z,I,S,V 与 0,2,1,5,U 等。

（8）代码总数合理。代码总数是指所设计的代码体系中可以容纳的代码的个数，它与代码的位数和各位上可以使用的字符个数有关。代码总数的值是每一个代码位上可用的字符数相乘得到的积。

2．代码设计的步骤

（1）确定代码对象；

（2）考查是否已有标准代码；

（3）根据代码的使用范围、使用时间及实际情况选择代码的种类与类型；

（4）考虑检错功能；

（5）编写代码表。

4.4.3　代码的分类

1．顺序码（序列码）

顺序码是一种用连续数字代表编码对象的码。例如，我国各省、自治区、直辖市的名称，可以用顺序码进行编码如下：01 表示北京，02 表示上海，03 表示天津，04 表示重庆，05 表示黑龙江等。

顺序码的优点在于代码短，易扩充，定位方法简单。但是，顺序码没有逻辑基础，本身不能说明信息的任何特征，不易于分类处理，增加代码时只能列在最后，删除代码时会造成空码。通常将顺序码作为其他分类编码中细分类的一种补充手段。

2．区间码

区间码是对象按数字分区间进行分类编码所形成的一种代码。例如，会计科目编码，用区间码表示会计科目的分类如表 4-1 所示。区间码用较少位数表示较多信息，易于表现对象的系列性、易插入性和追加性。区间码又可分为分组码、上下关联区间码和十进位码。

表 4-1　区间码示例

代 码 区 间	科 目 类 别	代 码 区 间	科 目 类 别
1001～1999	资产类科目	4001～4999	所有者权益类科目
2001～2999	负债类科目	5001～5999	成本类科目
3001～3999	共同类科目	6001～6999	损益类科目

1）分组码

分组码也称多面码，代码分若干段表示，代码结构中的每一段有一位或几位，代表一定的含义。分组码的特点是分类基准明确，信息处理比较可靠，各位数据具有特定的分类含义，易于识别、排序、检索、校验、分类和扩充；缺点是码长与它分类属性的数量有关，有时可能造成很长的码；在许多情况下，码有多余的数；同时码的维修比较困难。

例如，我国大陆公民身份证号码属于分组码，由 17 位数字本体码和 1 位校验码组成，如图 4-13 所示。排列顺序从左至右依次为：6 位数字地址码，8 位数字出生日期码，3 位数字顺序码和 1 位由数字或 X 表示的校验码。地址码表示编码对象常住户口所在县（市、旗、区）的行政区划代码；日期码表示编码对象出生的年、月、日，其中年份用 4 位数字表示，年、月、日代码之间不用分隔符；顺序码表示在同一地址码所标识的区域范围内，对同年、同月、同日出生的人编定的顺序号，顺序码的奇数分配给男性，偶数分配给女性。

又如，假设螺钉代码由四位组成，从左至右依次为材料、螺钉直径、螺钉头形状和表面处

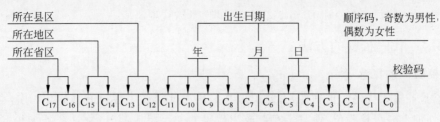

图 4-13　分组码：身份证号

理方式,各位代码的含义如表 4-2 所示。

表 4-2　螺钉代码机制

材　　料	螺 钉 直 径	螺 钉 头 形 状	表 面 处 理
1-不锈钢	1-ϕ0.5	1-圆头	1-未处理
2-黄铜	2-ϕ1.0	2-平头	2-镀铬
3-钢	3-ϕ1.5	3-六角形状	3-镀锌
		4-方形头	4-上漆

这时,螺钉代码就属于一种分组码,代码 1243 表示材料为不锈钢的 ϕ1.0mm 方形头镀锌螺钉。

2）上下关联区间码

上下关联区间码也称层次码,由几个意义上相互有关的区间码组成,其结构一般由左向右排列。例如,会计科目编码设计成这样的代码机制:一级科目代码由四位组成,在一级科目代码右边增加两位代码构成二级科目,在二级科目代码右边增加两位代码构成三级科目,依次类推,形成类似下述编码体系的二级和三级科目代码就属于上下关联区间码。

1002：银行存款

100201：银行存款-人民币

10020101：银行存款-人民币-工行

10020102：银行存款-人民币-农行

10020103：银行存款-人民币-交行

100202：银行存款-美元

100203：银行存款-日元

3）十进位码

十进位码是图书馆中常用的图书编码方法,由上下关联区间码发展而来。例如,610.736,小数点左边的数字组合代表主要分类,右边的数字组合代表子分类。

3. 助忆码

助忆码是用代表一定含义的拼音、英文单词或其缩写形式及这些形式与数字的组合等进行描述的、能够帮助记忆和理解的代码。例如,TV-C-29 代表 29in 彩电；TV-B-14 表示 14in 黑白电视；YSZK 表示应收账款,GLFY 表示管理费用。助忆码的优点是直观明了,易理解,易记忆；其缺点是只适用于数据项数目较少的情况(一般少于 50 个),助忆码较多时可能引起联想出错,太长的助忆码也不宜采用,不利于计算机分类汇总处理。

4. 混合码

混合码是指由字符和数字组成的编码。数字码包括顺序码、区间码。如 WL01,WL02

表示物流一班、物流二班,GL01,GL02 表示管理一班、管理二班。

4.4.4 代码校验的方法

1. 校验码的概念

为了验证输入代码的正确性,有意识地在编码设计结构中在原有代码(代码本体)的基础上,另外加上一个校验位,使它事实上成为代码的一个组成部分,称这个外加校验位的编码为校验码。

校验码通过事先规定的数学方法计算出来。代码一旦输入,计算机会用同样的数学运算方法,按输入代码的数字计算出校验码,并将它与输入的校验位编码进行比较,以检验输入是否正确。

2. 校验码的确定方法

1) 常用方法之一

(1) 对代码的本体(即原代码)的每一位加权求和。设代码本体为 $C_n C_{n-1} \cdots C_3 C_2 C_1$;权因子为 $P_n P_{n-1} \cdots P_3 P_2 P_1$;则加权求和 $S = \sum C_i P_i = C_1 P_1 + C_2 P_2 + C_3 P_3 + \cdots + C_{n-1} P_{n-1} + C_n P_n$,下述 S 或 $\sum C_i P_i$ 只表示代码本体加权求和。其中,权因子可取自然数序列(如 $n, n-1, \cdots, 3, 2, 1$),或取几何级数序列(如 $2^n, 2^{n-1}, \cdots, 8, 4, 2$),或取质数序列(如 $\cdots, 11, 7, 5, 3, 2$),也可以取不规则的数据序列。权因子为自然数序列时称为算术阶数法,权因子为几何级数时称为几何阶数法,权因子为质数序列时称为质数法。

(2) 用和除以模得余数:$R = S \bmod M$。其中,模 M 可取 9,10,11 等。M 取值为 9 或 10 时,可简化计算机校验程序的设计。

(3) 模减余数求差值:$C = M - R$。

(4) 按不同差值情况求校验码。

① 当 $M = 9$ 时,取差值为校验码,即 $C_0 = C$ 为校验码;

② 当 $M = 10$ 时,若 $C = M - R < 10$,则 $C_0 = C$ 为校验码,若 $C = M - R = 10$ 取 $C_0 = 0$ 为校验码;

③ 当 $M = 11$ 时,若 $C = M - R < 10$,则 $C_0 = C$ 为校验码,若 $C = M - R = 10$ 取 $C_0 = X$ 为校验码,若 $C = M - R = 11$ 取 $C_0 = 0$ 为校验码;

④ 当 M 为其他值时,差值 C 也可能为两位数,也需要做特殊处理才能确定校验码 C_0。

(5) 最终代码(或自检码)为:$C_n C_{n-1} \cdots C_3 C_2 C_1 C_0$。

① 当 $M = 9$ 或 $M = 10$ 时,最终代码输入计算机后,若 $R^* = \left(\sum C_i P_i + C_0 \times 1 \right) \bmod M = 0$,则认为该代码是正确的,否则输入有错。

② 当 $M = 11$ 时,最终代码输入计算机后,若 $0 \leqslant C_0 < 10$ 且 $R^* = \left(\sum C_i P_i + C_0 \times 1 \right) \bmod M = 0$,或 $C_0 = X$ 且 $R^* = \left(\sum C_i P_i + 10 \times 1 \right) \bmod M = 0$,就认为该代码是正确的,否则输入有错。

例如,代码本体为 34567,权为 65432,模为 11。则 $S = 3 \times 6 + 4 \times 5 + 5 \times 4 + 6 \times 3 +$

$7 \times 2 = 90, R = S \bmod M = 90 \bmod 11 = 2, C = M - R = 11 - 2 = 9, C_0 = C = 9$ 为校验码。最终代码（或自检码）为 345679，满足 $0 \leqslant C_0 < 10$ 且 $R^* = (\sum C_i P_i + C_0 \times 1) \bmod M = (90 + 9 \times 1) \bmod 11 = 0$，因此，认为输入码 345679 是正确的。

2) 常用方法之二

(1) 对代码的本体（即原代码）的每一位加权求和。

(2) 用和除以模得余数，分不同情况求校验码。如以 9（或 10）为模时，将余数直接作为校验码，校验码的取值范围为 0～8（或 0～9）；以 11 为模时，若余数小于 10，则取余数本身为校验码，若余数是 10 则按 0 处理，校验码取值范围为 0～9。

3) 18 位大陆居民身份证号中的校验码求法

假设我国 18 位大陆居民身份证号的组成数字序列为 $C_{17}C_{16}C_{15}\cdots C_3 C_2 C_1 C_0$，校验码 C_0 按以下方法求出。

(1) 17 位数字本体码加权求和：$S = \sum C_i P_i = C_1 P_1 + C_2 P_2 + C_3 P_3 + \cdots + C_{17} P_{17}$，其中 C_i 是代码本体中从右至左第 i 个位置上的数字，P_i 是 C_i 对应的加权因子，$P_i = 2^i \bmod 11$，各位取值如表 4-3 所示。

表 4-3 公民身份证号 17 位数字本体上的加权因子（$P_i = 2^i \bmod 11$）

i	17	16	15	14	13	12	11	10	9	8	7	6	5	4	3	2	1
P_i	7	9	10	5	8	4	2	1	6	3	7	9	10	5	8	4	2

(2) 用和除以模 11 求余数：$R = S \bmod 11$。

(3) 再通过公式"$C = (12 - R) \bmod 11$"判断与确定校验码。若 $C < 10$，则校验码为 $C_0 = C$；若 $C = 10$，则 C_0 取值为 X。余数 R 与校验码 C_0 之间的对应关系如表 4-4 所示。

表 4-4 余数 R 与校验码 C_0 的对应关系

余数 R	0	1	2	3	4	5	6	7	8	9	10
校验码 C_0	1	0	X	9	8	7	6	5	4	3	2

4) 13 位国际标准书号中的校验码求法

13 位国际标准书号的组成格式是：ISBN 前缀号-组号-出版者号-书序号-校验码，如 ISBN 978-7-300-10657-1。前缀号是国际编码协会为 ISBN 分配的专用编码，包括 978，979，980。组号表示地区号，大体上兼顾文种、国别和地区，0，1 代表英语，2 代表法语，3 代表德语，4 是日本出版物的代码，5 是俄罗斯出版物的代码，7 是中国出版物使用的代码。出版者号代表出版社，由国家或地区的 ISBN 中心设置并分配给各个出版社。书序号是出版者分配给每个出版物的编号，校验码需要依据以下方法得到：①用加权数 1，3 分别交替乘以 ISBN 的前 12 位数字的奇数位和偶数位；②所得乘积之和除以模数 10 得到余数；③求模数 10 减余数的差，若小于 10，该差值就是校验码的数值，若差值等于 10 则取 0 为校验码。

例如，图书编号 ISBN 978-7-300-10657-1 中，校验码"1"的计算步骤和方法如下。

代码本体： 9 7 8 7 3 0 0 1 0 6 5 7

各位权值： 1 3 1 3 1 3 1 3 1 3 1 3

加权求和： $9 \times 1 + 7 \times 3 + 8 \times 1 + 7 \times 3 + 3 \times 1 + 0 \times 3 + 0 \times 1 + 1 \times 3 + 0 \times 1 + 6 \times 3 + 5 \times 1 + 7 \times 3 = 109$

除模取余：　109 mod 10＝9

模减余数：　10－9＝1

校验码：　　1（模减余数的差小于10，校验码取差值本身）

4.5　数据库设计

数据库设计也是系统设计的重要工作之一，它关系到数据存储的规范化，关系到管理信息系统的质量。需要按照一定的要求与步骤，分别进行数据库概念结构设计、逻辑结构设计、物理结构设计，以便最终设计出合理的数据库系统，为管理信息系统的建设打下坚实的基础。

4.5.1　数据库设计的要求与步骤

1. 数据库设计的要求

数据库设计的核心是确定一个合适的数据模型，应满足以下要求：

（1）符合用户要求；

（2）能被某个现有的 DBMS 接受；

（3）质量较高，易于理解，便于维护，无数据冲突，完整性好，效益高。

2. 数据库设计的步骤

数据库设计是在选定 DBMS 的基础上，建立数据库的过程。数据库设计的步骤与系统开发的各个阶段相对应，且融为一体。数据库设计除已在系统分析阶段完成的用户需求分析外，还包括概念结构设计、逻辑结构设计和物理结构设计三个阶段。

（1）概念结构设计。在系统分析期间得到的数据流程图、数据字典的基础上，结合有关的规范化理论，用一个概念数据模型将用户的数据需求明确表达出来。

（2）逻辑结构设计。根据前一阶段建立起来的概念数据模型，以及所选定的某一个 DBMS 的特性，按照一定的转换规则，把概念数据模型转换为这个 DBMS 所能接受的数据模型，一般称为逻辑数据模型或关系数据模型。提出的关系数据模型应符合第三范式的要求。

（3）物理结构设计。根据所选定的软硬件运行环境，选定合适的存储结构和存取方法，以获得最佳的存取效率。

4.5.2　数据存储的规范化方法

1. 规范化形式

规范化是指在一个数据结构中没有重复出现的组项，第一范式是数据存储规范化的最基本的要求，而范式表示的是关系模式的规范化程度。数据存储的逻辑结构一般按第三范式的要求进行设计，通常要将第一范式和第二范式的关系转换为第三范式。

1）第一范式

如果在一个数据结构中没有重复出现的数据项或空白值的数据项，则称该数据结构是规范化的。任何满足规范化要求的数据结构都称为第一规范化形式，简称第一范式（first normal form，1NF）。

任何一个规范化的关系都自动称为 1NF。凡属于 1NF 的关系应满足的基本条件是元组中的每个分量都必须是不可分割的数据项。不符合 1NF 的关系如表 4-5 所示,符合 1NF 的关系如表 4-6 所示。

表 4-5 不符合 1NF 的关系

教师代码	姓　名	工　资	
		基本工资	附加工资
1001	张三	3000.00	100.00
1002	李四	2000.00	110.00
1003	王五	2500.00	120.00

表 4-6 符合 1NF 的关系

教师代码	姓　名	基本工资	附加工资
1001	张三	3000.00	100.00
1002	李四	2000.00	110.00
1003	王五	2500.00	120.00

2) 第二范式

如果一个规范化的数据结构,它所有的非关键字数据项都完全函数依赖它的整个关键字,则称该数据结构是第二范式(second normal form,2NF)的。也可以这样定义:2NF 指满足 1NF,且所有非主属性完全依赖其主码的关系。

要理解 2NF 的概念,必须首先理解"函数依赖""完全函数依赖"和"关键字"(或"主码")的含义。如果在一个关系 R(A,B,C) 中,数据元素 B 的取值依赖数据元素 A 的取值,则称 B 函数依赖 A(简称 B 依赖 A),或称 A 决定 B,用 A→B 表示。假如 A 是由若干属性组成的属性集,且 A→B,但 B 不依赖 A 的任何一个真子集,则称 B 完全函数依赖 A。关键字或主码是关系中能唯一标识每个元组(或记录)的最小属性集。

2NF 同时满足如下两个条件:①元组中的每个分量都必须是不可分割的数据项(满足 1NF);②所有非主属性完全依赖于其主码。在表 4-7 所示的关系中,主码为(教师代码,研究课题号),但由于"研究课题号"→"研究课题名称",存在非主属性"研究课题名称"部分依赖于主码的情况,因而不符合 2NF。可将该关系分解为如表 4-8~表 4-10 所示的三个符合 2NF 的关系。

如果一个规范化的数据结构,其关键字仅由一个数据元素组成,那么它必然属于 2NF。

表 4-7 不符合 2NF 的关系

教师代码	姓　名	职　称	研究课题号	研究课题名称
1001	张三	讲师	20230001	信息安全研究
1002	李四	副教授	20230002	信息资源共享研究
1003	王五	教授	20230002	信息资源共享研究
1003	王五	教授	20230003	网上支付研究

表 4-8 符合 2NF 的"教师"关系

教 师 代 码	姓　　名	职　　称
1001	张三	讲师
1002	李四	副教授
1003	王五	教授

表 4-9 符合 2NF 的"课题"关系

研究课题号	研究课题名称
20230001	信息安全研究
20230002	信息资源共享研究
20230003	网上支付研究

表 4-10 符合 2NF 的"课题-教师"关系

研究课题号	教师代码
20230001	1001
20230002	1002
20230002	1003
20230003	1003

3）第三范式

如果一个数据结构中任何一个非关键字数据项都不传递依赖它的关键字,则称该数据结构是第三范式(third normal form,3NF)的。也可以这样定义:3NF 指满足 2NF,且任何一个非主属性都不传递依赖任何主关键字的关系。

要理解 3NF,必须首先理解"传递依赖"的含义。假设 A,B,C 分别是同一个数据结构 R 中的三个数据元素,或分别是 R 中若干数据元素的集合。如果 C 函数依赖 B,B 又函数依赖 A,则 C 也函数依赖 A,称 C 传递依赖 A,说明数据结构 R 中存在传递依赖关系。

3NF 这种关系同时满足如下三个条件:①元组中的每个分量都必须是不可分割的数据项(满足 1NF);②所有非主属性完全函数依赖其主码(满足 2NF);③任何一个非主属性都不传递依赖任何主关键字。表 4-11 所示的关系中,"产品代码"是主码,因而也是主关键字,满足 2NF,由于存在函数依赖关系"产品代码"→"生产厂名"和"生产厂名"→"生产厂地址",存在传递依赖关系,所以不符合 3NF。可将其分解为如表 4-12 和表 4-13 所示的消除了传递依赖关系的两个 3NF 关系。

表 4-11 不符合 3NF 的关系

产 品 代 码	产 品 名 称	生 产 厂 名	生 产 厂 地 址
CP0001	维 C 银翘片	贵州百灵企业集团制药股份有限公司	贵州省安顺市经济技术开发区西航路 aaa 号
CP0002	复方氨酚烷胺胶囊	海南亚洲制药股份有限公司	海南省海口国家高新区药谷一横路 bb 号

表 4-12 符合 3NF 的"产品"关系

产 品 代 码	产 品 名 称	生 产 厂 名
CP0001	维 C 银翘片	贵州百灵企业集团制药股份有限公司
CP0002	复方氨酚烷胺胶囊	海南亚洲制药股份有限公司

表 4-13 符合 3NF 的"生产厂"关系

生 产 厂 名	生 产 厂 地 址
贵州百灵企业集团制药股份有限公司	贵州省安顺市经济技术开发区西航路 aaa 号
海南亚洲制药股份有限公司	海南省海口国家高新区药谷一横路 bb 号

2. 按 3NF 要求设计数据存储的逻辑结构

除 1NF,2NF,3NF 外,还有 BC 范式(BC normal form,BC/NF),4NF,5NF。但从应用的角度看,建立 3NF 的数据存储结构就可以基本满足应用要求,因此一般按 3NF 的要求对数据存储的逻辑结构进行设计。

与 1NF,2NF 及非规范化的数据存储结构相比,3NF 实现了按"一事一地"的原则存储,提高了访问及修改的效率,提高了数据组织的逻辑性、完整性和安全性。

3. 数据存储结构的规范化步骤

将非规范化的数据结构转换为 3NF 形式的数据结构,可采用以下步骤。

(1) 去掉重复的组项,转换成 1NF。将原关系中的复合数据项分解为若干简单的基本数据项,转换成符合 1NF 的关系,即转换为规范化的二维表形式的数据结构。

(2) 去掉部分函数依赖,转换成 2NF。确定能够唯一标识每个元组的关键字(即主码);如果关键字或主码包含不止一个数据项,且有非主属性不完全依赖其主码,则应消除部分依赖关系,将符合 1NF 的关系分解为若干符合 2NF 的关系。

(3) 去掉传递依赖,转换成 3NF。就是消除传递依赖关系,转换成若干符合 3NF 的关系。

4. 规范化作用

(1) 数据冗余度减小,节约数据的存储空间。

(2) 便于修改和维护。3NF 的数据结构能保证数据的一致性,避免出现数据插入异常、更新异常、删除异常等问题,提高数据组织的逻辑性、完整性和安全性。

(3) 按照 3NF 的要求以尽可能简单的形式表达数据项之间的关系,将有助于对数据及其关系的理解,有助于系统设计阶段的物理设计。

4.5.3 数据库概念结构设计

1. 基本理论

概念结构设计的任务是根据用户需求,并结合数据流程图和数据字典及有关数据存储的规范化理论,设计出数据库的概念数据模型(简称概念模型)。概念模型是一个面向问题的数据模型,它明确表达了用户的数据需求,反映了用户的现实环境,与数据库的具体实现技术无关。

概念模型最常用的表示方法是实体-联系(entity-relationship,E-R)方法,E-R 方法用 E-R 图(entity-relationship diagram,ERD)描述某一组织的信息模型(即概念数据模型)。用 E-R 图表示的概念数据模型称为 E-R 模型,或称为实体-联系模型。E-R 模型中涉及以下几个极为重要的概念。

(1) 实体。实体是观念世界中描述客观事物的概念。实体可以是人,也可以是物或抽象的概念;可以指事物本身,也可以指事物之间的联系。如一个人、一件物品、一个部门等都可以是实体。

（2）属性。实体是由若干属性组成的,属性是指实体具有的某种特性。如学生实体可由学号、姓名、年龄、性别、院系、年级等属性来刻画,职工实体可以有职工号、姓名、出生日期、性别、职称、职务等属性,零件实体可以有零件号、零件名等属性。

（3）联系。现实世界的事物总是存在这样或那样的联系,这种联系必然在信息世界中得到反映。信息世界中,事物之间的联系可分为两类,即实体内部的联系(如组成实体的各属性之间的联系)和实体之间的联系。

（4）关键字。关键字也称键,是实体集中能唯一标识每个实体的属性或属性集合的最小集,如果只有一个这样的属性或属性集合,则称为主关键字或主键;如果存在几个这样的属性或属性集合,则应选择其中一个属性或属性集合为主关键字,其余的关键字称为候选关键字或候选键。如"学号""职工号""零件号"属性分别是"学生""职工""零件"实体的主关键字。

E-R图是描述实体与实体间联系的图,使用的基本图形符号包括矩形、椭圆、菱形、线段。其中,矩形代表实体,矩形框内标注实体名称;椭圆代表属性,椭圆内标明属性名;菱形代表实体间的联系,菱形内标注联系名;线段用于将属性与实体相连、属性与联系相连或实体与联系相连,实体与联系相连的线段上还要标明联系的类型,即一对一联系(1∶1)、一对多联系(1∶n)或多对多联系($m∶n$)。例如,"部门"与"职工"实体之间一对多联系的E-R图如图 4-14 所示,"部门编号""职工号"分别是"部门""职工"实体的主关键字。

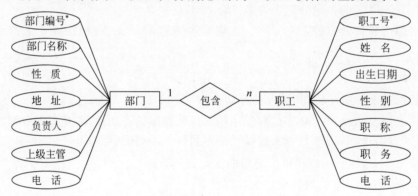

图 4-14　"部门"与"职工"关系的 E-R 图

2. 综合举例

1）某商品供销关系的 E-R 图

假设某商业集团数据库中有 3 个实体集。一是"商品"实体,属性有商品号、商品名、规格、单价等;二是"商店"实体,属性有商店号、商店名、地址等;三是"供应商"实体,属性有供应商编号、供应商名、地址等。

供应商与商品之间存在"供应"关系,每个供应商可销售多种商品,每种商品至多只能向 5 个供应商订购;供应商向每个商店供应商品有月供应量;商店与商品之间存在"销售"关系,每个商店销售的商品应在 100～1000 种,每种商品最多只能放在 8 个商店销售,商店销售商品有月计划数。

那么,商品、商店和供应商之间联系的 E-R 图如图 4-15 所示,"商品号""商店号""供应商编号"属性分别是"商品""商店""供应商"实体的主关键字。

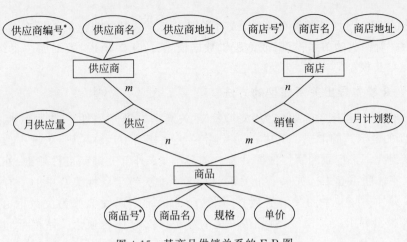

图 4-15 某商品供销关系的 E-R 图

2）某超市系统业务关系的 E-R 图

假设一个超市公司有若干仓库，若干连锁商店，供应若干商品，商店里有若干收银员，各种商品可销售给不同顾客。仓库属性有仓库号、地址、电话等，商店属性有商店编号、店名、地址、经理等，商品属性有商品编号、商品名、规格、单价等，顾客属性有顾客编号、姓名、地址等，收银员属性有工号、姓名、性别等。仓库、商店、商品之间存在进货联系，每个仓库可向不同商店供应多种商品，每个商店也可从不同仓库进各种商品，每种商品均可保存在不同仓库、供应给不同商店。商品、顾客之间存在销售联系，每种商品可销售给不同的顾客，每个顾客可购买多种商品。收银员与商店之间存在聘用联系，每个商店可聘用若干收银员，每名收银员只能被聘用在一个商店工作，商店聘用收银员有聘期。根据这些关系，可画出 E-R 图如图 4-16 所示。

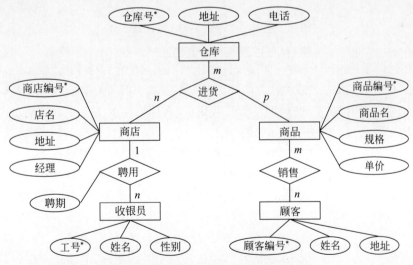

图 4-16 某超市系统业务关系的 E-R 图

4.5.4 数据库逻辑结构设计

1. 数据库逻辑结构设计的任务

数据库逻辑结构设计的基本任务是把 E-R 图表达的概念数据模型按一定的方法转换

为某个具体的 DBMS 所能接受的形式,或者说把 E-R 图表达的概念数据模型转换为由若干对应的"关系"所构成的关系模型(或称逻辑数据模型)。简单地说,数据库逻辑结构设计的任务就是由 E-R 模型导出关系模型。

2. 由 E-R 模型导出关系模型的方法

为便于描述,这里把关系表示为"关系名(主关键字*,非主属性 1,非主属性 2,…,非主属性 n,外部关键字)"的形式。其中,主关键字在关系模型中也称主码、主键等,是能够唯一标识每个元组或每条记录的属性或属性集合的最小集;外部关键字也称外键、外码,用于将两个或多个实体联系起来。如果一个关系 R 的某个非关键字属性集合中的所有属性,都是另外一个或另外一些关系的关键字属性,则这个非关键字属性集称为关系 R 的外部关键字。由 E-R 模型导出关系模型,就是按一定的方法将 E-R 图转换为关系模型,其基本方法如下。

(1) 对应 E-R 图中的每个实体,分别建立一个关系,实体名作为关系名,实体的属性作为对应关系的属性。图 4-16 中五个实体分别对应 5 个关系:

仓库(仓库号*,地址,电话)

商店(商店编号*,店名,地址,经理)

商品(商品编号*,商品名,规格,单价)

收银员(工号*,姓名,性别)

顾客(顾客编号*,姓名,地址)

(2) 对应 E-R 图中的每个 $m:n$ 联系,分别建立一个关系,联系名作为对应的关系名,关系的属性包括与该联系连接的所有"多"方实体的关键字及该联系自身的全部属性,与联系有关的各"多"方实体的关键字作为外部关键字。图 4-16 中,联系"进货""销售"对应的关系为:

进货(仓库号,商店编号,商品编号)

销售(商品编号,顾客编号)

(3) 对 E-R 图中的每个 $1:n$ 联系,分别让"1"的一方的关键字及"联系"的属性插入"n"的一方,"1"方的关键字作为"n"方的外部关键字。对于图 4-16,应将"商店"实体的关键字"商店编号"与"聘用"联系的"聘期"插入"收银员"实体对应的关系中,"商店编号"作为外部关键字,最终形成如下的关系:

收银员(工号*,姓名,性别,商店编号,聘期)

(4) 对 E-R 图中的每个 $1:1$ 联系,可以在两个实体类型转换成的两个关系的任意一个关系中,加入另外一个关系的关键字和联系的属性。图 4-17 所示的 E-R 图对应两个关系:

学校(校名*,地址,电话,校长名,任职年月)

校长(校长名*,出生日期,性别,职称,电话)

图 4-17 所示的 E-R 图也可对应以下两个关系:

学校(校名*,地址,电话)

校长(校长名*,出生日期,性别,职称,电话,校名,任职年月)

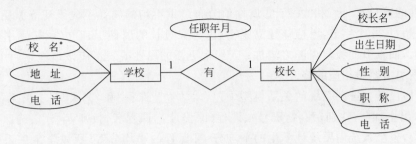

图 4-17　"学校"与"校长"关系的 E-R 图

按照这种转换规则,可将图 4-15 所示的概念数据模型转换为以下几个关系:

供应商(供应商编号*,供应商名,供应商地址)

商品(商品号*,商品名,规格,单价)

商店(商店号*,商店名,商店地址)

供应(供应商编号,商品号,月供应量)

销售(商店号,商品号,月计划数)

3. 数据模型的优化

数据库逻辑设计的结果不是唯一的,应以数据存储的规范化理论为指导,适当修改、调整数据模型的结构,使得数据模型中的各关系满足 3NF 的要求,从而达到数据模型优化的目的。

4.5.5　数据库物理结构设计

数据库物理结构设计是在逻辑结构设计完成的基础上,对数据在物理设备上的存储结构、存取方式等进行设计,它依赖于具体的计算机系统和数据库管理系统。主要设计内容包括:数据库文件的组织形式(顺序、索引文件组织形式);存储介质的分配(高速存储器/易变数据、低速存储器/稳定数据);存取路径的选择;数据库的完整性和安全性措施。

1. 确定数据库的存取方法

确定数据库的存取方法,就是确定建立哪些存储路径以实现快速存取数据库中的数据。现行的 DBMS 一般都提供了多种存取方法,如索引法、HASH 法等。其中,最常用的是索引法。

在数据库中,索引是表中数据和相应存储位置的列表。索引允许应用程序迅速找到表中的数据,而不必扫描整个数据库,因而使用索引可以大大减少数据的查询时间。但是,每个索引都将占用一定的存储空间,而且当对表中的数据进行增加、删除和修改时,索引也要动态地维护,从而降低了数据的更新速度。因此,在创建索引的时候,一般遵循以下的一些经验性原则:①在经常需要搜索的列上建立索引;②在主关键字上建立索引;③在经常用于连接的列上建立索引,即在外部关键字上建立索引;④在经常需要根据范围进行搜索的列上创建索引,因为索引已经排序,其指定的范围是连续的;⑤在经常需要排序的列上建立索引,因为索引已经排序,这样查询可以利用索引的排序,加快排序查询的时间;⑥在经常成为查询条件的列上建立索引,也就是说,在经常使用于 SQL(或 MySQL)命令中的 where 子句(或 Visual FoxPro 命令中的 for 子句)涉及的字段或列上建立索引。

同样,对于某些列不应该创建索引,这时候应该考虑下面的指导原则:①对于那些在查询中很少使用和参考的列不应该创建索引;②对于那些只有很少值的列不应该建立索引,如性别属性的值只有"男"和"女";③属性值分布严重不均的属性不应该建立索引;④过长的属性(如超过 30 个字节)不应该建立索引,因为在过长的属性上建立索引,索引所占的存储空间较大,而索引的级数也随之增加;⑤经常更新的属性或表不应该建立索引,因为更新时有关的索引需要做相应的修改。

例如,假设学生选课系统的关系模型中包含"学生""课程"和"选课"三个关系:学生(学号*,姓名,出生日期,性别,系名,班号)、课程(课程号*,课程名,教师,学分)、选课(学号,课程号,成绩),整个系统需要统计学生的平均分、某课程的平均分等,所以学生关系中的属性"学号",课程关系中的属性"课程号",选课关系中的属性"学号"和"课程号"将经常出现在查询条件中,可以考虑在上面建立索引以提高效率。

2. 确定数据库的存储结构

确定数据库的存储结构主要指确定数据的存放位置和存储结构,包括确定关系、索引、日志、备份等的存储安排及存储结构,以及确定系统存储参数的配置。

确定数据存放位置是按照数据应用的不同将数据库的数据划分为若干类,并确定各类数据的大小和存放位置,可以参照以下规则:①在大型系统中,数据库的数据备份、日志文件备份等数据只在故障恢复时才使用,而且数据量很大,可以考虑存放在移动硬盘、U 盘、软盘或磁带上;②对于拥有多个磁盘驱动器或磁盘阵列的系统,可以考虑将表和索引分别存放在不同的磁盘上,在查询时,由于两个磁盘驱动器分别工作,因而可以保证物理读写速度比较快;③将比较大的表分别存放在不同的磁盘上,可以加快存取的速度,特别是在多用户的环境下;④将日志文件和数据库对象(表、索引等)分别放在不同的磁盘可以改进系统的性能。

由于各个系统所能提供的对数据进行物理安排的手段、方法差异很大,因此设计人员应该在仔细了解给定的数据库管理系统在这方面提供了什么方法,并分析系统的实际应用环境的基础上进行物理安排。

3. 确定系统存储参数的配置

现行的许多数据库管理系统都设置了一些系统的配置变量,供设计人员和数据库管理员进行物理的优化。在初始情况下,系统都为这些变量赋予了合理的初值。但是,这些值只是从产品本身特性出发,不一定能适应每一种应用环境,在进行物理结构设计时,可以重新对这些变量赋值以改善系统的性能。但在进行物理结构设计时,对系统配置变量的调整只是初步的;在系统运行时,还需要根据系统实际的运行情况做进一步的调整,以获得最佳的系统性能。

总之,应根据所选定的软硬件运行环境,权衡各种利弊因素,确定一种高效的物理存储结构,以便开发人员在系统实施阶段,用选定的数据库管理系统所提供的命令进行上机操作,建立数据库并对数据库中的数据进行多种操作。开发人员在数据库设计时,不必过多地考虑物理细节,而是由 DBMS 自行去处理。

4.6　输入输出设计

管理信息系统要对输入的数据进行加工处理,最终产生输出的数据提供给用户。为方便用户使用,需要进行合理的输入/输出设计和界面设计。在进行系统设计时,应先进行输出设计,再进行输入设计(含输入数据的校验及纠错设计)。

4.6.1 输出设计

输出是系统产生的结果或提供的信息,是系统开发的目的和评价系统开发成功与否的标准。输出设计的目的是正确、及时地反映和构造用于生产和服务部门的有用信息。为提高系统规范化程度和编程效率,在输出设计上应尽量保持输出内容和格式的统一性,即同一内容的输出,对于显示器、打印机、文本文件和数据库文件应具有一致的形式。

1. 输出类型和形式设计

1) 输出类型

(1) 外部输出。输出到系统之外的环境,如向其他系统输出的信息和表格。

(2) 内部输出。系统内部的处理结果输出到内部文件或子系统,如明细账的数据处理结果输出到系统内部的总账文件,因此,明细账的数据输出就属于内部输出。

(3) 中间输出。处理结果输出到一个临时文件或中间文件,尚待进一步处理。

(4) 交互输出。与用户之间的对话输出。

(5) 操作输出。与操作有关的输出,如程序清单、出错信息等。

2) 输出形式

(1) 表格输出。一般指打印输出,是用户要求的最主要的输出形式。

(2) 显示输出。即屏幕显示输出。

(3) 磁介质输出。将数据输出到磁盘或磁带存储,供系统以后使用。

2. 输出内容的设计

(1) 有关输出信息使用方面的内容。包括信息的使用者、使用目的或用途、报告量、使用周期、输出频率、速度、有效期、保管方法、复写份数、机密安全性等。

(2) 输出信息的内容。包括输出项目、数据结构、数据类型、精度(长度、位数)、数据形式(文字、数字)或取值范围等。

(3) 输出信息的具体形式(输出格式)。如表格、图形、图标、文本。

3. 表格设计

输出结果通常以表格形式提供给用户使用。表格包括表头和表体两部分内容。表头包括表头标题、单位名、输出时间、项目名等,表体则是系统输出的变动数据。

当输出信息较少,或只需对其作一般性了解时(如某些查询结果),可以选择屏幕输出方式。屏幕显示输出有必要对显示内容和格式进行描述,即对输出数据的栏目、栏目排列顺序、输出宽度、表头及栏目标题等进行预先定义。同时依据每屏能够显示的最大行数和列数(如只能输出 80×25 个字的信息),信息较多时要分屏显示,也可以将表格信息用不同的色彩或亮度予以区分。打印输出也需要考虑有关表头、格式及说明性信息。

为减轻表格的设计工作量,可利用制表软件,如 Excel,Lotus Notes,CCED 等。

4. 输出介质及设备的选择

根据系统硬件条件和系统的结构选择输出介质和设备。常用的输出介质包括硬盘、软盘、光盘、U 盘、磁带等;常用的输出设备包括打印机、显示器、卡片输出机、终端、绘图机、缩微胶卷输出器等。应当考虑用户对输出文件的质量、速度、方便、可靠等要求与投资之间的矛盾。

5. 编写输出设计说明书

输出设计的成果应写在输出设计说明书(或输出设计报告)中,一份完整的输出设计说明书应包括输出的类型、内容、表格、介质及设备等方面的设计内容。应主要说明选用的输出设备、信息输出的频率和数量、各种输出文件和输出报表的格式及表格样本等,还应标出各常量、变量的详细信息,给出各种统计量及其计算公式、控制方法。输出设计说明书有助于程序员编程。某报表输出设计说明书示例如表 4-14 所示。

表 4-14　输出报表设计说明书

类别:输出		介质名:打印纸		输出频率:随时	
输出量:2 份		报送日期:3 日		行数/页:35	
表头名:中行信托公司对账单					

数据项名	类型	长度	小数位	描述	备注
日期	D			rq	
凭证号	C	4		pzh(4)	
种类	C	2		zl(2)	
操作员	C	2		czy(2)	
收入	N	12	2	sr(12,2)	
支出	N	12	2	zc(12,2)	
余额	N	12	2	ye(12,2)	
户名	C	30		hm(30)	
账号	C	12		zh(12)	
输出日期	D			scrq	2023 年 11 月 1 日

6. 输出设计注意事项

进行输出设计时需注意以下 5 点。

(1) 方便使用者,符合用户习惯。

(2) 考虑系统的硬件性能,便于计算机处理。

(3) 规格标准化,文字统一化。尽量利用原系统的输出格式,如需修改,应与有关部门协商,得到用户同意。

(4) 输出表格要考虑系统发展和项目增减的需要。如输出报表中留出备用项目时可满足将来新增项目的需要。

(5) 输出的格式和大小要根据硬件能力,认真设计,并试制输出样品,经用户同意后才正式使用。

4.6.2　输入设计

输入是信息系统与用户之间交互的纽带,决定着人机交互的效率,因而输入设计对系统的质量具有重要的影响。输入设计的目标有两个,一是尽可能减少数据输入中的错误,要求在输入设计中,对全部输入数据设想其可能发生的错误,对其进行校验;二是在保证输入信息正确性和满足输出需要的前提下,做到输入方法简便、迅速与经济。输入设计的主要工作包括输入信息来源设计、输入类型设计、输入设备和介质设计、输入内容和格式设计、输入数据校验与纠错设计。

1. 输入设计的原则

（1）控制输入量。包含三方面的含义，一是在保证满足处理要求的前提下，应尽量减少输入；二是尽量控制输入数据总量，使输入时只需输入基本信息，而其他可通过计算、统计、检索得到的信息则由系统自动产生；三是设计较好的检查方式，将错误排除在系统界面之外。

（2）输入界面的格式尽量与原始单据的格式保持一致。例如，凭证输入时，应使输入格式与实际凭证保持一致，以减少因不同位置或形式造成的数据阅读和输入失误。

（3）减少输入延迟。输入数据的速度往往成为提高信息系统运行效率的瓶颈，为减少延迟，可采用周转文件（用于存放具有固定个体变动属性的数据的文件）、批量输入方式。

（4）注意数据结构的一致性问题。向另一子系统或上一级系统输入数据时（如批量输入时），应注意数据结构的一致性，不要将结构不一致的数据输入后再作处理。

（5）减少输入错误。输入设计中应采用多种输入校验方法和有效性验证技术，减少输入错误。

（6）输入过程尽量简化。为用户提供纠错和输入校验的同时，还应保证输入过程简单易用，不能因查错、纠错使输入复杂化，增加用户负担。

（7）避免额外步骤。尽量避免不必要的输入步骤，当步骤不能省略时，应仔细验证现有步骤是否完备、高效。

2. 输入信息来源设计

输入信息来源设计主要是确定哪些数据应由人工输入，哪些数据可以从其他文件或子系统输入。应当结合计算机的处理特点对原来的手工方式进行详细分析，决定取舍。

3. 输入类型设计

主要确定系统的各种数据分别采用哪种输入类型。

（1）外部输入。系统的原始输入，如订单等，常采用键盘输入。

（2）内部输入。系统内部产生的信息输入，如文件的更新等，一般通过磁介质输入。

（3）操作输入。计算机运行过程中与操作有关的输入，如控制参数、文件名等，常采用键盘与屏幕相结合的形式输入信息。

（4）计算机输入。由系统内部或外部计算机通过通信线路直接输入信息，如车间计算机将当天情况存入中央数据库。

（5）交互式输入。通过人机对话进行的输入，常采用键盘与屏幕相结合的形式输入信息。

4. 输入设备和介质的设计

输入设备和介质的设计主要是确定输入的设备和介质。在选择输入设备和介质时，主要考虑输入的数据量、频率、速度、准确性、类型、格式、保密性、费用等因素。目前常用的输入设备和介质包括以下几种。

（1）键盘。键盘是最主要的输入设备。键盘上的所有按键大体上可以分为下列四类：数字键、英文字母键、各类符号键、各类控制键，可输入文字、字母、数字、标点和其他各种符号，适用于常规的数据输入。

（2）鼠标器。鼠标器是控制显示屏上光标的移动，并向主机输入用户所选中的某个操作命令或操作对象的一种常用输入设备，主要供屏幕上光标定位和画图之用。目前流行的鼠标器分为机械式、光电式两大类。

（3）扫描仪。是一种输入图片和文字的外部设备，通过光学扫描原理从纸介质上"读出"照片、文字和图形，然后把信息送入计算机去进行分析、加工与处理。包括手持式扫描仪、平板式扫描仪。

（4）输入用的终端。终端一般是一台联网微机，操作人员直接通过键盘输入数据，终端可以在线方式与主机联系，并及时返回处理结果。

（5）触摸屏。这是一种坐标定位设备，通过一定的物理手段，使用户触摸触摸屏时，所摸到的位置（以坐标形式）被控制器检测到，并通过 I/O 接口送到 CPU，从而确定用户所输入的信息，常用于公共查询系统。触摸屏根据其采用的技术可分为 5 类：电阻式、电容式、红外线式、表面超声波式和压感式。

（6）光笔。光笔头部有一个透镜系统，能把进入的光汇聚成一个光点，通过后端的导线连到主机，从而拾取显示屏幕上的(X,Y)坐标。光笔将荧光屏当作图形平板，屏上的像素矩阵能够发光。当光笔所指的像素被激活时，像素发出的光就被转换成脉冲信号。这个脉冲信号与扫描时序进行比较后，便得出光笔所指位置的方位信号。

（7）画笔与图形板。画笔和图形板结合构成二维坐标的输入系统。当画笔触到图形板上的某一位置时，画笔在图形板上的位置坐标就会自动传送到计算机中。图形板是一种二维的 A/D 变换器，也称数字化板。

（8）电/光/磁存储介质。包括电存储介质（如 U 盘、存储卡、MP4、录音笔等）、光存储介质（如光盘等）、磁存储介质（如硬盘、软盘、磁带等）。对一些成批处理的数据的输入（或计算机内部数据的输入），其数据往往以文件的形式保存在硬盘、U 盘、软盘、磁带或光盘等存储介质上，通过读取或使用这些文件可以达到输入数据的目的。这些存储介质易于携带，适用于大量数据的输入。因此，在选择输入设备时常把这些电/光/磁存储介质作为配套的输入介质来看待。

（9）其他输入设备。如摄像机、数字照相机、条形码读入器、磁卡阅读器、IC 卡等。

5. 输入内容及输入格式设计

输入内容设计主要是根据数据库设计和输出设计的结果确定哪些数据在哪一个输入模块中进行输入，确定这些数据项的名称、类型、长度、小数位数、输入格式等。

输入格式设计需要明确有关的输入数据及其格式，弄清楚以什么样的人机界面来提示要输入的数据项。为此，需要考虑去数据产生的部门收集原始的单据或数据。

通常依据输入设备和介质的类型进行输入格式的确定。对键盘输入，主要考虑屏幕输入格式与手工方式下的对应性，尽量使屏幕上显示的数据输入格式和数据输入次序均与原始单据一致；也可设计专门的输入记录单，按屏幕填表或对话方式输入数据。这样做，主要目的是方便数据输入和减少出错率。对通过子系统（或远程终端）传递的大量数据的输入，应对这些子系统提出具体的要求，以保证数据的正确传递。

6. 输入数据的校验及纠错设计

1）出错类型

输入数据时，可能出现以下错误：多输位、少输位、移位错、代码错、字迹不清引起的输入错误、输入不存在的代码。为减少或避免输入出错，应考虑采用适当的输入校验方法。

2）校验方法

数据校验包括人工直接校验、计算机用程序校验、人与计算机分别处理后再相互查对校验。具体校验方法如下。

（1）静态校验（或称视觉校验、人工校验、用眼睛校验）。在输入的同时，由计算机显示或打印输入的内容，再与原始单据进行比较，找出差错。将输入的数据在屏幕上显示出来供操作员目视检查，可查出 80％左右的错误。

（2）声音校验。输入文字或数字时，通过汉卡使计算机将输入的内容读出，达到边输入边校对的目的。

（3）逻辑校验。根据业务上各种数据的逻辑性，检查数据的值是否合理。如月份只能是 1～12 的正整数，年龄不能是负数，否则出错。

（4）界限校验。检查某项输入数据的值是否位于预先规定的范围之内，超出范围的值都不正确。界限校验可分为上限、下限和范围校验三种，如基本工资的下限为 1000.00，上限为 5000.00，范围为 1000.00≤基本工资≤5000.00。

（5）平衡校验。检查相互有关的相反数据项之间是否平衡。如会计工作中检查借方会计科目合计与贷方会计科目合计是否一致。

（6）词典校验（或称对照校验、匹配校验）。将某类数据预先存入系统中，形成词典或对照表作为此类数据的校验样本。如会计科目代码字典。

（7）校验码校验（或称代码校验）。利用校验码进行代码本身的校验是一种最有效的查错或校验方式，详见 4.4.4 节"代码校验的方法"。

（8）重复输入校验。重复输入校验是将同一处理内容重复输入两次，然后进行对比的校验方法。同一数据先后输入两次，由计算机程序自动对比校验，若两次输入内容不一致，则计算机报告出错信息。或由两个操作员分别录入相同的数据文件，对两个数据文件进行比较后，找出不同之处予以纠错。

（9）存在校验。有些必须输入的数据，其值不能等于 0，若值为 0，则表明输入错误。如一张凭证中必须有金额（借或贷），金额为 0 则无效，由此可检查出部分无效的原始单据。

（10）数据类型校验。校验是数值型还是字符型或其他类型。

（11）格式校验。校验数据记录中各数据项的位数和位置是否符合预先规定的格式。

（12）顺序校验。利用计算机按记录的关键字值升序或降序排列记录，检查有无重复或遗漏。

（13）记录计数校验。通过统计记录的个数，检查记录有无重复或遗漏，从而检查出重复输入或漏输的数据。

（14）汇总数据校验。工作人员先手工计算数据的总值，再在数据输入过程中由计算机程序累计总值，将两者对比校验。对输入的原始单据（如凭证）可按一定的时间（如按月、日）进行汇总，以汇总数据与手工计算的数据进行校验。这种方法可防止遗漏、重复及数据输入错误等问题的产生。

3）纠错方法

（1）原始数据出错时，应将原始单据送交填写单据的原单位（制证者）修改，数据输入人员或检查人员不能擅自修改。

（2）人工输入错误时，由输入人员或指定人员修改。可采用以下方法修改：发现错误立即修改；或待输入全部（或部分）数据后再专门进行校验与修改，校验和改正的工作完成后再进行下一步处理。

（3）对于需要保留操作痕迹的系统（如会计系统），进入系统数据库的数据查出错误时，不能直接对数据进行修改，只能用反向数据来纠正。

4.6.3 输入输出界面设计

1. 界面设计考虑的因素

（1）界面形式：包括菜单界面（含下拉式菜单、弹出式菜单、图标式菜单）、表单界面（含填表方式、回答方式、提问方式）等。

（2）交互控制形式：窗口、文本框、列表框、组合框、信息提示对话框等。

（3）环境操作方法：通用功能键、组合键的定义。

（4）统一的色彩。

（5）帮助策略：完善帮助系统。

2. 界面设计原则

（1）统一性：在类似的操作环境中操作方法类似，图标代表的含义也要统一。

（2）简明性：界面清楚、简单，不能有二义性。

（3）反馈性：提供有效的反馈信息，对长时间进行的处理要有完成任务的进度信息提示，通过提示信息让用户直观地看到操作过程。

（4）美观性：色彩、图形协调美观，布局合理。

（5）易用性：界面易于理解和使用，用词符合用户观点和习惯。

（6）宽容性：提供简单的错误处理机制，即允许用户犯错误，能把出错的细节显示出来，并指导用户如何改正错误，关键性操作还可事先利用信息提示对话框进行强调或警告。

（7）其他：提供合理的快捷键；提供完整的可控的命令按钮序列；允许撤销操作；能够实现自动输入的预定内容的，尽可能实现；专业人员参与设计。

例如，假设要向会计科目表中输入科目编号、科目名称、借贷方向、期初余额，可设计如图 4-18(a)和图 4-18(b)所示的会计科目信息输入界面。

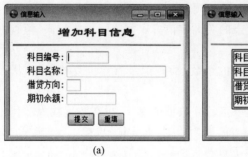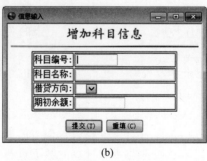

(a)　　　　　　　　　　　　(b)

图 4-18　会计科目信息输入界面

4.7 处理过程设计

处理过程设计就是用合适的图形工具来描述各模块具体的处理细节，这也是系统设计必不可少的重要工作之一。描述逻辑处理细节的工具包括流程图（flow chart，FC）、N-S

图、问题分析图、过程设计语言、Jackson 图、Warnier 图、IPO 图等。

4.7.1 流程图（FC）

流程图即程序框图，又称程序流程图、控制流程图等。包括三种基本成分：处理，用矩形框表示；判断，用菱形表示（有时判断部分的内容比较多，为节省空间和方便描述，也常使用上下平行的扁六边形表示）；控制流，用箭头（流向线）表示。

目前使用的流程图，符合结构化程序设计，仅由 3 种基本结构组成，即顺序结构、选择结构、循环结构，具体内容参见 3.5.3 节"处理逻辑的描述工具"的"结构化语言"部分。例如，求 $1+2+3+\cdots+100=?$ 的 FC 如图 4-19 所示。

流程图的优点是结构清晰、便于理解、易于修改、直观形象；缺点是只描述执行过程，而不能描述有关的数据。

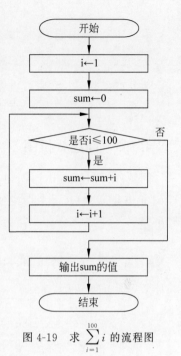

图 4-19 求 $\sum\limits_{i=1}^{100} i$ 的流程图

4.7.2 N-S 图

N-S 图（或盒图）是另一种处理过程或算法表示法，是由美国人 I. Nassi 和 B. Shneiderman 共同提出的，其根据是：既然任何算法都是由顺序、分支和循环三种结构组成，所以各基本结构之间的流程线就是多余的，因此，N-S 图也是处理过程的一种结构化描述方法。用 N-S 图表示的各种处理逻辑如图 4-20 所示。

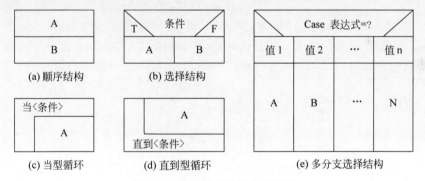

图 4-20 N-S 图表示的处理逻辑

例如，求 $1+2+3+\cdots+100=?$ 其程序处理过程的 N-S 图如图 4-21 所示。N-S 图的优点表现在以下三方面：①N-S 图强制设计人员按结构化程序设计方法进行思考并描述设计方案，因为除了表示几种标准结构的符号外，它不再提供其他描述手段，这就有效地保证了设计的质量，从而也保证了程序的质量；②N-S 图形象直观，具有良好的可见度，如循环的范围、条件语句的范围都是一目了然的，所以容易理解设计意图，为编程、复查、选择测试用例、维护都带来了方便；③N-S 图简单、易学易用，可用于软件教育和其他方面。N-S 图的缺点是手工修改比较麻烦。

图 4-21　求 $\sum_{i=1}^{100} i$ 的 N-S 图

4.7.3　问题分析图

问题分析图(problem analysis diagram,PAD)是一种支持结构化程序设计的图形工具，1979 年由日立公司二村良彦等提出。PAD 有顺序、选择、循环三种基本结构，如图 4-22 所示。

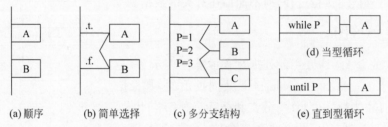

图 4-22　PAD 表示的基本逻辑结构

例如，求 $1+2+3+\cdots+100=?$ 其程序处理过程的 PAD 如图 4-23 所示。PAD 的一个独特之处是以 PAD 为基础，按照机械的变换规则，就可以写出结构化的程序，这一规则称为"走树"。即顺着 PAD 的图形结构移动，依次将遇到的 PAD 的基本成分变换成相应的程序结构，程序随之写出。

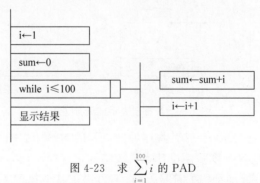

图 4-23　求 $\sum_{i=1}^{100} i$ 的 PAD

PAD 的优点是：①逻辑结构清晰、图形标准化；②强制设计人员利用结构化程序设计方法，因而提高了产品的质量；③用 PAD 表现处理逻辑，易读、易懂、易记；④通过机械地"走树"，可以从 PAD 直接产生程序，该程序便于用计算机自动实现；⑤既可用于表示处理逻辑，也可用于描绘数据结构；⑥PAD 符号支持自顶向下、逐步求精方法的使用。

4.7.4 过程设计语言

过程设计语言(program design language,PDL)是用于描述模块内部具体算法和具体处理细节的、比较灵活的非正式语言。PDL 是不可执行的,因而也称伪程序、伪代码。

PDL 外层语法描述控制结构,使用一般编程语言确定的关键字,如 if…then-else-end if,do while-loop 等;内层语法描述操作,采用自然语言。例如,求 $1+2+3+\cdots+100=?$ 的 PDL 可表示为如下形式:

```
i = 1
sum = 0
do while i≤100
    sum←sum + i
    i←i + 1
loop
print '1 + 2 + … + 100 = ';sum
```

PDL 的优点在于接近自然语言、易于理解,易于被计算机处理和存储,可以从 PDL 自动产生程序。PDL 的不足是不如图形描述直观,对英语使用的准确性要求较高。

4.7.5 Jackson 图

Jackson 认为,任何一个数据结构均可以用 3 种基本结构组成,它们分别是顺序结构、选择结构、循环结构。这 3 种基本结构的 Jackson 图解逻辑如图 4-24 所示,其中,图 4-24(a)表示 A 由 B,C 两个元素顺序组成,每个元素只出现一次,出现的次序依次是 B,C;图 4-24(b)表示根据条件,A 是 B 或 C 中的某一个(B,C 右上角标有小圆圈);图 4-24(c)表示 A 由 B 出现若干次组成(B 右上角标有星号)。

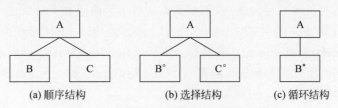

(a) 顺序结构   (b) 选择结构   (c) 循环结构

图 4-24　Jackson 图表示的三种基本结构

如设计某表格打印程序,表格形式如表 4-15 所示,其中,类别可以是"教师"和"学生"两种,对于状态一栏,如果是"教师"类别,则打印其工龄,如果是"学生"类别,则打印其年级。则这个问题的数据结构用 Jackson 图表示为如图 4-25 所示。

表 4-15　某表格形式

姓　　名	年　　龄	类　　别	状　　态

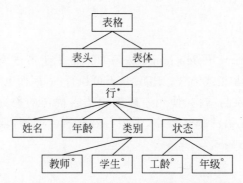

图 4-25 用 Jackson 图表示的某表格数据结构

Jackson 图的优点是图形直观、结构简单清晰,易于理解和修改;在构造程序框架时,不仅考虑输入数据结构,而且还考虑输出数据结构。Jackson 图的缺点是,用它表示选择或循环结构时,选择条件或循环结束条件不能直接在图上表示出来,影响了图的表达能力,也不易直接把图翻译成程序。

4.7.6 Warnier 图

Warnier 图是表示数据层次结构的一种图形工具,它用树形结构描绘数据结构。它还能指出某一类数据或某一数据元素重复出现的次数,并能指明某一特定数据在某一类数据中是否是有条件地出现。在进行软件设计时,从 Warnier 图入手,能够很容易转换成软件的设计描述。

图 4-26 是用 Warnier 图表示的某报纸版面的数据层次结构。在 Warnier 图中,花括号 "{"表示层次关系,花括号从左至右排列表示树型层次结构;在同一括号下,从上到下是顺序排列的数据项,表示同一类信息;在有些数据项名字后面附加了圆括号,给出该数据项重复的次数,广告(1,4)表示广告占 1~4 栏;股市行情(0,1)表示股市行情可有可无,若有就占一栏;异或信息⊕表明一类信息或者一个数据项在一定条件下才出现,而且在这个符号上、下方的两个名字所代表的数据只出现一个。另外,Warnier 图可以通过细化组合数据项进一步分解信息域。

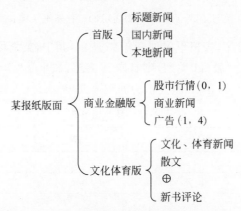

图 4-26 用 Warnier 图表示的某报纸版面的数据层次结构

Warnier 图的优点是对各种环境的适用性,它可以用来设计整个系统、数据结构、报表内容及数据项的编码。而且使用 Warnier 框图法,系统分析员不必考虑细节。Warnier 图的缺点是在构造程序框架时,仅考虑输入数据结构,没有考虑输出数据结构。

4.7.7　IPO 图

输入-处理-输出(input-process-output,IPO)图,是由 IBM 公司发起并逐渐完善起来的,用于描述某个特定模块内部的处理过程和输入/输出关系的重要图形工具。IPO 图主要描述了模块的名称、上层调用模块、可调用的下层模块、输入/输出、处理过程说明、局部数据项,此外还说明了模块所属的系统、设计人、设计日期及有关的注释,其基本结构如图 4-27所示。

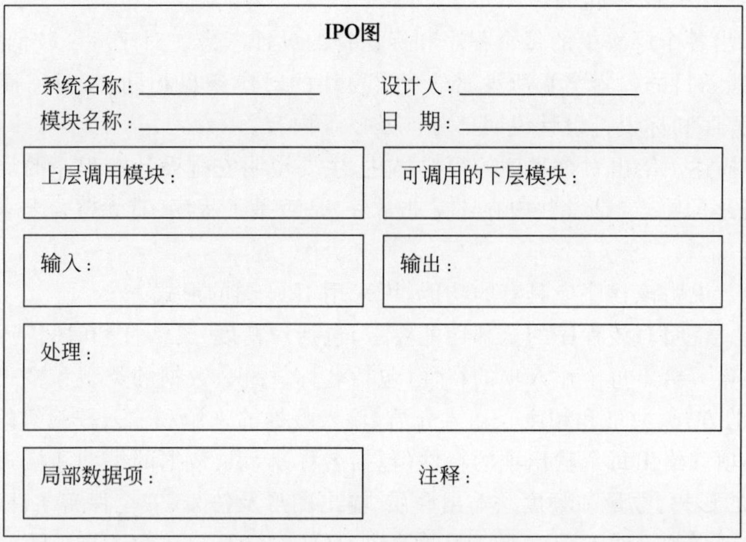

图 4-27　IPO 图的基本结构

在 IPO 图中,输入、输出数据来源于数据字典;局部数据项是指个别模块内部使用的数据,与系统的其他部分无关,仅由本模块定义、存储和使用;注释是对本模块有关问题作必要的说明。IPO 图的主体是处理过程说明部分,可采用决策树、决策表、结构化语言、N-S图、PAD 和 FC 等工具进行描述,要准确而简明地描述模块执行的细节。

IPO 图不仅是系统模块设计的重要工具,而且也是程序设计的主要依据。因而,IPO 图是系统设计阶段的一种重要文档资料。

4.8　系统设计说明书

系统设计说明书是系统设计阶段的主要成果,它主要由模块结构图、模块说明书和其他详细设计的内容组成,描述了新系统的物理模型,是系统实施的重要依据。系统设计说明书的内容和格式大致如下。

1. 引言

(1)编写目的。说明编写这份系统设计说明书的目的,指出预期的读者。

(2)项目背景。说明待开发软件系统的名称;本项目的任务提出者、开发者、用户和运行该程序系统的计算中心。

（3）定义。列出本说明书中用到的专门术语的定义和外文首字母组词的原词组。

（4）参考资料。列出有关的参考资料，如本项目的经核准的计划任务书或合同、上级机关的批文；属于本项目的其他的已发表的文件；本说明书中各处引用到的文件资料，列出这些文件的标题、文件编号、发表日期和出版单位，说明能够取得这些文件的来源。

2. 程序系统的结构

用一系列图表（如 DFD、DD、模块结构图等）列出本程序系统内的每个程序（包括每个模块和子程序）的名称、标识符和它们之间的层次结构关系。

3. 程序和标识符设计说明

逐个地给出各个层次中的每个程序和标识符的设计考虑。对于一个较低层次的模块或子程序，若某些条目的内容与它所隶属的上层模块的对应条目相同，就只需简单说明即可。一般情况下，程序和标识符设计说明部分涉及以下内容。

（1）程序描述。给出对该程序的简要描述，主要说明安排设计本程序的目的意义，而且还要说明本程序的特点（是常驻内存还是非常驻、是否是子程序、有无覆盖要求、是顺序处理还是并发处理等）。

（2）功能。说明该程序应具有的功能，可采用 IPO 图的形式。

（3）性能。说明对该程序的全部性能要求，包括对精度、灵活性和时间特性的要求。

（4）输入项。给出每个输入项的特性（包括名称、标识、数据的类型和格式，数据值的有效范围，输入的方式、数量和频度）、输入介质、输入数据的来源和输入校验等的说明。

（5）输出项。给出每个输出项的特性（包括名称、标识、数据的类型和格式，数据值的有效范围，输出的形式、数量和频度）、输出介质、输出图形及符号、安全保密条件等的说明。

（6）算法。详细说明本程序所选用的算法、具体的计算公式和计算步骤。

（7）处理逻辑。用图表（如流程图、决策表等）辅以必要的说明来表示本程序的处理流程。

（8）接口。用图的形式说明本程序所隶属的上一层模块及隶属于本程序的下一层模块、子程序，说明参数赋值和调用方式，说明与本程序直接关联的数据结构（数据库、数据文件）。

（9）存储分配。根据需要，说明本程序的存储分配。

（10）注释设计。说明准备在本程序中安排的注释，如加在模块首部的注释；加在各分支点处的注释；对各变量的功能、范围、默认条件等所加的注释；对使用的逻辑所加的注释等。

（11）限制条件。说明本程序运行中所受到的限制条件。

（12）测试计划。说明对本程序进行单体测试的计划，包括对测试的技术要求、输入数据、预期结果、进度安排、人员职责、设备条件驱动程序及桩模块（或支持模块）等的规定。

（13）尚未解决的问题。说明在本程序的设计中尚未解决而设计者认为在软件完成之前应解决的问题。

4. 项目实施计划

主要说明各明细任务的执行人员分配、进度安排等。

思考题

1. 系统设计阶段包括哪些工作内容?

2. 什么是 E-R 模型,如何将 E-R 模型转换为关系模型(或由 E-R 模型导出关系模型)?

3. 处理过程设计可利用哪些工具,各有什么优缺点?

4. 代码有哪些类型,各有什么优缺点?

5. 什么是模块,模块的设计原则是什么?

6. 什么是模块的耦合和聚合,各有哪些类型,其基本含义如何理解?

7. 什么是模块结构图,由数据流程图导出模块结构图的基本步骤是什么?

8. 什么是校验码,校验码的原理是什么,有哪些常用的校验码设计方案?

9. 找一本具有 13 位国际标准书号的图书,分析国际标准书号的构成方式,并验证其校验码的正确性。

10. 如果你是中国大陆公民,请依据你自己的身份证号,分析一下大陆居民身份证号的组成,并验证校验码的正确性。

11. 假设某商业集团数据库中有 3 个实体集。一是"公司"实体,属性有公司编号、公司名称、地址、电话等;二是"仓库"实体,属性有仓库号、仓库名称、地址、电话等;三是"职工"实体,属性有职工编号、姓名、性别、出生日期、手机号等。公司与仓库之间存在"隶属"关系,每个公司可管辖若干仓库,每个仓库只能属于一个公司管辖;仓库与职工之间存在"聘用"关系,每个仓库人数在 10～40 人;每个职工只能在一个仓库工作,仓库聘用职工有聘期和工资。则:①画出 E-R 图,并在图上注明相关属性;②将 E-R 图转换为关系模型,并注明主关键字和外部关键字。

12. 已知某企业生产不同种类的螺钉,不同种类的螺钉可能使用不同的材料,采用不同的表面处理方式,并且螺钉直径、螺钉长度、螺钉头形状也各不相同。目前生产的螺钉所用的材料有不锈钢、黄铜、钢三种类型,螺钉直径有 $\phi0.5mm$,$\phi1.0mm$,$\phi1.5mm$ 三种类型,长度有 L10mm,L15mm,L20mm 三种,螺钉头形状包括圆头、平头、六角形状、方形头四种,表面处理方式包括未处理、镀铬、镀锌、上漆四种。请回答下列问题。

(1) 假设今后相当长一段时间内生产螺钉的种类不会有太大的变化,请按照代码设计的原则设计一种能体现螺钉各方面属性的代码机制。

(2) 按照你的设计写出材料为黄铜、直径为 $\phi1.5mm$、长度为 L20mm 的圆头镀铬螺钉所对应的代码。

第5章

管理信息系统的系统实施与维护

5.1　系统实施与维护的主要内容

系统实施是把系统设计阶段形成的物理模型转换成可实际运行的物理系统的过程。系统实施阶段的主要内容包括以下几方面。

(1) 物理系统的实施。包括购置计算机及外部设备、网络设备、电源等辅助设备及机房设备等。

(2) 程序编写与软件选择。选择程序设计语言,根据系统设计说明书确定要编写程序的内容,安排程序设计人员完成编程工作。

(3) 系统测试与调试。应用系统的程序设计工作完成之后,对程序和整个系统进行测试和调试,及时发现和纠正程序中的错误。

(4) 人员培训。对相关人员如事务管理人员、系统操作员、系统维护人员等进行相关知识的培训。

(5) 系统切换。系统开发完成之后,选择合适的系统切换方式用新系统代替原系统。

(6) 系统维护。系统投入运行后,需要进行日常的运行管理,并根据外界环境的变化和业务量的增减等情况及时对系统进行维护,使程序的运行始终处于最佳工作状态。

(7) 系统评价。系统投入运行后,需要定期对其运行情况进行集中评价,以考察新系统是否达到了预期目的。

5.2　程序设计

1. 程序设计的基本要求

(1) 正确性。指编制出来的程序应能够严格按照规定要求,准确无误地提供预期的全部信息。

(2) 可维护性。指程序出现错误或新的要求时,对程序进行排错或完善所需要的平均维护时间。维护时间越短,可维护性就越强。程序执行过程中发现问题或客观条件变化时,调整和修改程序应简便易行,包括:能及时排除系统暴露出来的错误;能根据用户提出的新的要求,对程序进行修改或扩充,使其进一步完善;计算机更新换代时能对应用程序进行相应的调整或移植。

(3)可靠性。指程序应当具有较好的容错能力,不仅正常情况下正确工作,而且在异常情况下也便于处理,防止造成严重的损失。

(4)可理解性。指程序层次清楚,简洁明了,便于阅读和理解。

(5)效率。程序效率指计算机资源(如时间和空间)能否被有效使用。由于目前硬件价格大幅下降,性能不断提高,因此程序效率问题已基本不成问题,而程序设计者的工作效率比程序效率显得更为重要。在实际编程过程中,人们倾向首先强调程序的正确性,其次是可维护性、可靠性和可理解性,最后才是效率(程序效率)。

2. 结构化程序设计方法

结构化程序设计(SP)方法是程序设计的先进方法和工具,同时也是 20 世纪 80 年代主要的程序设计方法,它作为一种优秀的程序设计思想至今仍被人们广泛使用。

SP 方法指出,任何程序的逻辑结构都可以用顺序、选择、循环这三种基本结构来表示,SP 方法用这三种基本结构反复嵌套构成结构化程序。结构化程序中严格控制 goto 语句的使用。

SP 方法的核心是算法设计,其基本思想是采用自顶向下、逐步求精的设计方法和单入口、单出口的控制技术。自顶向下、逐步求精是指将一个复杂任务按照功能进行拆分,并逐层细化到便于理解和描述的程度,最终形成由若干独立模块组成的树状层次结构;单入口、单出口是指每个模块内部都用顺序、选择或循环结构来描述,而这三种基本结构均只有一个入口和一个出口。

适合于结构化程序设计的编程语言有 C,Basic,Pascal,Fortran,Ada,FoxPro 等。在结构化程序设计语言基础上发展而来的那些可视化编程工具,如 Visual C++,Visual Basic,Delphi 等,也都要求按结构化程序设计方法来编写必要的程序代码。

SP 方法有助于编写结构良好的程序,提高编程工作效率。同时,用 SP 方法设计的程序具有较好的可理解性和可维护性,也容易验证其正确性。

3. 编程

1)程序设计语言的选择

程序设计就是用某种计算机语言编写程序。它是根据系统设计说明书的要求,分成若干程序完成系统的各项数据处理任务。进行程序设计首先要确定选择哪种程序设计语言。我国早期的管理信息系统开发多选用 dBASE,FoxBase,FoxPro 等关系数据库管理系统。近年来,C/S 模式已被社会特别是大中型企业广泛接受,目前主要选择 C/S 结构中多用户环境下关系数据库编程的工具,以确保有一个对用户友好、灵活的前端界面和一个处理功能强大的关系数据库管理系统。

程序开发工具的选择可以从以下 5 方面考虑:用户的要求、语言的人-机交互功能、软件工具、开发人员的知识、软件的可移植性。可供选择的集成编程工具包括 Visual Basic,Visual C++,Power Builder,Delphi 等,可选择的关系数据库软件包括 MySQL,Oracle,

DB2,Informix,Sybase,SQL Server,Access,xBASE,Paradox,Visual FoxPro 等。

2）程序设计的 2 种方法

按照程序开发路径有 2 种程序设计方法。

（1）自顶向下。要求程序员首先实现软件结构的最高层次，之后再实现下一个层次，直到用程序设计语言实现最底层为止。用此方法开发的程序可读性好，条理分明，可靠性高。

（2）自底向上。从软件结构的最底层开始，直到用程序设计语言实现最高层为止。用此方法得到的程序往往局部最优，系统整体结构较差。

3）编程要求

编程时要恰当地给变量命名，书写格式要规范，适当增加注释语句，输入和输出的方式必须方便用户使用。最终程序应结构良好、层次分明、思路清晰。

（1）标识符的命名。标识符包括模块名、变量名、过程名及数据区名。标识符应该适当选取，使其直观，易于理解和记忆。标识符的命名应注意：尽可能使用有实际意义的标识符；不用过于相似的变量名；同一标识符不要具有多种含义；名字不要过长；编程前最好对标识符的选取约定统一标准。

（2）程序的书写格式。恰当的书写格式使程序的层次性和条理性增强。编写程序代码时应注意：不要把多个语句写在同一行；避免过于复杂的条件测试；利用括号使多条件表达式清晰直观；把同一层次的语句向左端对齐，而下一层次的语句向右边缩进若干空格书写，以体现程序逻辑结构的深度。

（3）程序的注释。程序中适当加上注释，使程序的可读性提高。程序开头部分一般加序言性注释，用于说明程序或模块功能、调用语句模式、参数形式、某些重要变量的使用与限制、开发信息（如作者、修改日期等）；程序中间可嵌入描述性注释，以说明程序段的功能或数据的状态。

（4）程序的输入和输出。输入、输出的方式与格式应当方便用户使用。编程时应注意：对所有的输入数据进行检验；检查输入项各种重要组合的合理性；允许默认值；输入步骤和操作尽可能简单，并保持简单的输入格式。

5.3　系统测试与调试

当管理信息系统按详细设计中规定的算法用具体的程序编码实现以后，就要进行系统测试与调试。系统测试与调试就是在计算机上用可能的数据和操作条件反复对系统程序进行试验，其目的是发现系统中的错误并及时纠正。需要按照一定的步骤和方法进行系统测试与调试，测试与调试通过后还应提供系统说明文档，以便于系统的操作和维护。

5.3.1　系统调试的步骤与内容

系统测试与调试是保证系统质量的关键步骤，其工作量占系统实施工作的 40%～60%。系统调试包括程序调试、模块调试、子系统调试和系统总调试。

（1）程序单调。即单个程序（如输入程序、查询程序、报表程序等）的调试。由编程人员自己对单个程序进行语法检查和逻辑检查，主要验证程序在逻辑上的正确性。

（2）模块分调。保证模块内部控制关系的正确性和数据处理内容的正确性，并测试模块的运行效率。主要验证模块功能的正确性。

（3）子系统调试。对子系统内各种可能的使用形态及其组合情况进行考察。调试时，常常在分控调度程序与各功能模块连接的接口处都用"短路"程序代替原功能模块与分控调度程序间的连接关系。"短路"程序就是直接送出预先安排计算结果的、用于测试分控调度程序与其直接附属模块之间连接关系的联络程序。分控调度程序调试通过后，再直接与全部相关模块连接起来。调试的目的不是处理结果的正确性，而是验证控制接口和参数传递的正确性，以及发现并解决资源调度中的问题。

（4）系统总调试。各子系统调试完成后，即可进行整个系统程序的调试。即将主控程序与各子系统（分控调度程序）结合起来进行总体调试，检查整个系统是否能够协调一致地进行工作。

系统调试关系如图5-1所示。

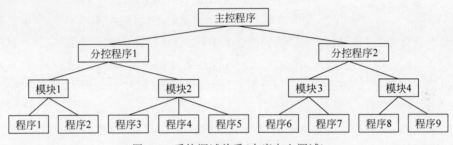

图 5-1　系统调试关系（自底向上调试）

5.3.2　系统测试的方法

1．程序与模块的测试

对程序和模块进行测试，目的是保证每个程序和模块本身能正常运行。测试时，需要精选用于测试的典型输入数据作为测试用例，并用测试用例的数据来验证程序与模块的正确性。测试的目标是以尽可能少的测试用例完成尽可能充分的测试，尽可能发现隐藏在程序和模块中的错误。这样，选择测试用例就成为测试与调试工作的关键步骤和主要内容。选择测试用例通常用等价类划分法、边界值分析法和逻辑覆盖测试法。

（1）等价类划分法。通常将程序或模块的输入域划分成有效等价类和无效等价类两种，有效等价类指模块中符合规范的输入，无效等价类指模块中非法的输入。等价类划分法就是把所有可能的输入数据划分成有限数量的等价类，并在每一等价类中选定一个典型代表值作为这一类数据进行测试，有多少个等价类就选用多少个典型代表值参加测试。例如，如果输入数据的范围是$-1.0 \sim 1.0$，有效等价类数据是大于或等于-1.0且小于或等于1.0的数据，无效等价类数据是小于-1.0的数据和大于1.0的数据，则可选用$0.5,-3,3$作为测试数据。

（2）边界值分析法。以刚好小于、等于和大于边界值的数据作为测试数据，检查和发现程序中的错误。例如，如果输入数据的范围是$-1.0 \sim 1.0$，则可选用$-1.001,-1.0,$ $-0.999,0.999,1.0,1.001$作为测试用例。

（3）逻辑覆盖测试法。这种方法是测试人员在了解模块或程序的内部结构的基础上，对程序的所有逻辑路径进行测试，通过在不同点检查程序的状态，确定实际状态与预期的状

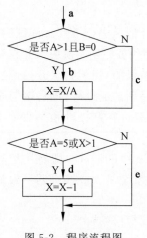

图 5-2　程序流程图

态是否一致。逻辑覆盖常使用以下五种方法。

① 语句覆盖。设计若干测试用例,运行被测程序,使得每一个可执行语句至少执行一次。假设要测试程序的程序流程图如图 5-2 所示,那么,要使每个语句都执行一次,必须找出能经过路径 abd 的测试用例,使{A=5,B=0,X 任意}或{A>1 但 A≠5,B=0,X/A>1}即可达到目的(需注意路径 abd 中条件 X>1 的 X 是指 X/A 的值),所以测试用例可以是{A=5,B=0,X=0}或{A=2,B=0,X=10}。语句覆盖法可比较全面地检验每一个可执行语句,但发现错误的能力比较弱。例如,上述测试用例不能检查路径 acd 和 abe,而且如果在程序中将逻辑与 AND 误写成 OR 也不能被检查出来。

② 判断覆盖。设计足够多的测试用例,让程序中的每个判断语句至少获得一次"真"值和"假"值。图 5-2 中,应分别使两个组合判断"A>1 且 B=0""A=5 或 X>1"各取"真""假"值至少一次。可选择路径 abd 和 ace(或路径 abe 和 acd)来选择测试用例。例如,测试路径 abd 和 ace 时,其测试用例选择{A=5,B=0,X=1}和{A=0,B=1,X=0}即可。

需要说明的是,路径 abd 和 abe 的判断条件中 X>1 的 X 是指 X/A 的值,路径 acd 和 ace 的判断条件中 X>1 的 X 是指 X 本身。选择测试用例时,将 X>1 变为同时符合 X>1 和 X/A>1,将 X≤1 变为同时符合 X≤1 和 X/A≤1,可降低判断的复杂性或减少测试用例的个数。将 X>1 变为同时符合 X>1 和 X/A>1,以下记作 X(和 X/A)>1;将 X≤1 变为同时符合 X≤1 和 X/A≤1,以下记作 X(和 X/A)≤1。

③ 条件覆盖。设计足够多的测试用例,使程序中各判断语句中的每个条件至少获得一次"真"值和"假"值。图 5-2 中,条件 A>1,B=0,A=5,X>1 各需至少获得一次"真"值和"假"值(路径 abd 和 abe 中条件 X>1 的 X 是指 X/A 的值),即全部测试用例必须能覆盖以下条件:A>1,A≤1,B=0,B≠0,A=5,A≠5,X(和 X/A)>1,X(和 X/A)≤1。例如,测试用例选择{A=5,B=0,X=10}和{A=1,B=1,X=1}即可,这时覆盖的路径分别为 abd 和 ace。

④ 判断/条件覆盖。选择足够多的测试用例,使所取得的测试数据的判断中每个条件取得"真"值、"假"值各至少一次,且使每个判断也取得"真"和"假"值各至少一次。图 5-2 中,条件 A>1,B=0,A=5,X>1 各需至少获得一次"真"值和"假"值,且判断"A>1 且 B=0"和"A=5 或 X>1"各取得"真"值和"假"值至少一次(路径 abd 和 abe 中条件 X>1 的 X 是指 X/A 的值)。如测试用例{A=5,B=0,X=10}和{A=1,B=1,X=1}满足判断/条件覆盖。

⑤ 条件组合覆盖。选择足够多的测试用例,使得每个判断条件中各种条件组合至少出现一次。与其他逻辑覆盖测试法相比,条件组合覆盖测试最为严格,所需测试用例较多,对程序的测试更充分,且满足条件组合覆盖的测试用例一定满足判断覆盖、条件覆盖、判断/条件覆盖,但设计测试用例花费的时间也相对长一些。图 5-2 中,需要测试的条件组合及测试用例、覆盖路径等举例如表 5-1 所示。

表 5-1　用条件组合覆盖法选择测试用例

8 种条件组合	A＞1 B＝0 A＝5 X(和 X/A)＞1	A＞1 B≠0 A＝5 X(和 X/A)≤1	A≤1 B＝0 A≠5 X(和 X/A)＞1	A≤1 B≠0 A≠5 X(和 X/A)≤1
测试用例	A＝5,B＝0,X＝10	A＝5,B＝1,X＝1	A＝1,B＝0,X＝5	A＝1,B＝1,X＝1
覆盖路径	abd	acd	acd	ace

2. 子系统测试

子系统测试是在程序与模块测试的基础上,把各模块组合到一起形成一个子系统的测试过程。通常有以下两种测试方法。

（1）非渐增式测试。先分别测试每个模块,再把所有模块按设计要求结合在一起测试,需要编写较多的驱动模块和支持模块(或称"桩模块")。模块 H 的驱动模块和支持模块是在测试 H 时设计的两类模块,驱动模块是指被测模块 H 的直接上层模块的模拟模块,它是模拟调用的模块;支持模块或桩模块是由被测模块 H 直接调用的下层模块的模拟模块,它是模拟输入/输出的模块,如图 5-3 所示。

（2）渐增式测试。指采用每次增加一个模块的方法进行测试,有自顶向下结合和自底向上结合两种实现方式。

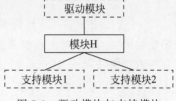

图 5-3　驱动模块与支持模块

① 自顶向下结合：先对最高层的主控模块进行测试,测试时用支持模块代替所有直接附属于主控模块的模块。然后,采用先深度后宽度或先宽度后深度的结合策略,每次用一个实际模块替换一个支持模块,并在增加实际模块时引入其支持模块,再进行测试与回归测试,直到全部模块都测试完成为止。优点是与子系统整体有关的接口问题可在子系统测试的早期得到解决,缺点是设计测试用例比较困难。先深度后宽度结合策略就是在系统层次结构中按照分支优先、从左至右、从上到下的顺序,先结合左边路径的模块,再结合中间和右边路径的模块;先宽度后深度结合策略则是按层次优先、从上到下、从左至右的顺序,逐层结合有直接联系的所有模块。自顶向下结合过程如图 5-4 和图 5-5 所示。

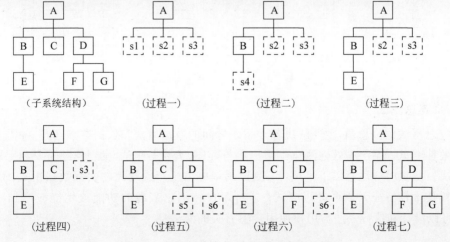

图 5-4　自顶向下结合(先深度后宽度)过程

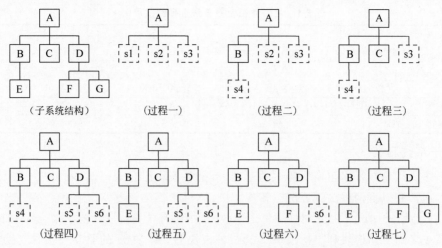

图 5-5　自顶向下结合(先宽度后深度)过程

② 自底向上结合：从软件结构的最底层(叶节点)开始进行装配和测试。先从一个最底层模块开始,从下向上逐步添加模块,组成程序的一个分支。对每个分支重复上述过程,直到所有的分支都分别组装完成,最后将所有分支组成整个程序。每次添加一个模块都要引入一个驱动模块,测试后依据情况用实际模块替换驱动模块,或者重新引入一个驱动模块,与几个测试过的分支结合起来形成新的分支,进行测试,直到最高层模块测试完成。自底向上的结合过程如图 5-6 所示。

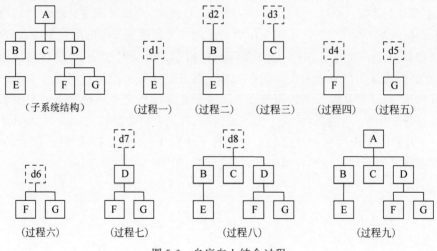

图 5-6　自底向上结合过程

3. 系统总测试

系统总测试也称总调,主要解决各子系统之间的数据通信和数据共享问题,并需要进行系统有效性测试。系统有效性测试由用户参与,以真实数据测试,发现问题需要和用户充分协商解决。测试时应注意以下事项：①测试用例应由生产或管理的实际数据组成；②测试过的纯粹技术性特征无须再进行测试；③对用户特别感兴趣的功能或性能应增加一些测试；④可以设计和执行一些与用户使用步骤有关的测试。

5.3.3 系统说明文档

系统调试完成后,应及时整理和编写相关系统说明文档,主要包括系统操作使用说明书和系统原理说明书。

1．系统操作使用说明书

系统操作使用说明书也称程序运行说明书,是指导用户正确地使用和运行系统的指导文件。内容包括:

(1) 用户怎样启动和运行系统;

(2) 怎样调用各种功能;

(3) 怎样实现数据的输入、修改、输出;

(4) 必要的图示和实例。

2．系统原理说明书

系统原理说明书是技术交流的主要素材,为以后的系统维护提供参考。内容包括:

(1) 系统目标、功能、原理;

(2) 全部程序流程图、源程序清单;

(3) 系统测试用例及说明。

5.4 系统切换

系统切换就是用新系统代替原系统。需要在进行人员培训和数据录入的基础上完成系统切换任务,还要注意系统切换的控制问题。

1．人员培训

为保证新老系统的切换和新系统的顺利使用,必须提前对系统使用单位的相关人员进行培训,需要培训的人员主要包括以下三类。

(1) 事务管理人员(或主管人员)。对该类人员培训的内容主要包括:新系统的目标与功能、系统的结构与运行过程、对企业组织结构和工作方式产生的影响、工作任务完成情况的衡量方法等。

(2) 系统操作员。对该类人员培训的内容主要包括:必要的计算机软硬件知识、汉字输入、新系统工作原理、新系统的输入方式和操作方式、简单的出错处理方法、运行操作的注意事项等。

(3) 系统维护人员。对该类人员培训的内容主要包括:计算机软硬件知识、新系统的原理和维护知识等。

2．数据的整理与录入

数据的整理与录入是系统切换必不可少的工作,也是关系到新系统成功与否的重要工作。

(1) 数据整理。主要是按照新系统对数据要求的格式和内容统一进行数据的收集、分类和编码。

(2) 数据录入。就是将整理好的数据输入计算机,存入相应的文件,作为新系统的操作文件。

数据整理与录入工作的基本要求是集中一定的人力和设备,争取在尽可能短的时间内完成数据的整理与录入;并且应该特别注意对变动数据的控制,使之在切换时保持最新状态。

3. 系统切换方式

1) 直接切换(直接转换)

(1) 切换方式:在某一时刻,原系统停止使用,新系统开始工作,中间没有过渡阶段。如图 5-7 所示。

(2) 优点:简单,人力和费用最省。

(3) 缺点:风险大。

(4) 适用性:适用于新系统不太复杂或原有系统完全不能使用的场合;较重要的大型系统不宜采用直接切换方式;切换时间应选在系统业务量最少时进行。

2) 并行切换(平行转换)

(1) 切换方式:新系统和原系统平行工作一段时间(一般为 3~5 个月),经过这段时间的试运行后,再用新系统正式替换原系统。如图 5-8 所示。

图 5-7　直接切换方式　　　　　　图 5-8　并行切换方式

(2) 优点:风险较小,在转换期间还可以同时比较新、旧两个系统的性能,让系统操作人员和其他有关人员得到全面培训。

(3) 缺点:在平行运行期间,两套班子或两种处理方式并存,因而人力和费用消耗较大。

(4) 适用性:对一些较大的管理信息系统,并行切换是一种最稳妥的转换方式。在实际的系统切换工作中,通常都采用并行切换方式。这样做既安全,技术上也简单。

3) 分段切换(阶段式转换)

(1) 切换方式:系统切换采取分期分批逐步转换。如图 5-9 所示。

(2) 优点:能保证平稳运行,既避免了直接切换方式的风险性,也避免了并行切换方式发生的双倍费用。

(3) 缺点:分段切换方式中的最大问题表现在接口的增加上。系统各部分之间是相互联系的,在已切换部分和未切换部分之间会出现如何衔接的问题,这类接口是十分复杂的。

(4) 适用性:比较大的系统采用这种切换方式较为适宜。

4) 试点切换(试点转换)

(1) 切换方式:将新系统引入组织的一个有限地域(如一个单一的部门)进行试点运行,当系统在试点单位运行状态良好时,再逐步或同时安装到组织的其余部门运行。如图 5-10 所示。

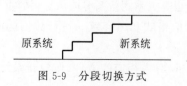

图 5-9　分段切换方式

部门A:	原系统	新系统
部门B:		原系统	新系统
其余部门:			原系统	新系统

图 5-10　试点切换方式

（2）优点：既避免了直接切换方式的风险性，也避免了并行切换方式发生的双倍费用，同时避免了分段切换方式的接口复杂问题。

（3）缺点：新系统试用期间，试点单位采用新系统，而其余单位仍使用原系统，试点单位和其他单位之间的数据无法直接共享，从而导致一些数据综合处理工作难度增加或无法开展。

（4）适用性：比较重要的系统可以采用这种方式进行切换。

4. 系统切换的控制问题

系统切换可以将4种切换方式配合起来使用。例如，在分段切换方式中的某些部分采用直接切换方式，其他部分采用并行切换方式。

无论采用何种切换方式，都应该保持系统的完整性，这样便存在着一个控制问题。在新老系统交替前，必须为系统建立验证控制机制，如用户掌握新老系统处理的全部控制数据记录，以此来验证系统切换是否破坏了系统的完整性。

5.5 系统运行管理和维护

1. 系统运行管理

系统运行管理是指管理信息系统运行的日常管理，主要是由系统管理员完成的维护工作。这些工作主要是指对系统每天的运行状况、数据输入和输出情况及系统的安全性与完备性进行及时如实的记录和处置，另外还包括对机房环境和设施的管理。

（1）系统运行的日常维护。包括数据收集、数据整理、数据录入、处理结果的整理和分发、简单的硬件管理和设施管理。

（2）系统运行情况的记录。对管理信息系统的运行情况及时、准确、完整地记录下来。除记录正常情况（如处理效率、文件存取率、更新率）外，还要记录意外情况发生的时间、原因和处理结果。

2. 系统维护

1）系统维护的类型

系统维护是指新系统运行以后，为改正错误或满足新的需要而对系统进行的修改活动。根据维护活动的目的不同，系统维护分为硬件维护、软件维护和数据文件维护。其中，硬件维护包括定期的预防性维护和突发性的故障维护，软件维护又分为以下类型。

（1）正确性（改正性）维护。诊断和改正在系统开发阶段已发生而系统测试阶段未被发现的错误，称为正确性维护或改正性维护。

（2）适应性维护。为适应软件的外界环境变化而进行的修改。

（3）完善性维护。为扩充功能和完善性能而进行的修改，包括增加新的功能（含系统安全保密措施）、修改已有的功能（含输入输出格式）、对处理效率和编写程序的改进。有关资料表明，维护工作的一半左右是完善性维护。

（4）预防性维护。为减少或避免以后可能出现的系统故障而对软件进行有效配置或合理修改，称为预防性维护。目的是减少以后的维护工作量、维护时间和维护费用。在系统维护中，这类维护所占的比例相对较少。

2）系统维护的内容

系统人员应根据管理信息系统运行的外部环境的变更和业务量的改变，及时对系统进行维护。系统维护的内容包括以下4方面。

（1）程序的维护。指根据需求变化或硬件环境变化对程序进行部分或全部修改。修改时要充分利用原程序，修改后要填写程序修改登记表，并在程序变更通知书上写明新老程序的不同之处。

（2）数据的维护（数据文件的维护）。对那些需要不定期维护的数据文件在现场要求的时间内维护好。维护时一般使用开发商提供的文件维护程序，也可自行编制专用的文件维护程序。

（3）代码的维护。包括代码的订正、添加、删除或重新设计等，应由代码管理小组（由业务人员和计算机技术人员组成）进行，各业务部门也要指定专人进行代码管理，以明确代码管理职责，方便代码的修订和新代码体系的贯彻使用。

（4）硬件设备的维护。对设备加强保养，定期检修并保证损坏时能及时修复。设备检修应填写设备检修记录表、设备故障记录表，以利于设备维护工作的开展。

3. 系统维护过程

（1）确定维护目标、建立维护人员组织。

（2）建立维护计划方案。

（3）修改程序及调试。

（4）修改文档。

5.6　系统评价

管理信息系统投入运行后，需要在平时运行管理工作的基础上，定期对其运行情况进行集中评价，以考察新系统是否达到了预期目的，并根据评价的结果，找出系统的薄弱环节，为系统的进一步改进和完善提出建议。对新系统的评价采用定性与定量相结合的方法，评价工作一般由开发人员、用户和有关专家共同进行。一般需要构建系统评价指标体系，从各个方面对系统进行全面、综合的评价，最终形成系统评价报告。

1. 系统评价指标

1）系统目标和用户接口的评价

（1）功能完备性：系统设计是否合理，系统功能是否达到设计要求或预期要求；

（2）系统的可维护性、可扩展性、可移植性；

（3）人-机交互的方便性与灵活性；

（4）文档完备性：系统文档资料的规范、完备与正确程度。

2）系统使用效果评价

（1）用户对系统所提供的信息的满意度；

（2）提供信息的及时性；

（3）提供信息的准确性、完整性。

3）性能评价

　　（1）系统利用率：主机运行时间的有效部分的比例、数据传输与处理速度的匹配、外存是否够用、各类外部设备的利用率。

　　（2）系统可靠性：系统平均无故障时间、抵御误操作的能力、故障恢复时间，是否具有后备体系。

　　（3）系统应变性：系统结构与功能调整、改进及扩展，适应环境的能力。

　　（4）响应时间：联机响应时间、吞吐量或信息处理速度满足管理业务需求的程度。

　　（5）安全保密性：系统安全保密措施的完整性、规范性与有效性；信息的安全性、保密性。

　　（6）其他技术性能：系统稳定性、容错性、使用效率等。

　　4）经济效益评价

　　对管理信息系统的经济效益评价是通过费用收益分析来实现的。具体内容参见 3.2.1 节"管理信息系统开发的可行性分析"。

　　2. 系统评价报告

　　系统评价的结果应写成系统评价报告。系统评价报告主要是根据系统可行性分析报告、系统分析说明书、系统设计说明书所确定的新系统目标、功能、性能、计划执行情况、新系统实现后的经济效益和社会效益等给予评价。它是对新系统开发工作的评定和总结，也是今后进一步维护工作的依据。

　　评价报告内容主要包括：①概述；②系统构成；③有关系统的文件、任务书、文件资料等；④系统目标和用户接口的评价；⑤系统使用效果评价；⑥系统性能指标的评价；⑦系统的经济效益和社会效益的评价；⑧综合性评价；⑨结论及建议。

思考题

　　1. 系统实施与维护的主要内容是什么？

　　2. 系统测试与调试包括哪些方法？

　　3. 系统切换有哪几种方式，各有什么优缺点和适用于什么场合？

　　4. 你认为一个写得好的程序的基本标准是什么？

　　5. 你认为系统评价应该从哪几方面进行？

第6章

管理信息系统Web编程基础

6.1 管理信息系统 Web 编程概述

管理信息系统的功能是通过运行相应的应用程序实现的,编写和维护程序成为管理信息系统开发与完善的不可忽视的重要工作之一。管理信息系统 Web 编程是指系统运行于 B/S 模式下的编程,需要首先按照 Web 基本运行环境进行相关设置,然后利用 HTML 技术进行 Web 信息组织与网页设计,选择合适的 DBMS 用于数据管理,采用动态服务器页面(active server pages,ASP)或页面超文本预处理器(page hypertext preprocessor,PHP),Java 服务器页面(Java server pages,JSP)技术进行动态网页开发,最终编写出能实现各项 Web 功能的网页程序代码。

6.1.1 基本运行环境与 IIS 设置

1. 管理信息系统 Web 运行环境

管理信息系统的 Web 编程技术,是 Web 环境下管理信息系统设计与实现的关键技术。Web 环境下,管理信息系统运行于 B/S 模式下,浏览器端可以安装 Microsoft Edge,Firefox 或 Google Chrome 等通用的浏览器软件,用于表达用户的信息请求;服务器端安装有 IIS 或 Apache 等服务器软件,用于处理用户的信息请求,并返回处理结果。一般利用 HTML 表达用户的信息请求,采用 ASP 或 PHP,JSP 技术处理用户的网络信息请求,选用一种成熟或流行的 DBMS 存储与管理相关数据,各种网页文件均存储在服务器的网站主目录或虚拟目录下,数据库的相关文件可以存储在服务器上通过 DBMS 设定的目录下。本章和第 7 章均以 Windows(IIS)+MySQL+ASP 阐释 Web 环境下管理信息系统的设计与实现技术,并假设各种 HTML 文件、ASP 文件均存储在服务器上虚拟目录别名 is 对应的 E:\mis\webMIS 物理路径下,MySQL 数据库存储在服务器的 D:\mis\mydata 目录下。

2. IIS 的安装与设置

安装有 Windows 操作系统的计算机需要安装与设置互联网信息服务(internet information

services,IIS)组件,才能作为 Web 服务器提供信息服务。Windows 7 操作系统旗舰版安装与设置 IIS 的步骤大致如下。

(1) 安装 IIS。进入控制面板界面,单击"程序"命令,在打开的程序界面中,单击"程序和功能"命令下的"打开或关闭 Windows 功能"命令,再在打开的"Windows 功能"对话框中,单击目录树中"Internet 信息服务"节点前的＋号命令展开各子节点或子目录(展开后变为一,单击一号命令可折叠目录),勾选需要打开的功能之前的复选框(勾选 ASP 是为了运行 ASP 程序),如图 6-1 所示。如果要安装 IIS 的所有功能,则把"Internet 信息服务"节点的所有子节点(含子子节点)之前的复选框进行选择,只有这样才能将"Internet 信息服务"节点前的复选框勾选上。最后,单击"确定"按钮,完成安装。

图 6-1　选择"Internet 信息服务"复选框和需要安装的组件

(2) 设置网站物理路径(即主目录,可采用默认值)。IIS 安装完成后,还要根据不同的需求进行相关设置。在控制面板界面中,依次单击"系统和安全"→"管理工具"命令,可进入管理工具界面,如图 6-2 所示。双击"Internet 信息服务(IIS)管理器"命令,打开"Internet 信息服务(IIS)管理器"(简称 IIS 管理器)窗口,如图 6-3 所示。单击 IIS 管理器左侧面板目录树节点前的右三角形符,可展开各节点,然后选择"网站"节点下的 Default Web Site 节点,再选择右侧面板的"基本设置"命令,弹出"编辑网站"对话框,可设置网站名称、应用程序池、物理路径等(一般不必修改,采用默认设置即可),默认网站物理路径(或称"主目录")为 C:\inetpub\wwwroot。单击"确定"按钮完成设置。

(3) 启用父路径。如果网页中用一个小数点. 表示当前目录,或用两个小数点.. 表示父目录,则需启用父路径。选择窗口左侧的 Default Web Site 节点后,双击窗口中间"Default Web Site 主页"中 IIS 区域的 ASP 图标(见图 6-3),弹出 ASP 设置区域,如图 6-4 所示。将

图 6-2　管理工具界面

图 6-3　设置网站物理路径

"启用父路径"设置为 True,然后单击右侧面板的"应用"命令保存当前更改。

(4)重置端口号(可采用默认值)。如果需要改变 IP 地址、端口号等,可在 IIS 管理器左侧面板选择 Default Web Site 节点,在右侧面板选择"绑定"命令(见图 6-3),打开网站绑定对话框,如图 6-5 所示。选中端口为 80 的行,再单击"编辑"按钮,在打开的"编辑网站绑定"对话框中编辑 IP 地址、端口号、主机名即可。设置好后,依次单击"确定""关闭"按钮,返回 IIS 管理器窗口。本书采用默认设置。

(5)启用 32 位应用程序。为使 32 位应用程序能在 64 位操作系统下执行,可在 IIS 管

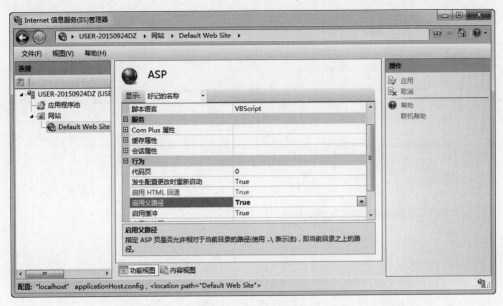

图 6-4　启用父路径

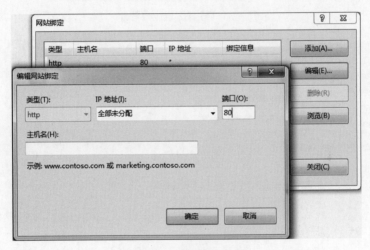

图 6-5　编辑网站绑定

理器窗口左侧面板中选择"应用程序池"节点,中间面板选中 DefaultAppPool 所在行,右侧面板选择"高级设置"命令,再在打开的"高级设置"对话框中将"启用 32 位应用程序"设置为 True,如图 6-6 所示。单击"确定"按钮返回 IIS 管理器窗口。这样,为应用程序池提供服务的工作进程将处于 WOW64(Windows—on—Windows 64—bit)模式,可以使大多数 32 位应用程序无须修改就能运行在 Windows 64 位操作系统上。

(6)启用(或禁用)目录浏览权限。如果希望用户具有目录浏览权限,可在 IIS 管理器窗口左侧面板中选择 Default Web Site 节点,在中间面板中选择"功能视图"命令,双击"目录浏览"命令(见图 6-3),再在打开的"目录浏览"区域选择相关属性,在右侧面板中选择"应用"(或"启用")命令即可启用目录浏览权限,选择"禁用"命令则禁止使用目录浏览权限,如图 6-7 所示。

(7)创建虚拟目录。如果希望用户访问指定的目录作为网站目录,可创建虚拟目录。

图 6-6　启用 32 位应用程序

图 6-7　启用(或禁用)目录浏览权限

右击 IIS 管理器窗口左侧面板中的 Default Web Site 节点,会弹出快捷菜单,如图 6-8 所示。选择"添加虚拟目录"命令,打开"添加虚拟目录"对话框,如图 6-9 所示。在"别名"文本框中输入别名(如输入 is,表示"信息系统"),单击···按钮选择(或直接输入)物理路径(如 E:\mis\webMIS),单击"确定"按钮后可看见 IIS 管理器窗口左侧面板中的 Default Web Site 节点下新建了 is 虚拟目录,单击 is 节点后的界面如图 6-10 所示,该虚拟目录继承了默认网站的全部属性和权限,可依照上述默认网站的设置方法进行调整。启用虚拟目录的目录浏览功能后,用户具有目录浏览权限,在浏览器统一资源定位器(uniform resource locator,URL)地址栏中输入 http://127.0.0.1/is 或 http://localhost/is 再按回车键即可访问,如图 6-11 所示。

图 6-8　创建虚拟目录：快捷菜单

图 6-9　创建虚拟目录：设置别名与物理路径

图 6-10　已创建的虚拟目录 is

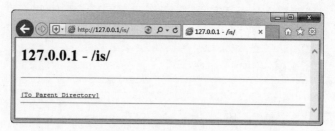

图 6-11　访问虚拟目录(刚创建的虚拟目录下无内容)

(8) 设置默认文档。如果希望用户默认访问网站主页,可设置默认文档。在 IIS 管理器窗口左侧面板中选择 Default Web Site(或虚拟目录别名 is)节点,在中间面板中选择"功能视图"命令,双击"默认文档"命令(见图 6-8 或图 6-10),打开"默认文档"区域,可添加或删除默认的主页文件,如图 6-12 所示。浏览器 URL 地址栏输入的网址如不包含网页文件名,则会按照 IIS 管理器窗口的默认文档列表中的文件顺序,在网址对应的服务器网站目录中搜索,最先搜索到的那个网页文件会被打开和执行;如果默认文档中的文件均不被包含在网址指定的服务器网站目录中,则在浏览器端会看到网址对应的目录内容(目录浏览权限已启用时),或提示"HTTP 错误 403.14-Forbidden"与"Web 服务器被配置为不列出此目录的内容"(目录浏览权限已禁用时)。

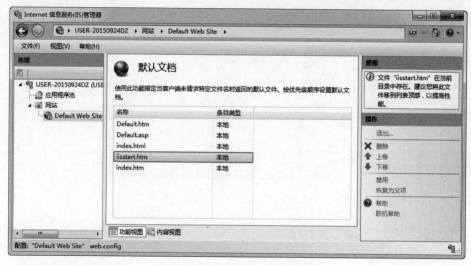

图 6-12　设置默认文档

6.1.2　Web 信息组织与网页设计基础

1. 建立、编辑与运行网页

1) 网页基本结构

Web 信息以网页页面的形式组织,网页以文件的形式保存。网页文件包括 HTML 文件和 ASP 文件等,均是纯文本文件,HTML 文件的扩展名为 .htm 或 .html,ASP 文件的扩展名为 .asp。网页文件的基本结构如下:

```
<!doctype html 版本号>
<html>
```

```
    < head >
        网页的标题及属性
    </head >
    < body >
        文件主体
    </body >
</html >
```

其中,由<和>括起来的内容为 HTML 标记,且不区分大小写;<html>与</html>标记分别表示 HTML 文件的开始和结束;<head>和</head>标记对用于标识 HTML 文件的开头部分;<body>和</body>标记对之间描述 HTML 文件的主体部分。

<head>和</head>标记对之间可以使用<title>和</title>,<script>和</script>,<style>和</style>等标记对,也可以使用<link>,<meta>等单标记。<title>和</title>标明 HTML 页面的标题,<script>和</script>用来定义此标记对之间使用的脚本语言,<style>和</style>用于定义内部层叠样式表(cascading style sheet,CSS),可用<link>标记来引用外部层叠样式表,用<meta>标记描述网页页面的元信息。大多数标记或标记对允许设置相应的属性。

<body>和</body>是网页的主体部分,利用各种标记或标记对使网页拥有不同的浏览效果。最常用的标记或标记对举例如下。

(1) 换行:
。

(2) 空格: 。

(3) 水平线:<hr color="red">,其中 color 属性用于指定水平线的颜色。

(4) 标题:<h1>…</h1>,<h2>…</h2>,<h3>…</h3>,<h4>…</h4>,<h5>…</h5>或<h6>…</h6>。

(5) 段落:<p align="left">…</p>,其中 align 用于设置对齐方式,取值可以是 left,right,center。

(6) 字体字号:<font face="宋体" color="blue" size="6">…</font>,其中 face 用于设置字体,color 用于设置字体颜色,size 用于设置字号。

(7) 粗体:…。

(8) 斜体:<i>…</i>。

(9) 下画线:<u>…</u>。

(10) 加重文本:…。

(11) 外部超链接:<a href="http://www.zzu.edu.cn" target="_new">郑州大学</a>。

(12) 邮件链接:<a href="mailto:liguohong@zzu.edu.cn">李国红</a>。

(13) 插入图像:<img src="1-1.gif" border="0" alt="QQ">。

(14) 背景音乐:<bgsound src="歌1.mp3" loop=3>。

(15) 插入视频:<embed src="视频1.wmv" width="300" height="260" autostart="true"></embed>。另外,还可以在正文中使用列表、表格、表单、框架等。

若在<body>和</body>标记对中使用 <% … %> 表示在服务器上进行处理的脚本代码,则上述结构就成了 ASP 文件的结构。这时,文件的扩展名必须为.asp,表示该文件是

ASP 文件。注意 HTML 文件中不会出现<% … %>标记对。

2）网页文件的创建与编辑

可以使用任何文本编辑软件（如 Windows 操作系统自带的记事本软件）或网页制作软件（如 EditPlus，FrontPage，Dreamweaver，UltraEdit 等）编辑网页。使用 EditPlus 创建和编辑网页文件一般要经过设置存储路径、打开文件编辑窗口、编辑文件内容、保存文件等过程，其大致步骤如下。

（1）启动 EditPlus，进入 EditPlus 设置和编辑界面（见图 6-13）。在左上窗口目录树区设置网页文件存储路径（如选 E:\mis\webMIS），左下窗口会显示所选路径下已建立的文件的列表，双击某个已存在的文件名（如双击 biaoge.html）就可以在右侧文件编辑窗口中打开该文件供编辑，编辑完毕转至第（4）步。

图 6-13　EditPlus 编辑界面

（2）如果要创建一个新的网页文件，可以单击常用工具栏的 New（新建）按钮，或选择 File（文件）菜单下的 New 命令，在弹出的子菜单中选择 Normal Text（标准文本）命令或 HTML Page（HTML 网页）命令，可打开文件编辑窗口。

（3）编辑文件内容后，单击常用工具栏的 Save（保存）按钮，或选择 File（文件）菜单下的 Save 命令，可打开"另存为"对话框；选择文件存储路径（由于第（1）步已设置了存储路径，因此可忽略此步骤），输入文件名（不能省略扩展名），将保存类型选择为 All Files（所有文件）或 HTML，将 Encoding（编码）选择为 ANSI 或 Chinese Simplified（GB2312），最后单击"保存"按钮，即可在指定的存储路径下建立一个新的网页文件。

（4）文件编辑和修改后，可随时单击常用工具栏的 Save 按钮（或执行 File 菜单下的 Save 命令）进行保存。

3）网页文件的执行

若将网页文件（包括 HTML 文件与 ASP 文件）保存在服务器端默认的主目录 C:\inetpub\wwwroot 下，在浏览器端的 URL 地址栏输入"http://服务器域名或 IP 地址/

HTML 文件名"格式的网址（例如，IP 为 127.0.0.1，HTML 文件为 aa. html，则网址为 http://127.0.0.1/aa. html），按回车键即可执行此网页文件，并看到其网页的效果。假设在主目录下又建立了子文件夹 folder，网页文件 bb. html 正好保存在 folder 文件夹下，则访问此网页文件的网址为 http://127.0.0.1/folder/bb. html。同样，假设 biaoge. html 文件保存在别名为 is 的虚拟目录下，则访问此文件的网址为 http://127.0.0.1/is/biaoge. html（该文件的执行结果见图 6-14）。

2. 基本表格

1）基本表格示例（biaoge. html 文件）

许多数据报表都是以表格形式输出的。例如，图 6-14 所示的就是一个简单的表格，该表格对应的 HTML 文件为 biaoge. html，其 EditPlus 编辑界面如图 6-13 所示，该文件中的 HTML 代码如下。

```html
<!doctype html>
<html>
<head><title>表格举例</title></head>
<body>
<table border = "1" align = "center">
<caption>科目信息</caption>
<tr>
<th>科目编号</th><th>科目名称</th><th>借贷方向</th><th>期初余额</th>
</tr>
<tr>
<td>1001</td><td>库存现金</td><td>1</td><td>150000.00</td>
</tr>
<tr>
<td>6001</td><td>主营业务收入</td><td>2</td><td>0.00</td>
</tr>
</table>
</body>
</html>
```

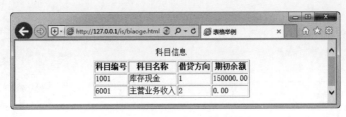

图 6-14　一个简单的表格

2）示例文件 biaoge. html 中的代码说明

（1）HTML 版本声明。<!doctype html>表示 HTML5 版本，本书非必要表示 HTML 版本号时省略此语句。

（2）HTML 表格的基本标记。表格由< table >和</table >定义，表格中的一行由< tr >和</tr >标记对说明，行中各单元格的内容由< td >和</td >进行标记或由< th >和</th >进行标记。这些标记对具有许多属性，通过设置这些属性的值（不设置时取默认值）可以得到不同的表格效果。这些标记对中最常用的属性均为 align="#"，表示对齐方式，其中 # 号可取值为 left（居左）、center（居中）、right（居右），默认值为 left。标记对< th >…</th >的效果默认为在单元格内居中加粗，与< td align ＝ "center" >< b >…</ b ></ td >的效果相同。
另外，可以在< table >标记中使用 width 属性指定表格宽度，在< td >,< th >标记中使用
width 属性指定单元格宽度。

3. 基本列表

列表包括编号列表、符号列表和自定义列表。编号列表（即有序列表）是一种对列表项
目从小到大进行编号的列表形式。例如，使用默认的阿拉伯数字表示编号，由科目设置、凭
证处理、登记账簿、编制报表构成的编号列表可表示为：

```
< ol >
    < li >科目设置</ li >< li >凭证处理</ li >< li >登记账簿</ li >< li >编制报表</ li >
</ ol >
```

将上述编号列表中的< ol >…</ ol >标记对改为< ul >…</ ul >，就变成了默认用圆点表
示项目符号的符号列表。符号列表（即无序列表）是指列表项目不用序号指定，而由某种特
定符号进行标识的列表形式。

自定义列表则是由< dl >和</ dl >标记对定义的列表，其列表项的词汇由< dt >进行标
记，词汇的说明或解释由< dd >进行标记。

4. 表单与表单数据的处理

表单是用户与系统进行信息交互的接口，通常表现为一种合理的、用于完成信息输入的
用户界面。用户可在表单中输入数据或信息，然后单击"提交"或"确定"之类的按钮，表单上
的数据或信息就会传送到服务器上特定的文件进行处理。例如，表单文件为 biaodan. html，
< body >与</ body >之间的代码如下，该表单的运行结果如图 6-15 所示。

```
< form method ＝ "post" action ＝ "biaodan. asp">
    请输入姓名和密码：
    < hr >
    姓名: < input type ＝ "text" name ＝ "xingming">< br >
    密码: < input type ＝ "password" name ＝ "mima">< br >
    < p >
    < input type ＝ "submit" value ＝ "提交">
    < input type ＝ "reset" value ＝ "重置">
    </ p >
</ form >
```

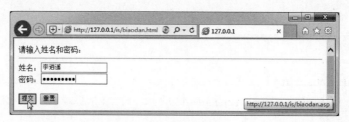

图 6-15　表单(biaodan. html)

表单由< form >和</ form >定义，< form >标记中的 action 属性用于指定处理该表单的
ASP 程序的 URL 地址，method 属性用于定义当前表单把数据提供给其 ASP 处理程序的
方式或者处理该表单的 ASP 程序从表单获取数据的方法，可取值为 get 或 post。在 get 方
式下，传送的数据量一般限制在 1kB 以下，在 ASP 处理程序中使用 request. querystring 集合读

取表单数据。而在 post 方式下,传送的数据量比 get 方式大得多,而且 ASP 处理程序使用 request.form 集合来读取表单的数据。表单中,<input type="submit">之类由<input>进行标识的是表单的输入区域,每个输入区域形成表单的一个构成元素,一个表单就是由若干表单元素或输入区域构成的。其中 type 属性的值为 submit 表示提交按钮,为 reset 表示重置按钮,为 text 表示文本框,为 password 表示密码文本框,还可以为其他值。

在上述表单界面输入姓名和密码值后,单击"提交"按钮,返回如图 6-16 所示的结果,该结果是由处理表单数据的网页文件 biaodan.asp 经服务器运行后返回的,biaodan.asp 文件中的 ASP 程序代码如下。

```
<%
strXingming = request.form("xingming") '接收数据
strMima = request.form("mima") '接收数据
rem 以下语句输出结果
response.write "您的姓名是"& strXingming &_
               ",您的密码是"& strMima
response.write "<br><a href = 'biaodan.html'>返回</a>"
%>
```

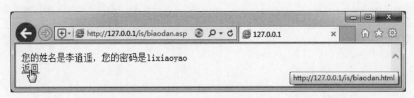

图 6-16　处理表单数据后的返回结果(单击图 6-15 的"提交"按钮后)

在 biaodan.asp 文件中,<%…%>标记对中的代码是在服务器上运行的脚本,该脚本代码所使用的编程语言称为脚本语言,ASP 中默认的脚本语言为 VBScript,这时脚本代码中的字母不区分大小写,可使用 rem 或'符号进行注释,利用下画线_表示续行符;接收表单用 post 方式传递来的数据用 request 对象的 form 集合,接收表单用 get 方式传递来的数据用 request 对象的 querystring 集合;如 strXingming=request.form("xingming")就是用变量 strXingming 接收与保存 biaodan.html 文件中由<input type="text" name="xingming">所表示的文本框中的数据,接收数据时可以省略集合的名称,如可用 strXingming=request ("xingming")接收表单中 name 属性值为 xingming 的文本框的数据;response.write 是利用 response 对象的 write 方法将表达式的值从服务器返回到浏览器端,表达式中可使用 & 或＋号将字符串或变量进行连接运算;ASP 文件中一般会包含返回到表单的"返回"超链接。

5. CSS 及其使用

CSS(层叠样式表)是用于控制网页样式并允许将样式信息与网页内容分离的标记性语言。其优点在于方便网页格式的修改,减少网页体积,准确定位网页元素,使网页具有较好的浏览器适应性。

CSS 的语法结构是"选择器{属性 1：属性值 1；属性 2：属性值 2；…；}",选择器可以是标记选择器(HTML 标记名称)、类别选择器(由小数点和 class 属性指定的类名称构成)、ID 选择器(由 ♯ 号和 id 属性指定的 ID 名称构成),样式可以在 HTML 文件<head>…</head>标记对之间由<style type="text/css">…</style>声明。例如,包含 CSS 的网页文件为 css01. html,代码如下,运行结果如图 6-17 所示。

```html
<!doctype html>
<html>
<head>
<title>层叠样式表应用举例</title>
<style type = "text/css">
  .div1{width:500px;text-align:center;margin:auto;}
  p{color:blue;font-size:15px;}
  .red{color:red;font-size:20px}
  #gray{color:gray;font-size:25px;}
</style>
</head>
<body>
<div class = "div1">
  <h3>CSS 应用示例</h3>
  <hr>
  <p>蓝色,15px</p>
  aaaaaaaaaaaaaaa
  <p class = "red">红色,20px</p>
  bbbbbbbbbbbbbbbb
  <p id = "gray">灰色,25px</p>
  ccccccccccccccccc
  <p class = "red">红色,红色,20px</p>
</div>
</body>
</html>
```

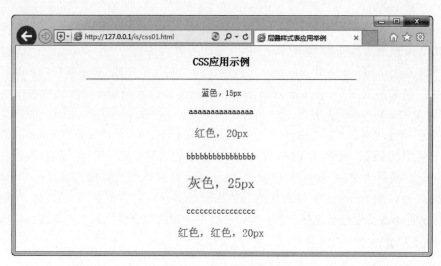

图 6-17　CSS 用法举例

如上所述,将 CSS 写在<head>和</head>之间,并使用<style>和</style>标记对进行声明的样式表称为内部样式表或内嵌式样式表,样式只对所在网页有效。也可以先将 CSS 代码单独保存成一个扩展名为. css 的文件,然后在 HTML 网页的<head>和</head>之间使用<link>标记将 CSS 文件链接到页面中,对网页中的标记进行样式控制。如 CSS 代码保存在 style. css 文件中,若在 HTML 中使用 style. css 中的样式,可使用以下代码。

```html
<head>
```

```
< link href = "style.css" type = "text/css" rel = "stylesheet">
</head>
```

像这种将样式单独保存在一个 CSS 文件中,并被相关网页在<head>和</head>之间使用<link>标记链接与引用的样式表称为外部样式表或链接式样式表。如果样式保存在 CSS 文件中,并在 HTML 文件中在< style type＝"text/css">和</style>之间采用@import 方式导入样式表,则称为导入式样式表。例如,导入 style.css,可使用以下代码。

```
< head >
< style type = "text/css">
    @import url("style.css");
</style>
</head>
```

也可以在 HTML 文件中,直接对 HTML 标记使用 style 属性定义其 CSS 样式,称为行内式样式表或内联式样式表。例如,对某个< p >…</p >中的内容设置样式,可使用以下代码。

```
< p style = "color:red;font - size:20px;">红色,20px </p>
```

由于该样式只能应用于所在的一个标签(标记),因此在实际中使用频率不高。

另外,选择器的表示方法,可以写成更详细、更具体的形式,例如,标记对< p class＝"red"></p>可对应于 p.red(注意与选择器.red 的区别),标记对< p id＝"gray"></p>可对应于 p♯gray(注意与选择器♯gray 的区别);若声明< p class＝"red"></span></span></p>结构中< span ></span>标记对的样式,选择器可采用 p span(注意与选择器 span 的区别);若多个选择器具有相同的样式,可采用类似"选择器1,选择器2,…,选择器 n{属性:属性值;}"的形式声明样式。

CSS 中,声明字体的主要属性包括 font-family(字体)、font-weight(加粗)、font-size(大小);设置文本的主要属性包括 text-indent(首行缩进)、line-height(行高)、text-align(对齐方式)、text-decoration(字体装饰效果)、word-spacing(单词间距)、letter-spacing(字符间距)、text-transform(大小写转换)、color(颜色);设置图片边框可套用"border:粗细　颜色　线型;"(如"border:2px blue solid;"),可声明某条边(如"border-left:2px red dashed;"),可指定某条边的某个属性(如"border-right-width:2px;"),可通过 width 和 height 两个属性控制图片大小,可通过 background-color 属性设置背景颜色,可通过 background-position 属性设置图片出现的位置(属性值类似 right bottom,left center,200px 400px 等);对于块标记(如< div ></div >,< p ></p>等),用 width 属性指定区块的宽度,再用 margin 属性指定边距为 auto,即可使区块在浏览器中水平居中显示(见 css01.html 中的代码和图 6-17)。

6.2　ASP 基础

ASP 是 Microsoft 公司开发的服务器端脚本环境,主要用于在服务器环境中创建交互式 Web 应用程序。它具有动态生成 Web 页面、访问数据库、使用组件和可扩展性等特点,广泛应用于电子商务、动态网站、Web 信息管理系统等各个领域。在 ASP 程序中,可以根据需要直接使用一些内置函数,使 ASP 功能更强大,编程更方便。

6.2.1　ASP工作原理

1. 基本概念

（1）脚本。脚本是指嵌入Web页中的程序代码，所使用的编程语言称为脚本语言。按照执行方式和位置的不同，脚本分为客户端脚本和服务器端脚本。客户端脚本在客户端计算机上被Web浏览器执行，服务器端脚本在服务器端计算机上被Web服务器执行。脚本语言是一种解释型语言，客户端脚本的解释器位于Web浏览器中，服务器端脚本的解释器则位于Web服务器中。静态网页只能包含客户端脚本，动态网页则可以同时包含客户端脚本和服务器端脚本。

（2）动态网页。动态网页是指网页内含有脚本语言程序代码，并会被服务器执行的网页。脚本由一系列脚本命令组成，如同一般的程序，可以将一个值赋给某个变量，将一系列命令定义为一个过程，还可以命令Web服务器将一些数据发送到客户端浏览器。浏览动态网页时，服务器要先执行网页中的程序，然后将执行的结果传送到客户端浏览器中，由于服务器执行程序时的条件不同，浏览器端最终看到的网页内容或效果也有区别。常见的文件扩展名为.asp、.aspx、.php、.jsp的网页属于动态网页。与动态网页相对应，不包含程序代码的纯粹以HTML语言编写的网页是静态网页，服务器不执行任何程序就把HTML页面文件传送给客户端的浏览器，任何时候在浏览器端看到的同一静态网页的内容和效果都是完全相同的。常见的文件扩展名为.htm、.html的网页属于静态网页。

（3）ASP。ASP是一种基于Windows操作系统的动态服务器页面技术。它内含于IIS中，是一种Web服务器端的开发环境；通过在普通HTML页面中嵌入ASP脚本语言，可产生和执行动态的、交互的、高性能的Web应用程序。ASP和PHP、JSP一样被认为是目前最常见的主流动态网页开发技术之一。ASP采用脚本语言VBScript或JScript作为自己的开发语言。

2. ASP运行环境

ASP是一种服务器端的脚本语言，只有在服务器环境下才能正常运行。服务器端只需在Windows NT或Windows 2000，Windows XP及更高版本的操作系统上添加和安装IIS组件即可（或在Windows 98上安装个人网站服务器（personal web server，PWS）），客户端只需有一个普通的浏览器软件即可。

要使ASP正常运行，需要对IIS进行相关配置，例如，可根据需要设置网站物理路径（即主目录），启用父路径，启用32位应用程序，创建虚拟目录，设置目录浏览权限，设置默认文档等，具体参见6.1.1节。

3. ASP执行过程

ASP的执行过程如图6-18所示，其大致工作流程是：客户端浏览器首先向服务器发送ASP文件请求，然后由服务器读取ASP文件内容，将要运行的ASP脚本代码挑出来逐行解释执行，再将脚本的执行结果与静态HTML代码合并，形成最终的网页页面发送给客户端浏览器。具体来说，ASP的执行过程包括以下几个步骤。

（1）用户在浏览器的地址栏中输入一个ASP动态网页的URL地址，并按回车键向Web服务器发送该URL地址对应的ASP文件请求（或通过单击HTML表单的"提交"按钮向

图 6-18　ASP 执行过程

Web 服务器发送 ASP 文件请求）。

（2）Web 服务器接收来自浏览器端的请求后，根据 .asp 的后缀名判断这是 ASP 请求，并从硬盘正确的目录或内存中读取相应的 ASP 文件。

（3）服务器端的 ASP 执行环境（应用程序扩展 asp.dll）从头至尾查找、解释并执行 ASP 文件中包含的服务器端脚本命令，即解释和执行<%和%>标记对及< script language＝"脚本语言名称" runat＝"server">和</script>标记对之间的脚本（或代码），若有执行操作数据库的指令，还会通过 ActiveX 数据对象（ActiveX data object，ADO）接口操作数据库，最后将脚本的执行结果与静态 HTML 代码合并，形成一个最终的 HTML 文件（页面代码）。

（4）Web 服务器将最终的 HTML 页面代码在 HTTP 响应中传送给客户端 Web 浏览器。

（5）用户的客户端 Web 浏览器解释这些 HTML 页面代码并将结果显示出来。

6.2.2　ASP 程序

1. 创建 ASP 程序

创建 ASP 程序就是要建立 ASP 文件。ASP 文件的扩展名是 .asp，其中包含实现动态功能的 VBScript 或 Jscript 语句，如果去掉那些 VBScript 或 Jscript 语句，它和标准的 HTML 文件无任何区别。

在 ASP 程序中，脚本通过分隔符将文本和 HTML 标记区分开来。ASP 用分隔符<%和%>来包括脚本命令。

一个 ASP 文件中一般包含 HTML 标记、VBScript 或 Jscript 语句的程序代码，以及 ASP 语法。

ASP 程序可用"记事本"或其他文本编辑软件进行编辑与保存，扩展名为 .asp。例如，文件 aspfile.asp 中的内容如下：

```
<%@ language = vbscript %>
<html>
<head></head>
<body>
您访问本页面的日期是<% response.write date() %>!<br>
您访问本页面的时间是<% = time() %>!<br>
您访问本页面的日期时间是<% = now() %>!
</body>
</html>
```

说明：<%@ language＝vbscript %>的作用是在 ASP 文件中指定本网页采用 VBScript 脚本语言,而<% response. write date()%>,<%＝time()%>,<%＝now()%>表示服务器运行的脚本代码,其功能是利用 ASP 内置对象 response 的 write 方法分别向浏览器端输出系统当前日期、当前时间、当前日期时间,其中,date(),time(),now()都是 VBScript 的函数;当<% … %>标记对中的代码只是一个 response. write 语句时,此 response. write 可以简写为＝。假设 aspfile. asp 保存在别名为 is 的虚拟目录下,则运行结果如图 6-19 所示。

图 6-19　aspfile. asp 文件的运行结果

2. 编写 ASP 程序的注意事项

（1）使用 VBScript 脚本语言时,字母不分大小写;使用 JScript 时区分大小写。本书采用 VBScript 作为脚本语言;不区分大小写,主要指对象名、属性名、变量名等本身构成的语法不分大小写;需注意属性值、变量值是区分大小写的。

（2）<%与%>的位置是相对随便的,可以和 ASP 语句放在一行,也可以单独成为一行。

（3）ASP 语句必须分行书写,即每行只能写一个语句。

（4）ASP 语句过长时,可以直接书写,使之自动换行（不按回车键）;也可在语句合适处使用下画线 _（续行符）后按回车键换行并接着书写剩余部分,从而将一行语句写成多行。

（5）在 ASP 中,使用 rem 或 ' 符号来标记注释语句。

3. ASP 声明脚本语言

ASP 支持多种脚本语言,但需要事先声明才能使用。声明 ASP 所使用的脚本语言,通常有三种方法。

（1）通过 IIS 指定一个默认的脚本语言。在 Internet 信息服务（IIS）管理器窗口中,单击窗口左侧面板中的右三角形符展开目录树,选择 Default Web Site 节点,双击窗口中间面板"Default Web Site 主页"中 IIS 区域的 ASP 图标（见图 6-3）,弹出 ASP 设置区域（见图 6-4）,可将"脚本语言"设置为 VBScript 或 JScript,然后单击右侧面板中的"应用"命令保存当前更改。系统默认的脚本语言为 VBScript。

（2）在 ASP 文件中加以声明。要为某个网页指定脚本语言（如指定为 VBScript）,可在网页文件的开始部分使用语句<%@ language＝vbscript %>,而且该语句必须放在所有其他语句之前。

（3）在< script >标记中加入所需的语言。指定网页中的某一部分采用特定的脚本语言,可使用< script language＝"脚本语言">与</script>标记对。例如,指定在服务器端执行 VBScript 代码,可用以下形式:

```
< script language = "vbscript" runat = "server">
    …
</script>
```

指定 VBScript 代码在客户端执行,可用以下形式:

```
< script language = "vbscript">
…
</script>
```

6.2.3 ASP 的基本运算符和常用函数

1. ASP 程序中的基本运算符

(1) 算术运算符:$+,-,*,/,\backslash,Mod,\wedge$。

(2) 连接运算符:$\&$。示例如下:

```
<% money = 56
    strTemp = "应收账款 = " & money
%>
```

(3) 关系运算符:$>,<,>=,<=,<>,=$。

(4) 逻辑运算符:not,and,or,xor,eqv,imp。

这些运算符的优先顺序是:算术运算符 > 连接运算符 > 关系运算符 > 逻辑运算符。

2. ASP 程序中常用的 VBScript 函数

abs():求绝对值,如 abs(-1.239)$=1.239$;

cbool():转换为布尔类型,如 cbool("0")$=$False,cbool("1")$=$True;

cbyte():转换为 byte 子类型(最大 255),如 cbyte("255.4999")$=255$;

ccur():转换为 currency 子类型,如 ccur("12.34567890")$=12.3457$;

cdate():转换为 date 子类型,如 cdate("2024 年 3 月 30 日")转换为日期值 2024/3/30;

cdbl():转换为 double 子类型,如 cdbl("3.4567890123456789")$=3.45678901234568$;

cint():转换为 integer 子类型(按四舍五入转换为整数),如 cint("-3.4567890")$=-3$;

clng():转换为 long 子类型(最多 10 位整数),如 clng("-1234567890.12")$=-1234567890$;

createobject():创建并返回对象实例,如 Set wn$=$createobject("WScript.Network");

csng():转换为 single 子类型,如 csng("1.23456789")$=1.234568$;

cstr():转换为 string 子类型,如 cstr(1.23456789)$=$"1.23456789";

date():返回当前系统日期,如 date()返回 2024/3/30;

day():从日期时间型数据返回一个代表指定月份中第几天的整数(介于 1~31),如 day("2024-3-30 11:44:55")$=30$,day("2024-3-30")$=30$;

eval():计算表达式的值并返回结果,如 eval(2$+3.1$)$=5.1$;

exp():返回 e 的幂次方,如 exp(1)$=2.71828182845905$;

int()、fix():返回数字的整数部分,如 int(1.99)$=1$,fix(-1.99)$=-1$;

hour():返回日期时间型数据中表示几点的整数(介于 0~23),如 hour("2024-3-30 11:44:55")$=11$;

inputbox():显示一个输入框,提示用户输入一个数据,如 inputbox("请输入成绩!");

instr():返回第 2 个字符串在第 1 个字符串中第一次出现的位置,如 instr("12abc3ab","ab")$=3$;

isarray()：布尔值，是否数组，如 isarray("a")＝False，isarray(array("a","b"))＝True；

isdate()：布尔值，是否可转换为日期，如 isdate("2024 年 3 月 30 日")＝True；

isempty()：布尔值，是否为空（或变量是否未初始化），如 isempty(Empty)＝True，isempty(Null)＝False，isempty(0)＝False；

isnull()：布尔值，是否包含无效的数据，如 isnull(Null)＝True，isnull("Null")＝False；

isnumeric()：布尔值，是否为数字，如 isnumeric("12a")＝False，isnumeric("12.3")＝True，isnumeric(12.3)＝True；

isobject()：是否引用了有效的对象，如 isobject("a")＝False；

lcase()：返回字符串的小写形式，如 lcase("AbcD")＝"abcd"；

left()：从字符串左边返回指定数目的字符，如 left("AbcD",2)的值是 Ab；

len()：返回字符串中字符的数目，如 len("AbcD")＝4；

ltrim()，rtrim()，trim()：分别截去字符串前导空格、尾部空格、前导与尾部空格，如 ltrim(" AbcD ")＝"AbcD "，rtrim(" AbcD ")＝" AbcD"，trim(" AbcD ")＝"AbcD"；

mid()：返回从字符串中某个位置开始的指定数目的字符，如 mid("AbcD",2,2)＝"bc"；

minute()：返回日期时间型数据中的分钟数(0～59)，如 minute("2024-3-30 11:44:55")＝44；

month()：返回日期时间型数据中的月份(1～12)，如 month("2024-3-30 11:44:55")＝3；

msgbox()：返回一个信息提示对话框，如 msgbox("输入有误！")；

now()：返回系统当前的日期和时间值，如 now() 返回 2024/3/30 11:44:55；

right()：从字符串右边返回指定数目的字符，如 right("AbcD",2)＝"cD"；

rnd()：返回一个随机数，如 rnd(1)＝.7055475，rnd(−1)＝.224007，rnd(−2)＝.7133257；

round()：返回按指定小数位数四舍五入后的数值，如 round(12.3456,3)＝12.346；

second()：返回日期时间型数据中的秒数(0~59)，如 second("2024-3-30 11:44:55")＝55；

sgn()：表示数字符号的整数，如 sgn(−12.34)＝−1，sgn(12.34)＝1，sgn(0)＝0；

space()：返回由指定数目的空格组成的字符串，如 space(2)＝" "；

strcomp()：比较两个字符串的大小，并返回比较结果，如 strcomp("2","3")＝−1，strcomp("3","2")＝1，strcomp("3","3")＝0；

time()：返回当前的系统时间，如 time() 返回 11:44:55；

typename()：返回一个数据或变量的子类型信息，如 typename("a") 返回 String；

ucase()：返回字符串的大写形式，如 ucase("AbcD")＝"ABCD"；

weekday()：从日期时间型数据返回一个 1～7 的整数，表示该日期是其所在星期中的第几天(周日为第 1 天)，如 weekday("2024-3-30 11:44:55")＝7；

year()：返回日期时间型数据中的年份，如 year("2024-3-30 11:44:55")＝2024。

6.3 MySQL 数据库与用户管理

MySQL 数据库是一种功能强大的数据库管理系统，在 Web 信息管理系统中起着举足轻重的作用。MySQL 数据库下载、安装后，才能按照一定的方式进行数据库操作。在

MySQL 数据库客户端,既可以灵活使用各种命令实现不同的功能,还可以执行增加用户、修改用户权限、注销用户等操作。

6.3.1　MySQL 数据库基础

1. MySQL 数据库概述

MySQL 数据库是一个关系数据库管理系统,由瑞典 MySQL AB 公司开发。2008 年 1 月 16 日 MySQL 数据库被 Sun 公司收购,而 Sun 公司于 2009 年 4 月 20 日又被 Oracle 收购,因此,MySQL 数据库目前属于 Oracle 旗下产品。MySQL 数据库已成为目前最为流行的开源的数据库,是完全网络化的跨平台关系型数据库系统,具有提供多种存储引擎、支持跨平台运行、提供开放数据库互连(open database connectivity,ODBC)和 Java 数据库连接(Java database connectivity,JDBC)等多种数据库连接途径、支持 SQL 和多种开发语言、支持多用户操作、数据库存储容量大、数据类型丰富、运行速度快、使用成本低、安全性高和开放式源码等特点。在 Web 应用方面,MySQL 数据库被誉为最好的关系数据库管理系统应用软件之一。

2. MySQL 数据库的下载、安装和测试

1) MySQL 数据库的下载

可以从网上搜索和下载合适的 MySQL 数据库版本,也可以下载含有 MySQL 数据库的软件包,本书采用含有 MySQL 数据库的 AppServ 软件包。AppServ 软件包除包含 MySQL 数据库管理系统软件外,还包含 Apache(服务器软件)、PHP(动态网页程序设计语言)和 phpMyAdmin(图形界面的 MySQL 数据库管理软件);可以运行 AppServ 软件包,采用默认设置(4 种软件全选)或仅选择 MySQL 数据库完成安装。

在浏览器的 URL 地址栏输入 http://www.appservnetwork.com,或输入 https://www.appserv.org/en/,可登录 AppServ 官方网站,在 Home 或 Version History 选项卡中选择最新版本或历史版本,进行免费下载。本书选择 AppServ V8.5.0,下载后的软件包文件是 appserv-win32-8.5.0.exe。

2) MySQL 数据库的安装

利用 AppServ 软件包安装 MySQL 数据库需要同意安装协议,指定安装路径,选择 MySQL 数据库组件,设置管理员(root 用户)的密码和数据库的字符集,其大致安装步骤如下。

(1) 双击软件包文件 appserv-win32-8.5.0.exe,出现安装向导,如图 6-20 所示。

(2) 单击 Next 按钮,出现许可协议对话框,如图 6-21 所示。在许可协议对话框单击 I Agree 按钮,出现"选择安装路径"对话框,如图 6-22 所示。

(3) 选择或输入目标目录 E:\AppServ,再单击 Next 按钮,出现"选择组件"对话框,这里仅选择 MySQL Database(注意默认为软件包的 4 个软件全选),如图 6-23 所示。

(4) 再单击 Next 按钮,出现 MySQL 数据库服务器配置对话框,要求输入 2 次 root 用户的密码(即"数据库管理员"用户的密码,位数必须至少 8 位),并选择合适的字符集。这里将 root 用户的密码设置为 12345678,将字符集选择为 GB2312 Simplified Chinese,如图 6-24 所示。设置好 MySQL 数据库的 root 用户密码和汉字字符集后,单击 Install 按钮,便开始安装并显示安装进度。

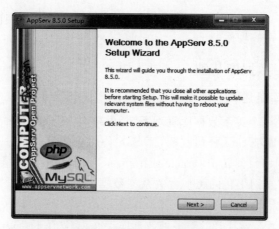

图 6-20　AppServ 安装向导

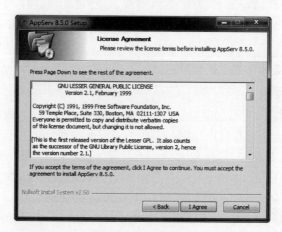

图 6-21　许可协议

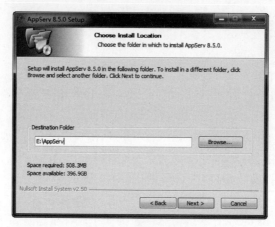

图 6-22　选择安装路径

（5）待 AppServ 软件包安装完毕之前，会出现"完成 AppServ 安装"提示对话框，如图 6-25 所示。默认选中 Start MySQL 单选按钮，表示执行完安装程序后，计算机会自动启动 MySQL 数据库软件。单击 Finish 按钮，结束 AppServ 的安装工作，同时完成 MySQL 数据库的安装。

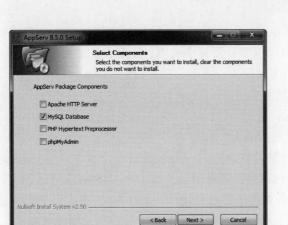

图 6-23　选择安装组件（MySQL Database 必选，默认全选）

图 6-24　设置 MySQL 数据库的 root 用户密码和字符集

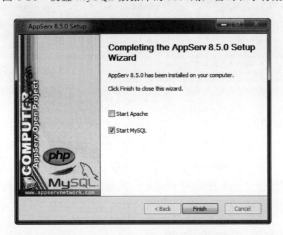

图 6-25　单击 Finish 按钮完成安装

3）MySQL 数据库的存储目录

AppServ 安装后，MySQL 数据库管理系统软件默认保存在 E:\AppServ\MySQL\ 目录下，系统数据库及用户创建的数据库均默认存储在 E:\AppServ\MySQL\data\ 目录下，每个数据库对应一个文件夹（子目录），数据库对应的文件夹下保存有 db.opt 文件和相关的数据表信息文件。其中,db. opt 文件是 MySQL 数据库建库过程中自动生成的,记录该数据库的默认字符集编码和字符集排序规则;数据表信息文件是创建数据表时生成的,随存储引擎的不同可能有不同的文件类型。例如,存储引擎为 InnoDB 时,数据表信息文件包括表结构定义文件(扩展名为. frm)、独享表空间文件(扩展名为. ibd)。再例如,存储引擎为 MyISAM 时,数据表信息文件包括表结构定义文件(扩展名为. frm)、数据文件(扩展名为. MYD)与索引文件(扩展名为. MYI)。

数据库的存储目录可以通过 MySQL 数据库配置文件 my. ini 进行修改(重新设置)。安装 AppServ 后,默认的数据库存储目录是 E:\AppServ\MySQL\data。要修改或重新设置数据库存储目录,必须确保新的存储目录已存在,否则需要创建此目录的各级文件夹。假设 D:\mis\mydata 目录已经存在,要将数据库存储目录由 E:\AppServ\MySQL\data 修改为 D:\mis\mydata,可按以下步骤进行。

①利用记事本软件(或其他纯文本编辑软件)打开 E:\AppServ\MySQL 目录下的 my. ini 文件,执行"编辑"菜单下的"查找"命令,利用弹出的查找对话框查找 datadir,将找到的 datadir="E:\AppServ/MySQL/data/"命令行加♯号注释掉,并在此行下增加一行 datadir="D:\mis/mydata/",如图 6-26 所示,选择"文件"菜单下的"保存"命令,即可保存这种更改。②将 E:\AppServ\MySQL\data\目录下的所有文件和子目录复制到 D:\mis\mydata\目录下。③在 Windows 操作系统桌面,依次选择"开始"→"所有程序"→AppServ→MySQL Stop 命令,可执行 MySQL Stop 命令停止 MySQL 数据库的服务,并用同样的方法执行 MySQL Start 命令启动 MySQL 数据库,使新的设置生效。这样,MySQL 数据库的数据库存储路径就设置成 D:\mis\mydata 了。

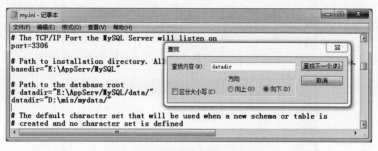

图 6-26　设置数据库存储路径

4) MySQL 数据库的测试

在 Windows 操作系统桌面,依次选择"开始"→"所有程序"→AppServ→MySQL Command Line Client 命令,即可打开 MySQL 数据库命令行客户端窗口,输入安装 AppServ 时设置的 root 用户的密码(根据图 6-24 设置的密码,此处需输入 12345678),按回车键出现 mysql> 提示符,说明 MySQL 数据库安装成功,如图 6-27 所示。

6.3.2　MySQL 数据库操作方式

安装 MySQL 数据库后,即可利用 MySQL 数据库命令行客户端(见图 6-27)使用 MySQL 数据库命令操作数据库。也可以利用 phpMyAdmin 软件在图形界面以可视化的形式管理 MySQL 数据库,这种方式需在安装 AppServ 过程中选择安装 phpMyAdmin 软件。这里只介绍 MySQL 数据库命令行操作方式。

图 6-27 测试 MySQL 数据库

MySQL 数据库命令行操作方式就是用户首先登录 MySQL 数据库服务器,然后在 MySQL 数据库命令行客户端输入相关命令进行操作。用户分为管理员用户和普通用户,管理员用户具有使用 MySQL 数据库的最高操作权限,而普通用户由管理员用户创建,普通用户的用户名、操作密码及数据库操作权限也由管理员用户指定,普通用户只能在指定的权限内操作数据库。安装 MySQL 数据库软件后,MySQL 数据库服务器默认的管理员用户名是 root(也被称为 root 用户),其登录密码为安装 MySQL 数据库时设定的密码。登录 MySQL 数据库服务器和执行 MySQL 数据库命令的操作方法如下。

(1) 执行命令行方式登录 MySQL 数据库服务器。选择 Windows 操作系统桌面的"开始"→"所有程序"→"附件"→"命令提示符"命令,在出现的磁盘操作系统(disk operating system,DOS)命令提示符窗口输入正确的登录命令,如图 6-28 所示。然后按回车键执行输入的登录命令,即可进入 MySQL 数据库命令行客户端界面,屏幕出现 mysql>提示符,表明正确登录了 MySQL 数据库服务器,如图 6-29 所示。

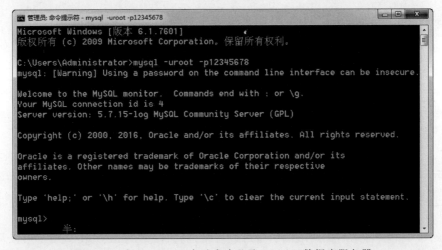

图 6-28 在 DOS 命令提示符窗口输入 MySQL 数据库登录命令

图 6-29 出现 mysql>表示成功登录 MySQL 数据库服务器

登录 MySQL 数据库服务器的命令格式是：mysql -u<用户名> -p<密码>。注意，字母 u 和 p 必须为小写，-u 后面可以有空格，也可以无空格；紧接着是<用户名>，输入用户名时两端不要带格式中的尖括号；<用户名>后至少有一个空格，之后是"-p<密码>"；-p 与<密码>之间不能有空格，输入密码时要忽略格式中的尖括号。例如，用户名为 root、密码为 12345678，则登录 MySQL 数据库服务器的命令是：mysql -uroot -p12345678。

（2）管理员用户利用 MySQL 数据库命令行客户端进行登录。root 用户还可以以管理员身份登录 MySQL 数据库服务器。选择 Windows 操作系统桌面的"开始"→"所有程序"→AppServ→MySQL Command Line Client 命令，会打开图 6-27 所示的 MySQL 数据库命令行客户端界面（要求输入管理员用户的密码），输入正确的密码（输入安装 MySQL 数据库时设置的 root 的密码 12345678），按回车键后出现 mysql>提示符，就以管理员身份登录了 MySQL 数据库服务器。这种方式登录时的用户名默认为 root，所以，需要输入安装

图 6-30　执行 MySQL 数据库命令

MySQL 数据库时设置的密码（本书的范例均按 12345678 作为 root 用户的登录密码），才能成功登录，登录后具有操作数据库的最高权限。

（3）执行 MySQL 数据库命令。登录 MySQL 数据库服务器之后，就可以在 MySQL 数据库命令行客户端操作界面的 mysql>提示符后输入正确的 MySQL 数据库命令，再按回车键即可执行命令并返回结果。例如，执行"show databases;"命令，如图 6-30 所示。

说明：①MySQL 数据库命令行必须以分号;或字符\g 结束。输入 MySQL 数据库命令时，一行输不完可按回车键换行后继续输入（注意一个单词不能拆成两行书写），也可不按回车键让输入命令自动换行，直到以分号;或\g 结束，命令才算输完，再按回车键才能执行命令。另外，要取消正在输入的命令行，可在未结束的命令行后直接输入\c，再按回车键即可；要退出 MySQL 数据库命令行客户端，执行 exit;命令即可。②MySQL 数据库命令行后可用♯进行注释（单行注释）；多行注释以／＊开始，以＊／结束。

6.3.3　MySQL 数据库客户端命令格式与应用

1. set names 命令（设置 MySQL 数据库客户端与服务器端的连接编码）

（1）set names 命令用于指定客户端和服务器之间传递字符的编码格式。格式如下：

set names '字符集名称';

（2）举例。①将字符集设置为 gb2312：set names 'gb2312'；②将字符集设置为 utf8：set names 'utf8'；③将字符集设置为 gbk：set names 'gbk'；

（3）说明。

① "set names '字符集名称'"命令可以将 character_set_client（客户端的语句使用的字符集）、character_set_connection（客户端与服务器端连接采用的字符集）、character_set_results（向客户端返回查询结果使用的字符集）三者统一，"临时一次性地"将它们设置成相同的编码字符集，避免出现乱码。

② 此命令中字符集名称两端的引号可以省略，例如，set names 'gb2312';可以写成 set names gb2312;。

2. 管理 MySQL 数据库

1）显示数据库

显示 MySQL 数据库中所有数据库的名称（见图 6-30）。格式如下：

show databases;

2）建立数据库

（1）建立指定名称的数据库。格式如下：

create database 数据库名;

（2）如果指定数据库不存在，则建立该数据库。格式如下：

create database if not exists 数据库名;

（3）举例。假设要建立账务处理数据库（简称 zwcl 数据库）。如果 zwcl 数据库不存在，则建立 zwcl 数据库，可使用"create database if not exists zwcl;"。

（4）说明。创建数据库后，会在 MySQL 数据库根目录下以"数据库名"建立一个文件夹，该文件夹下也会自动建立一个名为 db. opt 的文件。db. opt 文件的主要功能是记录当前数据库的默认字符集及字符序等信息。之后为该数据库建立的数据表，将以文件形式保存在该文件夹下。

3）打开或选择数据库

（1）打开或选择待使用的数据库，使待选数据库成为当前数据库。格式如下：

use 数据库名;

（2）举例。使用"use zwcl;"打开或选择 zwcl 数据库。

4）删除数据库

（1）删除指定数据库。格式如下：

drop database 数据库名;

（2）如果指定数据库存在，则删除该数据库。格式如下：

drop database if exists 数据库名;

（3）举例。如果 zwcl 数据库存在，则删除 zwcl 数据库，可使用"drop database if exists zwcl;"。

3. 管理 MySQL 数据表

1）建立数据表

（1）在数据库内建立指定的数据表。格式如下：

create table 数据表名(字段名 数据类型(宽度) 约束条件, … ,字段名 数据类型(宽度) 约束条件, 其他约束条件) 其他选项;

（2）说明。

① MySQL 数据库数据类型丰富。MySQL 数据库提供的数据类型包括字符串类型、数值类型、日期时间类型、复合数据类型和二进制类型。字符串类型包括定长字符串类型（char(n)）、变长字符串类型（varchar(n), tinytext, text, mediumtext 和 longtext）。数值类型包括整数类型（tinyint, smallint, mediumint, int, bigint）、小数类型（decimal(l, d), float(l, d），double（l，d））。日期时间类型包括 date，time，datetime，year 和 timestamp。复合数据类型包括枚举类型（enum（值1，值2，…，值 n））、集合类型（set（值1，值2，…，值 n））。二进制类型包括 binary（n），varbinary（n），bit（n），tinyblob，blob，mediumblob，longblob。其中，常用的数据类型包括字符串类型、数值类型和日期时间类型。选择合适的数据类型，通常可以有效地节省存储空间和提升数据的计算性能。

② 要建立数据表，必须提供数据表名、字段名、字段的数据类型，并根据数据类型的需要来指定宽度，可以设置主键、外键、默认值、非空、唯一性、是否自增型字段等约束条件，允许设置数据表的存储引擎类型、字符集类型等其他选项；如果一些约束条件或选项省略，则采用 MySQL 数据库默认的设置。

③ 主键、外键、默认值、非空、唯一性分别使用关键字 primary key，foreign key，default，not null，unique 进行约束。

④ 自增型字段用 auto_increment 约束，且该字段必须为整型、主键，才能设置为自增型，设置格式为"字段名 int auto_increment primary key"；MySQL 数据库自增型字段的值默认从1开始递增，且步长为1。

⑤ 如果主键由至少2个字段构成，可作为"其他约束条件"，使用"primary key（字段名，…，字段名）"设置为复合主键；设置为主键的字段会自动设置为非空属性字段。

⑥ 外键约束也属于"其他约束条件"，设置格式为"constraint 约束名 foreign key（子表字段名或字段名列表）references 父表名（字段名或字段名列表）on delete 级联选项 on update 级联选项；"，其中级联选项可以是 cascade，set null，no action，restrict。cascade 表示在父表中执行删除（delete）或修改（update）操作时，子表中对应的相关记录会自动执行级联删除或级联更新操作（子表中对应的相关记录是指子表中外键值与父表的主键值相同的所有记录；级联删除是指在父表中删除一条记录时，子表中的所有相关记录自动被删除；级联更新是指在父表中将一条记录的主键值修改为新值时，子表中所有相关记录的相应外键值自动被更新为这个新值）；set null 表示在父表中执行删除（delete）或修改（update）操作时，子表中对应的相关记录的外键值会自动设置为 null 值；no action 表示如果子表中存在相关记录，则不允许在父表中删除（delete）相应的记录或修改（update）相应记录的主键值；restrict 与 no action 功能相同，且为级联选项的默认值。

⑦ 其他选项包括设置数据表的存储引擎类型和字符集类型等，设置格式分别为"engine＝存储引擎类型""default charset＝字符集类型"，例如，engine＝InnoDB，default charset＝gb2312。

⑧ 使用 MySQL 数据库命令"show engines;"即可查看 MySQL 数据库服务支持的存储引擎，其中常用的存储引擎有 InnoDB 及 MyISAM 存储引擎。相较于其他存储引擎，InnoDB 存储引擎是事务安全的，且支持外键；而 MyISAM 存储引擎主要支持联机分析处理（online analytical processing，OLAP），但不是事务安全的，也不支持外键。MySQL 数据库 5.5 以上版本默认的存储引擎为 InnoDB。本书默认采用 InnoDB 引擎和 gb2312 字符集。

⑨ 创建数据表时，如果存储引擎是 InnoDB，则在数据库目录下对应建立2个数据表文件，主文件名为数据表名，扩展名分别为.frm（数据表结构定义文件）和.ibd（独享数据表空间文件，保存数据表的数据、索引及该数据表的事务回滚等信息），同时，数据表的元数据信

息存放在共享数据表空间文件 ibdata1 中，重做日志信息采用轮循策略依次记录在重做日志文件 ib_logfile0 和 ib_logfile1 中，共享数据表空间文件和重做日志文件均存放在数据库根目录下；如果存储引擎是 MyISAM，则在数据库目录下对应建立 3 个数据表文件，主文件名为数据表名，扩展名分别为. frm（数据表结构定义文件）、. MYD（数据文件）和. MYI（索引文件）。

⑩ 注意字段名中不能出现 ＋，－，＝，/，& 等非法字符。

(3) 举例。在账务处理数据库中建立会计科目数据表和密码数据表。假设账务处理数据库已按前述建库格式建好，库名为 zwcl，待建立的会计科目数据表、密码数据表的数据表名分别为 kjkm，mima，那么，要创建这些数据表，只需要在 MySQL 数据库命令行客户端，在 mysql >提示符后输入并执行“use zwcl;”命令，再分别输入和执行以下命令即可：

① create table kjkm(科目编号 varchar(10) not null primary key，科目名称 varchar(40) not null，借贷方向 varchar(1)，期初余额 decimal(12,2))；

② create table mima(账号 varchar(16) not null，密码 varchar(16)，primary key(账号))；

执行上述命令后，zwcl 数据库中的数据表及各数据表的结构分别如图 6-31～图 6-33 所示。其中，show tables 命令用于显示当前(或指定)数据库中所有数据表的名称，“desc 数据表名”命令用于显示指定数据表的结构。

```
mysql> use zwcl;
Database changed
mysql> show tables;
+----------------+
| Tables_in_zwcl |
+----------------+
| kjkm           |
| mima           |
+----------------+
2 rows in set (0.00 sec)
```

图 6-31　zwcl 数据库中的数据表

```
mysql> desc kjkm;
+----------+---------------+------+-----+---------+-------+
| Field    | Type          | Null | Key | Default | Extra |
+----------+---------------+------+-----+---------+-------+
| 科目编号 | varchar(10)   | NO   | PRI | NULL    |       |
| 科目名称 | varchar(40)   | NO   |     | NULL    |       |
| 借贷方向 | varchar(1)    | YES  |     | NULL    |       |
| 期初余额 | decimal(12,2) | YES  |     | NULL    |       |
+----------+---------------+------+-----+---------+-------+
4 rows in set (0.00 sec)
```

图 6-32　会计科目数据表(kjkm 数据表)的结构

```
mysql> desc mima;
+-------+-------------+------+-----+---------+-------+
| Field | Type        | Null | Key | Default | Extra |
+-------+-------------+------+-----+---------+-------+
| 账号  | varchar(16) | NO   | PRI | NULL    |       |
| 密码  | varchar(16) | YES  |     | NULL    |       |
+-------+-------------+------+-----+---------+-------+
2 rows in set (0.00 sec)
```

图 6-33　密码数据表(mima 数据表)的结构

2) 显示数据表名

(1) 显示当前(或指定)数据库中所有数据表的名称。格式如下：

```
① show tables;
② show tables from 数据库名;
```

(2) 举例。

① 使用“show tables;”显示当前数据库中所有数据表的名称(见图 6-31)。

② 使用“show tables from zwcl;”显示 zwcl 数据库中所有数据表的名称。

3) 显示数据表结构

(1) 显示数据库表的结构。格式如下：

```
① describe 数据表名;
② desc 数据表名;
③ show create table 数据表名;
```

（2）说明。

① 指定数据表名时,应提供其所在数据库的名称,格式是"数据库名. 数据表名",如果所指定的数据表属于当前数据库,可省略数据库名。例如,要使用 zwcl 数据库中的 kjkm 数据表,可以用 zwcl. kjkm。

② 格式①、格式②显示的结果是完全一样的,格式③显示的数据表结构信息更详细。

（3）举例。

① 使用"desc mima;"显示当前数据库中 mima 数据表的结构(见图 6-33)。

② 使用"show create table zwcl. kjkm;"显示 zwcl 数据库中 kjkm 数据表的详细建表信息和结构(见图 6-34)。

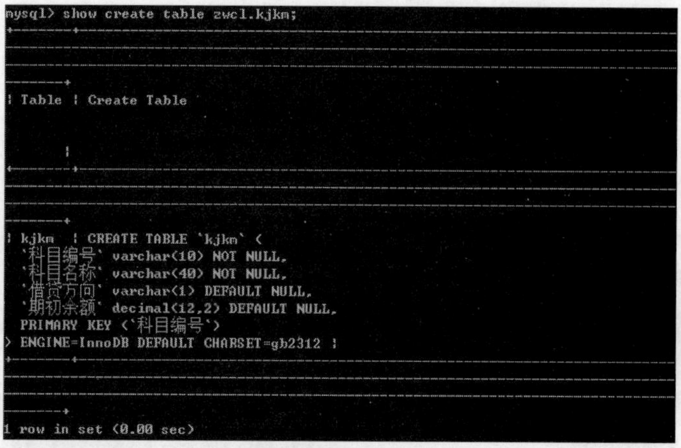

图 6-34　显示指定数据库中指定数据表的建表信息

4）修改数据表字段信息

（1）在数据表中增加字段、修改字段、删除字段。格式如下：

alter table 数据表名 add 字段名 字段类型(宽度) 约束条件, change 字段名 新字段名 新字段类型(宽度) 约束条件, drop 字段名;

（2）说明。①可根据需要分别用若干 add 子句增加字段,用若干 change 子句修改字段,用若干 drop 子句删除字段。②add 子句可再加上 first(或 after 字段名)约束,使新增加的字段成为第一个字段(或增加在指定的字段名之后)。③子句与子句之间用逗号隔开,子句顺序无关紧要。④不增加字段则省略格式中的 add 子句,不修改字段则省略格式中的 change 子句,不删除字段则省略格式中的 drop 子句。

（3）举例。

① 使用"alter table zwcl. mima add 姓名 varchar(20) not null, add 手机号 varchar(11) not null, change 账号 ID char(16) not null;"在 mima 数据表中增加姓名、手机号字段,修改账号字段。

② 使用"alter table zwcl. mima drop 姓名, drop 手机号, change ID 账号 varchar(16);"在 mima 数据表中删除姓名、手机号字段,修改 ID 字段。

5）修改数据表约束条件与其他选项

（1）添加和删除约束条件,修改存储引擎、默认字符集、自增型字段初始值等其他选项。格式如下：

```
alter table 数据表名 约束条件；
```

（2）说明。①约束条件为"add constraint 约束名 约束类型（字段名）"表示向指定的字段添加约束条件（为数据表添加约束条件时，数据表的已有记录需要满足新约束条件的要求）；②约束条件为 drop primary key 表示删除数据表的主键约束；③约束条件为"add constraint primary key（字段名）"表示为指定的字段添加主键约束；④约束条件为"drop foreign key 约束名"表示删除数据表的外键约束；⑤约束条件为"drop index 唯一索引名"表示删除字段的唯一性约束；⑥约束条件为"engine＝新的存储引擎类型""default charset＝新的字符集""auto_increment＝新的初始值"分别表示修改数据表的存储引擎类型、默认字符集、自增型字段初始值。

（3）举例。

① 使用"alter table zwcl. mima drop primary key；"删除 mima 数据表的主键约束。

② 使用"alter table zwcl. mima add constraint primary key（账号，密码）；"将 mima 数据表的账号、密码字段设置为主键（为账号、密码字段添加主键约束）。

③ 使用"alter table zwcl. mima engine＝MyISAM；"将 mima 数据表的存储引擎修改为 MyISAM。

④ 使用"alter table zwcl. mima default charset＝gbk；"将 mima 数据表的默认字符集修改为 gbk。

6）数据表更名

（1）修改数据表名。格式如下：

```
① rename table 原数据表名 to 新数据表名；
② alter table 数据表名 rename 新数据表名；
```

（2）说明。将原来的数据表名称修改为新的数据表名称。

（3）举例。

① 使用"rename table mima to zhanghu；"将 mima 数据表名改为 zhanghu。

② 使用"alter table zhanghu rename mima；"将 zhanghu 数据表名改为 mima。

7）删除数据表

（1）删除指定的数据表。格式如下：

```
① drop table 数据表名；
② drop table if exists 数据表名；
```

（2）说明。格式①用于直接执行删除数据表的操作，格式②用于当数据表存在时执行删除操作。删除父表前，必须先删除子表与父表之间的外键约束条件（即解除"父子"关系）。

（3）举例。

① 使用 drop table zwcl. mima；删除账务处理数据库 zwcl 中的 mima 数据表。

② 如果账务处理数据库 zwcl 中存在 mima 数据表，则删除该 mima 数据表，可使用"drop table if exists zwcl. mima；"。

4. 管理 MySQL 数据库中数据表的记录

1）增加记录

（1）向指定的数据表中增加记录。格式如下：

① insert into 数据表名 (字段名 1,…,字段名 n) values (值 1,…,值 n);

② insert into 数据表名 values (值 1,…,值 n);

③ insert into 数据表名 (字段名列表) values (值列表 1),…,(值列表 m);

(2) 说明。①格式①用于向指定数据表中的指定字段插入数据,其中"值 n"是"字段名 n"的值,值的类型与相应字段的数据类型一致,没有插入值的字段取 NULL 或默认值。②格式②用于为数据表的所有字段插入数据,"值 n"是数据表中第 n 个字段的值,有 n 个字段就要提供 n 个值,值的数据类型与对应字段的数据类型一致。③格式③用于一次性向数据表中批量插入多条记录,"字段名列表"格式为"字段名 1,…,字段名 n","值列表 m"的格式为"值 m1,…,值 mn",字段名列表缺省时表示向所有字段插入数据。④对于数值类型的数据,可直接写成整数或小数;对于字符串类型、日期时间类型、enum 枚举类型、set 集合类型的数据,值的两端需用引号括住;自增型字段的值建议用 NULL,以便自动向自增型字段插入下一个编号值;默认约束字段的值可以使用 default,表示插入的是该字段的默认值;如果日期时间类型的字段取值为系统的当前日期时间,则可使用 MySQL 数据库的 now() 函数来表示其值。⑤插入新记录时,如果表之间有外键约束关系,原则上应当先为父表插入数据,再为子表插入数据。

(3) 举例。利用以下 MySQL 语句为当前数据库中的 kjkm、mima 数据表添加记录:

① insert into kjkm(科目编号,科目名称,借贷方向,期初余额) values("1001", "库存现金", "1", 150000);

② insert into kjkm(科目编号,科目名称,借贷方向,期初余额) values("1002", "银行存款", "1", 1256000), ("100201", "银行存款-中国银行", "1", 200000), ("100202", "银行存款-中国工商银行", "1", 556000), ("100203", "银行存款-其他银行", "1", 500000);

③ insert into kjkm values("6001", "主营业务收入", "2", 0);

④ insert into mima values("A0001", "123456"), ("15188316017", "15188316017");

/ * 第 n 个值是数据表中第 n 个字段的值 * /。

⑤ insert into mima(账号,密码) values("A0002", default);＃default 表示字段的默认值。

2) 浏览与查询记录

(1) 按一定的要求对数据表中满足条件的记录进行查询、统计和显示。格式如下:

select 字段与表达式列表 from 数据源 where 条件 group by 分组字段 having 分组条件 order by 字段 1 asc, 字段 2 desc, …, 字段 n;

(2) 说明。

① 字段与表达式列表采用星号 * 表示在浏览或查询结果中包含数据表的全部字段,采用"字段 1,字段 2,…,字段 i"表示结果中依次显示各指定字段的信息,多数据表查询时字段名若出现在不同数据表中,则字段采用"数据表名.字段名"的形式,采用"数据表名. * "表示多数据表查询时显示指定数据表的全部字段。

② 多数据表查询时,数据源采用"数据表 1,…,数据表 j"的形式,表示"字段与表达式列表"中的字段来自这些数据表。

③ where 子句指定查询结果应满足的条件,条件可采用类似"字段＝值""字段 between

起始值 and 终止值""字段 in（值 1，值 2，…，值 k）""字段 like 带通配符％或_的模式串""字段 is null"等简单条件，条件中值的类型应与字段的类型一致；条件可用 not 或有时用感叹号!表示逻辑非运算使条件反转，也可用 and,or 分别表示逻辑与、逻辑或运算将简单条件连接成复合条件；"字段 like 带通配符％或_的模式串"中的百分号％表示 0 个或多个字符，下画线_表示 1 个字符；单表查询时 where 子句可以省略，表示数据表的全部记录都满足条件；多数据表查询时可用"where 主表.主键字段名＝子表.外键字段名"将子表与主表连接起来，再用 not,and,or 与其他条件构成复合条件。

④ group by 子句用于对查询的数据按字段进行分组，这时 select 之后的"字段与表达式列表"中包含带有聚合函数的表达式或其他的表达式，聚合函数主要包括 count（＊）或 count(字段)、sum(数值型字段)、avg(数值型字段)、max(字段)、min(字段)，分别用于在各组内统计记录的条数、求字段值的和、求字段值的平均值、求字段的最大值、求字段的最小值；省略 group by 子句表示不分组；select 之后的表达式往往采用"表达式 as 列名"格式表示。

⑤ having 子句通常与 group by 子句一起使用，用来过滤分组后的统计信息，省略 having 子句表示分组统计后结果不再进行过滤。

⑥ order by 子句用于对结果按字段进行排序，先按字段 1 排序，字段 1 的值相同的记录再按字段 2 排序，…，最后按字段 n 排序；asc 和 desc 需要同 order by 子句一起使用，字段后带 asc 表示该字段按升序排序，带 desc 表示该字段按降序排序，同时省略 asc 和 desc 表示排序字段默认按升序排序；省略 order by 子句表示结果不进行排序。

⑦ 若要显示数据表中的全部记录，即浏览记录（包括根据需要排序），则格式简化为"select 字段列表 from 数据表 order by 字段 1 asc，字段 2 desc，…，字段 n；"。

（3）举例。

① 使用"select ＊ from kjkm;"浏览（或查询）kjkm 数据表中的全部记录（见图 6-35）。

图 6-35　浏览（或查询）kjkm 数据表中的全部记录

② 使用"select 科目编号，科目名称 from kjkm;"查询 kjkm 数据表的各记录的科目编号、科目名称。

③ 使用"select ＊ from kjkm where 科目编号 between "1002" and "1121";"查询 kjkm 数据表中科目编号值是 1002～1121 的所有科目信息。

④ 使用"select ＊ from kjkm where 科目编号 like '____';"查询 kjkm 数据表中所有一级科目（科目编号位数为 4 位）的科目信息。

⑤ 使用"select ＊ from kjkm where 科目编号 like '1002％' order by 科目编号 asc;"查询 kjkm 数据表中科目编号以 1002 开头的所有科目的科目信息，查询结果以科目编号升序排序。

⑥ 使用"select 科目编号，科目名称 from zwcl. kjkm where 期初余额＝0 and 借贷方向＝"1";"查询 zwcl 数据库 kjkm 数据表中所有期初余额为 0 的借方科目(借贷方向的值为1)的科目编号和科目名称。

⑦ 使用"select ＊ from kjkm where 科目编号 not like "1002％" and 期初余额＞100 000 and 科目编号 like "____" order by 科目编号;"查询 kjkm 数据表中所有科目编号不以 1002 开头，且期初余额＞100 000 的一级科目(科目编号位数为 4)的科目信息，并按科目编号排序。

⑧ 使用"select ＊ from kjkm where 科目名称 in ("库存现金"，"银行存款");"查询 kjkm 数据表中科目名称为"库存现金""银行存款"的科目信息。

⑨ 使用"select ＊ from kjkm where 科目名称 not in ("库存现金"，"银行存款") and 科目编号 like "____";"查询 kjkm 数据表中科目名称不是"库存现金""银行存款"的一级科目(科目编号位数为 4)的科目信息。

⑩ 使用"select count(＊) as 记录条数 from kjkm;"统计 kjkm 数据表中的记录条数(科目总数)。

⑪ 使用"select count(distinct 借贷方向) as 不重复借贷方向值的个数 from kjkm；/＊distinct 表示用于返回唯一不同的值，或表示不重复统计相同的值 ＊/"统计 kjkm 数据表中不重复的借贷方向的值的个数。

⑫ 使用"select count(科目编号) as 一级科目总数 from kjkm where 科目编号 like "____";"统计 kjkm 数据表中所有一级科目(科目编号位数为 4)的科目总数。

⑬ 使用"select count(＊) as 借方一级科目个数，sum(期初余额) as 期初余额之和，avg(期初余额) as 期初余额平均值 from kjkm where 科目编号 like "____" and 借贷方向＝"1";"统计 kjkm 数据表的所有一级科目(科目编号位数为 4 的科目)中借方科目(借贷方向值为 1 的科目)的科目个数、期初余额之和、期初余额平均值。

⑭ 使用"select 借贷方向，count(＊) as 记录条数，max(科目编号) as 科目编号最大值，max(期初余额) as 期初余额最大值，min(期初余额) as 期初余额最小值，sum(期初余额) as 期初余额之和，avg(期初余额) as 期初余额平均值 from kjkm where 科目编号 like "____" group by 借贷方向;"在 kjkm 数据表的所有一级科目中，按借贷方向分组统计借方和贷方科目的记录条数、科目编号最大值、期初余额最大值、期初余额最小值、期初余额之和、期初余额平均值。

⑮ 使用"select count(账号) as 会员人数 from zwcl. mima;"统计 zwcl 数据库 mima 数据表中的会员人数(假设一条记录表示一个会员)。

⑯ 使用"select ＊ from mima where 密码 is null;"查询 mima 数据表中密码值为 null 的账号信息。

3) 修改记录

(1) 修改数据表中满足条件的记录。格式如下：

update 数据表名 set 字段 1＝值 1，…，字段 n＝值 n where 条件;

(2) 说明。①值 n 的数据类型必须与相应的字段 n 的数据类型保持一致。②当用 where 子句指定条件时，所有满足条件的记录的指定字段都将修改为新的值；如果没有用 where 子句指定条件，则将数据表中所有记录的指定字段修改成新的值。③修改数据表记录时,需要注意数据表的唯一性约束、数据表之间的外键约束关系和级联选项的设置。

（3）举例。

使用"update mima set 密码＝"654321" where 账号＝"A0001";"将 mima 数据表中账号为 A0001 的记录的密码修改为 654321。

4）删除与清空记录

（1）删除数据表中满足条件的记录。格式如下：

delete from 数据表名 where 条件;

（2）清空数据表中的记录。格式如下：

① delete from 数据表名;
② truncate table 数据表名;
③ truncate 数据表名;

（3）说明。①delete 语句如果不用 where 子句指定条件,则删除数据表中的全部记录。②删除数据表记录时,需要注意数据表之间的外键约束关系和级联选项的设置。③用 delete 语句清空数据表记录时,不会修改自增型字段的起点;用 truncate 语句清除数据表的所有记录后,数据表的自增型字段的起点将重置为 1（即重新设置自增型字段的计数器）。④如果清空记录的数据表是父表,则 truncate 命令将永远执行失败;truncate table 语句不支持事务的回滚,并且不会触发触发器程序的运行。

（4）举例。

① 使用"delete from mima where 账号 between "A0001" and "A0002";"删除 mima 数据表中账号是 A0001～A0002 的所有账号信息。

② 使用"truncate table mima;"删除 mima 数据表的全部记录。

6.3.4　MySQL 数据库用户管理

1. 用户管理与 mysql. user 数据表概述

用户管理主要指 MySQL 数据库管理员（root 用户）执行增加新用户、设置用户权限、修改用户密码和删除用户等操作。MySQL 服务器中有一个名为 mysql 的数据库,mysql 数据库中包含一个专门用于保存用户信息的 user 数据表（称为 mysql. user 数据表）。mysql. user 数据表中登记了服务器名、用户名、登录密码及用户的各种操作权限,其中服务器名默认为 localhost,操作权限值为 y 时表示具有该权限,权限值为空或 n 时表示不具有此权限。mysql. user 数据表的常用字段及其作用如表 6-1 所示,其他字段请参考相关书籍或在网上查看。

表 6-1　mysql. user 数据表的常用字段及意义

字　　段	说　　明	字　　段	说　　明
host	服务器名（默认 localhost）	delete_priv	删除记录权限
user	用户名	create_priv	建库建表权限
authentication_string	登录密码	drop_priv	删除文件权限
select_priv	查询记录权限	index_priv	创建索引权限
insert_priv	插入记录权限	alter_priv	修改表结构权限
update_priv	更新记录权限	file_priv	读取文件权限

增加用户、修改用户密码或权限、删除用户就是对 mysql. user 数据表执行增加、修改、删除记录的操作,按照前述 insert into 语句、update 语句、delete 语句的格式即可完成操作。值得注意的是,MySQL 数据库 5.7 版本的 mysql. user 数据表中存储密码的字段是 authentication_string,之前旧版本的 MySQL 数据库的 mysql. user 数据表中存储密码的字段是 password。

mysql. user 数据表中的用户登录 MySQL 数据库后,可以在其具有的权限内操作和使用 MySQL 数据库。普通用户需要在 DOS 命令提示符窗口输入正确的命令进行登录(见图 6-28)。登录 MySQL 服务器的命令格式是:mysql -u <用户名> -p <密码>。例如,用户名为 user1,密码为 87654321,则登录 MySQL 服务器的 DOS 命令是:mysql -uuser1 -p87654321。

2. 用户管理操作

1) 增加用户

(1) 增加一个用户,指定登录的服务器名、用户名、登录密码,设置用户的相关权限。格式如下:

insert into mysql.user(host, user, authentication_string, 权限字段, …) values(服务器名, 用户名, 密码, 操作权限值, …);

(2) 说明。①如果使用 MySQL 数据库 5.7 之前的版本,上述格式中的 authentication_string 应变成 password。②"密码"的值需用 password()函数加密。

(3) 举例。在 localhost 服务器增加用户名是 user1、密码为 12345678 的用户,拥有建立数据库和数据表的权限与查询记录的权限,使用以下两个语句(♯ 号表示注释):

① insert into mysql.user(host, user, authentication_string, create_priv, select_priv) values ("localhost", "user1", password("12345678"), "y", "y");   ♯ password()是加密函数
② flush privileges;   ♯激活新创建的用户,使新增加的用户立即生效

2) 修改用户的密码和权限

(1) 设置(或修改)用户的密码和操作权限。格式如下:

update mysql.user set authentication_string = 新值, 权限字段 = 操作权限值, … where user = "用户名";

(2) 说明。①如果使用 MySQL 数据库 5.7 之前的版本,上述格式中的 authentication_string 应变成 password。②"authentication_string ＝新值"中的"新值"需用 password()函数加密。

(3) 举例。将用户名为 user1 的用户的密码修改为 87654321,并使用户 user1 拥有增加、修改、删除记录的权限,可依次使用以下两个语句:

① update mysql.user set authentication_string = password("87654321"), insert_priv = "y", update_priv = "y", delete_priv = "y" where user = "user1";
② flush privileges;

3) 删除用户

(1) 删除用户信息。格式如下:

delete from mysql.user where user = "用户名";

(2) 举例。删除用户名是 user1 的用户,可依次使用以下两个语句:

① delete from mysql.user where user = "user1";
② flush privileges;

6.4 利用 ASP 的连接对象操作 MySQL 数据库

connection 对象被称为连接对象,是 ADO 的主要对象之一。ADO 是 ASP 内置的 ActiveX 服务器组件,通过在 Web 服务器上设置 ODBC 可连接 Sybase,Oracle,Informix, SQL Server,MySQL,Access,Visual FoxPro 等多种数据库,是对 Microsoft 所支持的数据库进行操作的最有效和最直接的方法。ADO 会随 Microsoft 的 IIS 安装被自动安装,它包括 connection,command,recordset,record,stream,parameter,field,property,error 等 9 个对象和 fields,properties,parameters,errors 等 4 个集合,其中,connection,recordset,command 对象是 ADO 的三个主要对象。利用 connection 对象按照一定的步骤操作 MySQL 数据库,可以实现插入、查询、修改和删除记录等功能。

6.4.1 connection 对象的基础知识及应用

1. 利用 connection 对象操作数据库

connection 对象用于和数据库建立连接,通过此连接就可以对数据库进行访问和操作。当然,被访问的数据库需要安装有相应的 ODBC 驱动程序或设置了相应的 ODBC 系统数据源。利用 connection 对象执行 MySQL 数据库操作的步骤和方法如下。

1) 创建 connection 对象实例

基本格式:set conn=server.createobject("adodb.connection")。

说明:server 是 ASP 的内置对象之一,createobject()是 server 对象的方法,用于创建连接对象(connection 对象)、记录集对象(recordset 对象)、命令对象(command 对象)等对象实例,以便利用这些对象实现相应的各种功能。书写时可不区分大小写,直接写成 set conn= Server.CreateObject("ADODB.Connection")。

2) 打开数据库连接

在 ASP 中可以利用 ODBC 技术连接 MySQL 数据库。ODBC 是一种使用 SQL 的应用程序接口,而 SQL 的语句格式和前文介绍的 MySQL 数据库操作语句格式(参见 6.3.3 节 "MySQL 数据库客户端命令格式与应用")一致,通过 ODBC 可以方便地实现 Web 应用程序和数据库之间的数据交换。

要利用 ODBC 技术连接 MySQL 数据库,就需要下载 MySQL 数据库的 ODBC 驱动程序(可通过 https://dev.mysql.com/downloads/connector/odbc/所在网页下载,也可通过百度搜索进行下载,本书下载的驱动程序文件是 mysql-connector-odbc-3.51.27-win32.msi)。双击下载的驱动程序文件,按照默认选项进行安装即可。

对于 64 位 Windows 操作系统,还需要利用 IIS 管理器启用 32 位应用程序(若采用 64 位的 ODBC 驱动程序,则忽略此步骤),参见 6.1.1 节"基本运行环境与 IIS 设置"中"IIS 的安装与设置"(见图 6-6)。这样,32 位应用程序也可以在 64 位操作系统下正常运行。

安装 ODBC 驱动程序和启用 32 位应用程序之后,就可以在 ASP 中采用以下方法打开数据库连接。

(1) 第一种方法：利用 ODBC 系统数据源名(data source name,DSN)连接数据库(假设 zw 为创建的系统数据源)。

要利用系统 DSN 连接数据库,就需要利用 ODBC 管理器创建相应的 ODBC 系统数据源。

假设要为前述 zwcl 数据库建立名为 zw 的 ODBC 系统数据源。首先,依次选择"开始"→"控制面板"→"系统和安全"→"管理工具"命令,双击 32 位的 ODBC 数据源(若在"管理工具"窗口中找不到 32 位的 ODBC 数据源,则在 C:\Windows\SysWOW64 目录下双击 odbcad32.exe 应用程序),可打开"ODBC 数据源管理器"窗口,选择"系统 DSN"选项卡,然后单击"添加"按钮,在打开的"创建新数据源"对话框中选择 MySQL ODBC 3.51 Driver 命令,如图 6-36 所示;再单击"完成"按钮,则出现如图 6-37 所示的 Connector/ODBC 3.51.27 - Add Data Source Name 对话框,在 Login 选项卡输入数据源名 zw、服务器名 localhost、用户名 root、密码 12345678,选择输入数据库名 zwcl,再在 Connect Options 选项卡输入端口号 3306(默认值为 3306 时可省略),并正确输入其他参数(可采用默认值),这时,若单击 Test 按钮,出现"Success; connection was made!"信息提示框,可单击信息提示框的 OK 按钮关闭提示框;最后,在图 6-37 所示的对话框中单击 OK 按钮,即可建立名为 zw 的 ODBC 系统数据源,如图 6-38 所示;最后再单击"确定"按钮完成 ODBC 数据源的设置。设置完成后,就可以在 ASP 文件中用 zw 表示 zwcl 数据库对应的数据源。

图 6-36 "ODBC 数据源管理器"和"创建新数据源"对话框

在 ASP 中,利用已建立的 conn 对象实例打开名为 zw 的 ODBC 系统数据源,可采用以

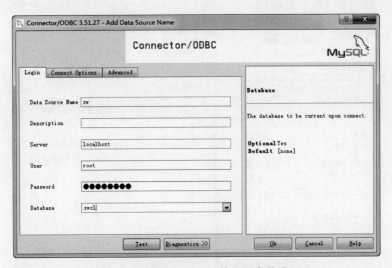

图 6-37　MySQL ODBC 数据源参数设置

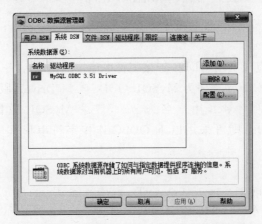

图 6-38　已设置系统 DSN 后的"ODBC 数据源管理器"对话框

下任一方式：

```
<% conn.open "zw" %>
<% conn.open "dsn = zw" %>
<% conn.connectionstring = "dsn = zw"
    conn.open
%>
```

说明：如果出现 ASP 无法访问 MySQL 数据库的情况，可尝试将 C 盘 Windows 目录下 temp 文件夹的 Users 用户权限设置为允许完全控制。操作步骤是：右击 temp 文件夹，在打开的快捷菜单中选择"属性"命令，再在弹出的"temp 属性"对话框中选择"安全"选项卡（选中 Users 用户可查看 Users 的权限），单击"编辑"按钮弹出"temp 的权限"对话框，选择 Users 选项，并将"Users 的权限"下的"完全控制"复选框勾选为"允许"；然后单击"确定"（或"应用"）按钮按提示完成设置，如图 6-39 所示。

有时候也可能需要右击 C:\Windows 目录的 temp 文件夹选择"属性"命令，在弹出的"temp 属性"对话框的"安全"选项卡中，添加 Everyone 用户，将 Everyone 用户的权限设置为允许完全控制。

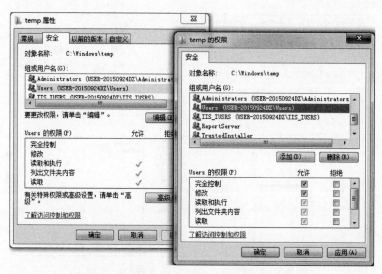

图 6-39　设置 C:\Windows\temp 的 Users 权限

还可能需要以同样的方法，将数据库所在文件夹（如 zwcl）的 Users 用户权限设置为允许完全控制。

（2）第二种方法：直接利用 ODBC 连接字符串连接数据库。

假设 MySQL ODBC 驱动程序为 MySQL ODBC 3.51 Driver，服务器名为 localhost（或 127.0.0.1），数据库名为 zwcl，用户名为 root，登录 MySQL 数据库服务器的密码为 12345678，端口号是 3306，则可采用以下 ODBC 连接字符串形式实现与 zwcl 数据库的连接：

```
<%
conn. open "driver = {mysql odbc 3.51 driver}; server = localhost;" &_
        "database = zwcl; user = root; password = 12345678; port = 3306;"
%>


<%
conn. open "DRIVER = {MySQL ODBC 3.51 Driver}; SERVER = 127.0.0.1;" &_
        "DATABASE = zwcl; USER = root; PASSWORD = 12345678; port = 3306;"
%>


<%
strConn = "driver = {mysql odbc 3.51 driver}; server = localhost;"
strConn =  strConn & "database = zwcl; user = root; password = 12345678; port = 3306;"
conn. open strConn
%>
```

说明：上述 3 种连接形式中，下画线 _ 是 ASP 的续行符，& 是连接运算符，conn. open 语句可直接写成 conn. open "driver = {mysql odbc 3.51 driver}; server = localhost; database = zwcl; user = root; password = 12345678; port = 3306;"。书写时应注意，ASP 代码一行只能写一个语句（自动换行算一行），如果一行书写不完，也可先使用续行符（下画线_），再按回车键换行后继续书写上一行剩余没写完的部分；另外，端口号如果为 3306，conn. open 语句中可省略"port = 3306;"。

3）设置与数据库连接的编码

为避免出现乱码,需指定与 MySQL 数据库连接的编码。例如,要将连接编码设置为 gb2312 字符集,可采用以下方式:

```
<% conn.execute("set names gb2312") %>
```

4）执行 SQL 或其他操作

SQL 是一种功能较齐全的数据库语言。利用 SQL 可以在数据库中建立数据表,在数据表中插入、更新、查询和删除记录,也可以进行统计与计算操作,还可以在事务处理中执行相关操作。包括 MySQL 数据库在内的大多数数据库管理系统都支持 SQL 或提供 SQL 接口。SQL 的建库、建表、插入、更新、查询、删除等操作语句格式同 MySQL 数据库客户端命令的相关语句格式(参见 6.3.3 节"MySQL 数据库客户端命令格式与应用")一样。因此,这里可以将执行 SQL 理解为执行相关的 MySQL 语句。

在 ASP 中,当执行查询数据库显示查询记录的操作时,采用以下形式: <% set rs = conn. execute("SQL 字符串") %>。

例如,kjkm 数据表是 zwcl 数据库中的一个数据表,则查询或浏览数据表中全部记录的 SQL 字符串为 select * from kjkm,执行查询或浏览操作后返回一个记录集对象实例,可用以下语句:

```
<% set rs = conn.execute("select * from kjkm") %>
```

当执行添加、删除、更新操作时,常采用以下形式: <% conn.execute "SQL 字符串" %>,或者也可写成: <% conn.execute("SQL 字符串") %>。如果希望返回这种操作影响的记录条数,则采用以下形式: <% conn.execute "SQL 字符串", 变量 %>,其中变量的作用是保存操作所影响的记录的条数。

例如,kjkm 数据表中含有科目编号字段,删除科目编号为 1012 的记录的 SQL 字符串是 delete from kjkm where 科目编号="1012",则可用<% conn.execute "delete from kjkm where 科目编号='1012'", number %>语句删除科目编号为 1012 的所有记录,并将所删除符合条件记录的条数赋给变量 number(参见 6.4.5 节"删除记录")。

5）输出操作结果

SQL 操作执行完成后,应向用户反馈操作结果。例如,利用 response. write 语句输出查询到的各条记录,或者提示插入(或修改、删除)操作已完成。

6）关闭和数据库之间的连接,释放连接对象

对数据库和数据表的访问结束后,可以关闭数据库连接,并释放连接对象。可以采用以下形式:

```
<%
conn.close
set conn = nothing
%>
```

其中,conn. close 用于关闭连接对象 conn,而 set conn＝nothing 用于将连接对象 conn 从内存中释放。在 ASP 中,本步骤可忽略。

2. connection 对象常用的属性和方法

前面提到了<% conn. open "zw" %> 和 <% conn. connectionstring＝"dsn＝zw" %>

等语句,其中,conn 表示 connection 对象,open 是 connection 对象的方法,connectionstring 是 connection 对象的属性,以"对象.属性"和"对象.方法"的形式使用对象的属性和方法,达到相应的操作和应用目的。这里仅简单介绍 connection 对象常用的属性和方法。

1) connection 对象常用的属性

(1) connectionstring:指定打开数据源连接所需的特定信息。

(2) cursorlocation:确定使用服务器端游标引擎或客户端游标引擎。

(3) mode:设置连接数据库的读写权限,值为 1 表示只读,值为 2 表示只写,值为 3 表示可读写。此外,该属性的取值还可以是 0,4,8,12,16。

2) connection 对象常用的方法

(1) open:打开 connection 对象和数据库之间的连接。

(2) close:关闭 connection 对象和数据库之间的连接。

(3) execute:执行数据库查询,有以下两种用法。

① set recordset 对象=connection 对象.execute(SQL 字串):对数据库查询显示记录时使用,返回 recordset 对象。

② connection 对象.execute(SQL 字串):执行添加、删除和更新操作时使用,不返回 recordset 对象。

6.4.2　插入记录

1. 插入记录示例(kjkm_add. asp 文件)

利用 ASP 操作数据库,需要利用计算机中的记事本软件或专门的网页编辑软件(如 EditPlus,Dreamweaver,FrontPage,UltraEdit 等)建立 ASP 文件,在 ASP 文件中按上述步骤编辑相应的操作语句,再在浏览器中运行即可。

向数据表中插入记录的 SQL 语句格式同 MySQL 数据库的 insert 语句格式(参见 6.3.3 节"MySQL 数据库客户端命令格式与应用"中的"增加记录")一样。假如向前述 zwcl 数据库的 kjkm 数据表中插入一条科目编号、科目名称、借贷方向、期初余额字段的值分别为 1012、其他货币资金、1、150 000.00 的新记录,其 SQL 语句(或 MySQL 语句)是:

```
insert into kjkm(科目编号, 科目名称, 借贷方向, 期初余额)
values("1012","其他货币资金", "1",150000.00)
```

利用 EditPlus 或其他的网页编辑软件在设置的虚拟目录(或默认的主目录)下建立 ASP 文件 kjkm_add. asp,用于向 zwcl 数据库的 kjkm 数据表中插入记录。ASP 网页文件 kjkm_add. asp 中的主要代码(<body>与</body>之间的代码)如下。

```
<%
'创建连接对象实例
set conn = server.createobject("adodb.connection")
'打开数据源
conn.open "zw"
'设置连接编码
conn.execute("set names gb2312")
'执行 SQL
strSQL = "insert into kjkm(科目编号, 科目名称, 借贷方向, 期初余额)"
strSQL = strSQL & "values('1012', '其他货币资金', '1', 150000.00)"
```

```
conn.execute(strSQL)
'反馈操作结果
response.write "已插入记录"
'关闭连接对象
conn.close
'释放连接对象
set conn = nothing
%>
```

2. 插入记录文件 kjkm_add.asp 的代码说明

（1）在 ASP 中，单引号' 表示注释，其右边是注释的内容。注释对程序的运行结果无影响，完全可以省略不写。

（2）由于使用 conn.open "zw" 打开数据源，因此，需要按 6.4.1 节"connection 对象的基础知识及应用"的介绍，为 zwcl 数据库建立名为 zw 的 ODBC 系统数据源。

（3）在语句 conn.execute(strSQL)中，strSQL = "insert into kjkm(科目编号，科目名称，借贷方向，期初余额) values('1012', '其他货币资金', '1', 150000.00)"，其中，命令字符串可以拆分成两个或若干较短的子字符串，然后以连接运算符 & 或＋连接起来。日期时间型数据、字符型数据两边用引号围住(注意，嵌套在双引号中的引号要写成单引号的形式，双引号中的单引号不表示注释)，但如果是数值型数据(包括整数、小数)，则两端不必加引号。

（4）"response.write "已插入记录""表示在浏览器端输出"已插入记录"的提示信息。

（5）关闭连接对象和释放连接对象的语句(conn.close 和 set conn＝nothing)可以省略。本书为减少篇幅往往在 ASP 中省略这两个语句。

（6）由于 kjkm 数据表中科目编号字段为主键，而数据表中主键对应的数据值是不能重复的，因此，运行此 kjkm_add.asp 时，要确保 kjkm 数据表中没有科目编号为 1012 的记录。比较完整的插入记录应用示例参见 7.2 节"输入与校验设计"。

6.4.3　查询记录

1. SQL 常用的查询语句格式

查询记录是管理信息系统最常用的操作，其 SQL 语句格式同前述 MySQL 数据库的 select 语句格式(参见 6.3.3 节"MySQL 数据库客户端命令格式与应用"中的"浏览与查询记录")。SQL 最常用的普通查询语句可分解为以下格式。

1) 常用格式一

（1）格式：select * from 数据表名 where 条件。

（2）功能：查找数据表中满足条件的记录。省略 where 子句时，表示列出数据表中全部记录。

（3）示例：查找 kjkm 数据表中所有一级科目的信息。

select * from kjkm where 科目编号 like "____"。

2) 常用格式二

（1）格式：select 字段1,字段2,… from 表名 where 条件。

（2）功能：查找表中满足条件的记录，并挑选出相关的列。

（3）示例：查找 kjkm 数据表中所有借方科目（借贷方向的值是 1）对应的科目编号、科目名称。

select 科目编号，科目名称 from kjkm where 借贷方向＝"1"。

3）常用格式三

（1）格式：select * from 数据表名 where 条件 order by 字段 1，字段 2　desc，…。

（2）功能：查找表中满足条件的记录，并按字段 1 排序，字段 1 的值相同的记录再按字段 2 排序，desc 表示降序，asc 表示升序，默认为升序。

（3）示例：查找 kjkm 数据表中期初余额小于或等于 150 000 的记录，并按借贷方向降序排序，借贷方向相同时按科目编号升序排序。

select * from kjkm where 期初余额<＝150000 order by 借贷方向 desc，科目编号 asc。

2. 查询记录示例（kjkm_select. asp 文件）

假如要查询 kjkm 数据表中科目名称包含"存款"的记录，并按科目编号排序（默认升序），那么，相应的 SQL 语句（或 MySQL 语句）是：

select * from kjkm where 科目名称 like "％存款％" order by 科目编号

利用 ASP 查找并输出 kjkm 数据表中科目名称包含"存款"的记录，要求输出结果按科目编号排序，ASP 文件 kjkm_select. asp 中的主要代码如下，运行结果如图 6-40 所示。

```
<%
set conn = server.createobject("adodb. connection")
conn. open "zw"
conn. execute("set names gb2312")
strSQL = "select * from kjkm where 科目名称 like '％存款％' order by 科目编号"
set rs = conn. execute(strSQL)
do while not rs. eof
  response. write rs("科目编号") & "," & rs("科目名称")
  response. write "," & rs("借贷方向") & "," & rs("期初余额")
  response. write "< br >"
  rs. movenext
loop
%>
```

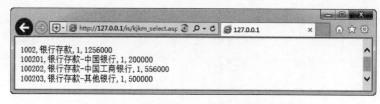

图 6-40　kjkm_select. asp 的运行结果

3. 查询记录文件 kjkm_select. asp 的代码说明

（1）由 strSQL 表示的 select 语句字符串可知，本例的功能是查询科目名称字段的值包含"存款"的所有记录，其中，条件子句"where 科目名称 like '％存款％'"中的百分号"％"匹配 0 个或若干任意字符，属于模糊查询的范畴。本例只是实现模糊查询功能的一个特例，完整的模糊查询应用参见 7.4.1 节"按指定的项模糊查询"。

（2）set rs＝conn. execute(strSQL)的作用是执行 strSQL 对应的查询命令，并返回一

个记录集对象实例(详见6.5节"利用 ASP 的记录集对象操作 MySQL 数据库"),该对象中包含查询到的全部记录。查询到的所有记录位于文件首标记和文件尾标记之间,若记录集无数据,则记录指针同时指向文件首标记和文件尾标记;若记录集有数据,则记录指针最开始指向第一条记录,可通过移动记录指针指向不同的记录,记录指针所在的记录称为当前记录。

(3) do while not rs.eof … loop 是循环语句结构,当记录指针没有指向记录集文件尾时执行循环体,其中 not rs.eof 表示记录指针没有遇到记录集的文件尾,response.write 的作用是向浏览器端输出其后表达式的值,rs("科目编号")表示记录集对象中当前记录的科目编号字段的值,其余字段以此类推,& 是连接运算符,
表示换行,rs.movenext 的作用是将指针移向下一条记录。由此可知,本例是将查到的记录按行输出,即一条记录占一行,每一行输出的是当前记录各字段的值,字段的值之间用逗号","隔开。应注意 response.write 语句(输出语句)的表示方法。更合理的查询输出格式是采用表格布局,参见7.4.1节"按指定的项模糊查询"中的图7-9。

(4) strSQL 表示的 select 语句字符串不同,查询结果也不相同。例如,将 kjkm_select.asp 文件中的"strSQL = "select * from kjkm where 科目名称 like '%存款%' order by 科目编号""语句替换成"strSQL = "select * from kjkm where 期初余额<=150000 order by 借贷方向 desc,科目编号 asc"",那么,运行 kjkm_select.asp 文件,查询到的结果就是 kjkm 数据表中所有期初余额小于或等于 150 000 的记录,并且按借贷方向降序排序,借贷方向相同时再按科目编号升序排序。再如,将上述"strSQL = "…""语句替换成"strSQL = "select * from kjkm"",再运行 kjkm_select.asp 文件,查询到的结果就是 kjkm 数据表的全部记录(相当于浏览 kjkm 数据表的记录)。

(5) 完整的查询记录的应用参见7.4节"查询设计"。

6.4.4 修改记录

1. 修改记录示例(kjkm_update.asp 文件)

在数据表中修改记录的 SQL 语句格式同 MySQL 数据库的 update 语句格式(参见6.3.3节"MySQL 数据库客户端命令格式与应用"中的"修改记录")一样。假如要对 zwcl 数据库 kjkm 数据表中科目编号为1012的记录的科目名称和期初余额进行修改,其 SQL 语句(或 MySQL 语句)是:

update kjkm set 科目名称 = "除现金、银行存款以外的各种货币资金",
期初余额 = 120000.00 where 科目编号 = "1012"

建立 ASP 文件 kjkm_update.asp,用于修改 kjkm 数据表中科目编号为1012的记录的科目名称和期初余额。ASP 网页文件 kjkm_update.asp 中的主要代码如下。

```
<%
set conn = server.createobject("adodb.connection")
conn.open "zw"
conn.execute("set names gb2312")
strSQL = "update kjkm set 科目名称 = '除现金、银行存款以外的各种货币资金'"
strSQL = strSQL & ",期初余额 = 120000.00 where 科目编号 = '1012'"
conn.execute(strSQL)
response.write "已修改记录"
%>
```

2. 修改记录文件 kjkm_update. asp 的代码说明

（1）由两个赋值语句为变量 strSQL 赋值后，strSQL 表示的是一个完整的 update 语句字符串，用于修改满足指定条件的记录的相关字段的值。应注意其表示方法。

（2）修改记录时一定要使用 where 语句指定更新条件，否则更新全部记录。另外，值与相应字段的数据类型要保持一致，更新主键的值时不能与表中已有数据重复。

（3）完整的修改记录的应用参见 7.5 节"修改设计"。

6.4.5　删除记录

1. 删除记录示例（kjkm_delete. asp 文件）

在数据表中删除记录的 SQL 语句格式同 MySQL 的 delete 语句格式（参见 6.3.3 节"MySQL 数据库客户端命令格式与应用"中的"删除与清空记录"）。假如要删除 kjkm 数据表中科目编号为 1012 的记录，其 SQL 语句（或 MySQL 语句）是：

delete from kjkm where 科目编号 = "1012"

利用 ASP 删除 kjkm 数据表中科目编号为 1012 的记录，并显示共删除多少条满足条件的记录，其 ASP 文件 kjkm_delete. asp 中的代码如下。

```
<%
set conn = server.createobject("adodb.connection")
conn.open "zw"
conn.execute("set names gb2312")
strSQL = "delete from kjkm where 科目编号 = '1012'"
conn.execute strSQL, number
response.write "共删除" & number & "条满足条件的记录"
%>
```

2. 删除记录文件 kjkm_delete. asp 的代码说明

（1）"conn. execute strSQL, number"语句的作用是执行 strSQL 表示的 delete 语句，并用变量 number 返回此删除操作所影响的记录条数，即 number 的值就是所删除的记录条数。假设执行此语句时删除了 1 条记录，则 response. write 语句输出的信息就是"共删除 1 条满足条件的记录"。应注意输出语句中的变量必须书写在双引号外面，与左右两边的子字符串用 & 连接起来。

（2）删除记录时，delete 语句一定要使用 where 子句指定删除条件，否则删除全部记录。

（3）完整的删除记录的应用参见 7.6 节"删除设计"。

6.5　利用 ASP 的记录集对象操作 MySQL 数据库

与使用 connection 对象类似，利用 ASP 内置的记录集对象按照一定的步骤操作 MySQL 数据库，也可以执行插入、查询、修改和删除记录等功能。更为重要的是，ASP 可以利用这些内置对象很好地完成管理信息系统中必备的数据统计与汇总计算等操作。

6.5.1 recordset 对象的基础知识

1. recordset 对象简介

recordset 对象也称记录集对象。recordset 对象可以创建一个记录集合(简称记录集),并将所需记录从表中取出。读取记录时,需要用到记录指针,指针所指向的记录为当前记录。记录集内的数据位于文件首标记和文件尾标记之间,记录指针指向第一条记录。若记录集内无数据,则记录指针同时指向文件首标记和文件尾标记。recordset 中的记录指针受游标类型(cursortype)的影响,不同的游标类型对记录进行的操作也有所不同。游标是系统为用户开设的一个数据缓冲区,存放 SQL 的执行结果。它包含两方面的内容,一是游标结果集(执行 select 语句所得到的结果集),二是游标位置(指向游标结果集内的某一条记录的指针)。当游标打开时,可以按行读取或修改结果集内的数据;当游标关闭时,查询结果集不存在。游标类型默认值为 0,表示记录指针只能在记录集中从首记录向末记录的方向移动,对简单的浏览或查询操作可提高性能。只要游标类型允许,便可以利用 recordset 对象的 movefirst,movelast,movenext,moveprevious 方法将记录指针移动到第一条、最后一条、下一条、上一条位置。利用 recordset 对象的其他属性和方法,结合 connection 对象,便可完成数据的添加、修改、删除、查询、浏览、分页显示等功能。操作过程中,数据源本身具有锁定的能力,可避免两个 SQL 查询操作同时写同一条记录。

2. recordset 对象的工作流程

recordset 对象的简要工作流程是:先创建与打开 connection 对象,再创建与打开 recordset 对象,然后处理 recordset 对象的记录,再关闭和释放 recordset 对象,最后关闭和释放 connection 对象。具体包括以下步骤。

(1) 创建 connection 对象,打开数据源,设置与数据库连接的编码。

```
<%
set conn = server.createobject("adodb.connection")
conn.open "连接字符串或 DSN 数据源"
conn.execute("set names gb2312")
%>
```

(2) 创建 recordset 对象。直接利用 server 对象的 createobject 方法建立 recordset 对象:

```
<% set rs = server.createobject("adodb.recordset") %>
```

(3) 打开 recordset 对象。创建记录集对象 rs 后,需要打开记录集并取得数据。利用记录集对象 rs 打开记录集的通用方法(或基本格式)如下:

```
<% rs.open "命令串",连接对象,游标类型,锁定类型,命令类型 %>
```

其中,命令串可以是 SQL 语句、数据表名、查询名或存储过程名对应的字符串,连接对象是指已创建的、当前正在使用的 connection 对象(如 conn),游标类型用于指定 recordset 对象的数据获取方法,锁定类型指定 recordset 对象的并发事件控制处理方式,而命令类型则指定命令串对应的命令类型,游标类型、锁定类型、命令类型均可以省略,但最后一项前各省略项后的逗号不能省略。示例如下:

```
<% rs.open "select * from kjkm",conn,1,1,1 %>
<% rs.open "kjkm",conn,1,1,2 %>
<% rs.open "kjkm",conn,1,1 %>
<% rs.open "kjkm",conn,,,2 %>
```

命令类型为 SQL 语句、数据表名、查询名或存储过程名时,取值分别对应于 1,2,4。未指定命令类型时,系统会自行判定查询信息的类型,但指定命令类型的值可以节省系统判定过程的时间,提高系统运行速度。游标类型和锁定类型的取值如表 6-2 和表 6-3 所示。

表 6-2　游标类型(**cursortype**)的取值及说明

游 标 类 型	值	说　　　明
adopenforwardonly (仅向前)	0	省略时默认的游标类型,只能向前浏览记录;对简单的浏览可提高性能,但 recordset 对象的很多属性和方法不能使用
adopenkeyset (键集)	1	其他用户对记录的修改将反映到记录集,但其他用户增加或删除的记录不反映到记录集;支持全功能的浏览
adopendynamic (动态)	2	功能最强,消耗资源最多;其他用户对记录的增加、删除或修改都会反映到记录集;支持全功能的浏览
adopenstatic (静态)	3	数据的快照,其他用户对记录的增加、删除或修改都无法反映到记录集;支持向前或向后移动

表 6-3　锁定类型(**locktype**)的取值及说明

锁 定 类 型	值	说　　　明
adlockreadonly (只读)	1	省略时默认的锁定方式,不能增加、修改、删除记录
adlockpessimistic (保守式)	2	最安全的锁定方式,编辑时立即锁定记录
adlockoptimistic (开放式)	3	调用 update 方法时才锁定记录,而在此之前其他操作者仍可对当前记录进行增加、删除或修改等操作
adlockbatchoptimistic (开放式批处理)	4	记录编辑时不会被锁定,而增加、删除或修改记录是在批处理方式下完成的

如果游标类型及锁定类型的值不易记住,也可以记住这些类型的名称,将文件 adovbs.inc(安装 IIS 或 PWS 后,在 C:\Program Files\Common Files\System\ado 目录中可找到此文件)复制到当前应用程序所在的目录中,并在该应用程序的开始部分加入代码<!--＃include file＝"adovbs.inc"-->,然后在打开记录集的语句中直接使用游标类型和锁定类型的名称即可。这时,代码<% rs.open "kjkm",conn,1,1 %>可写成以下形式:

```
<% rs.open "kjkm",conn,adopenkeyset,adlockreadonly %>
```

说明:adovbs.inc 是常量文件,它由 IIS/PWS 提供,存放着 ADO 所需的所有预定义常数,或者说包含着一些常用的 const 参数和其对应的值的对照声明。另外,如果是普通的查询或浏览、汇总、分组统计等操作(不包括分页显示),上述"创建 recordset 对象"和"打开 recordset 对象取得数据"也可以直接采用以下方式实现:

```
<% set rs = conn.execute("SQL 字符串") %>
```

其中,conn 是已经建立的连接对象,并且用该对象打开了相关的数据库。

（4）处理 recordset 对象的记录。打开 recordset 对象的记录集后，便可以使用 recordset 对象的属性和方法对记录集的数据进行输出和相应的其他处理。ASP 处理和输出记录集数据的基本原理如图 6-41 所示，打开记录集 rs，记录集的数据（或记录）位于文件首标记（rs. bof）和文件尾标记（rs. eof）之间；若有记录，则指针指向第一条记录；可循环执行输出指针所在记录（即当前记录）、指针移向下一记录位置（rs. movenext），直到指针指向文件尾（rs. eof 值为 true）时完成数据输出；打开记录集 rs，若无记录，则指针同时指向文件首和文件尾（rs. bof 和 rs. eof 值均为 true），不输出数据。

图 6-41　处理和输出记录集数据的基本原理

要利用 recordset 对象 rs 引用记录集当中字段的值，可采用 rs("字段名")、rs. fields ("字段名")、rs(序号)、rs. fields(序号)等形式，其中，记录集当中的字段名对应于数据表中的字段名，序号表示字段或表达式在记录集当中自 0 开始的顺序号。例如，科目名称是 kjkm 数据表中的第 2 个字段（自 0 开始的顺序号是 1），那么，记录集或 kjkm 数据表中当前记录的科目名称字段的值可用 rs("科目名称")或 rs. fields("科目名称")、rs(1)、rs. fields (1)表示，假设要输出当前记录的科目编号字段的值，则可任意使用以下 4 种形式之一：

```
<% response.write rs("科目名称") %>
<% response.write rs.fields("科目名称") %>
<% response.write rs(1) %>
<% response.write rs.fields(1) %>
```

若要将科目名称字段的值变为库存现金，则可任意使用以下形式之一：

```
<% rs("科目名称") = "库存现金" %>
<% rs.fields("科目名称") = "库存现金" %>
<% rs(1) = "库存现金" %>
<% rs.fields(1) = "库存现金" %>
```

注意：采用这种方式给字段赋值时，如果字段的值是由若干汉字构成的字符串，那么汉字的个数不能超过字段宽度的一半，否则，存储数据时会导致多步对象链接嵌入数据库（object linking and embedding database，OLE DB）操作产生错误。OLE DB 和 ODBC 类似，都是负责数据库连接的应用程序接口。ASP 中，ADO 调用先被送到 OLE DB，然后再交由 ODBC 处理。

（5）关闭并释放 recordset 对象（本步骤可省略）。关闭记录集对象采用 recordset 对象的 close 方法，而释放记录集对象 rs 使用 set rs＝nothing 即可。相应的 ASP 代码如下：

```
<%
rs.close
```

```
set rs = nothing
%>
```

（6）关闭并释放与数据库的连接（本步骤可省略）。关闭连接对象采用 connection 对象的 close 方法，而释放连接对象 conn 使用 set conn＝nothing 即可。相应的 ASP 代码如下：

```
<%
conn.close
set conn = nothing
%>
```

3. recordset 对象的常用属性

创建并打开 recordset 对象后，就可以设置或返回 recordset 对象的属性值。引用 recordset 对象的属性，可采用以下形式：

recordset 对象.属性

例如，所创建的 recordset 对象为 rs，则<% rs.absolutepage＝2 %>就表示将当前记录所在的页号设置为 2，而<% currentpage＝rs.absolutepage %>表示返回当前记录所在的页号并赋给变量 currentpage，其中 absolutepage 为 recordset 对象的属性之一。recordset 对象的常用属性及作用如下。

（1）absolutepage：设置或返回当前记录所在的页号。

（2）absoluteposition：设置或返回当前记录在记录集中的位置。

（3）bof：测试记录指针是否位于第一条记录之前。指针位于第一条记录之前为 true，否则为 false。

（4）cursortype：设置记录集所用的游标类型。

（5）cursorlocation：设置游标位置。1 为不使用游标服务（adusenone，已作废），2 为数据提供者或驱动程序提供的游标（aduseserver，默认），3 为使用本地游标库提供的客户端游标（aduseclient，也支持同义字 aduseclientbatch）。

（6）eof：当前记录指针位于最后一条记录之后为 true，否则为 false。

（7）locktype：设置记录集所用的锁定类型。

（8）pagecount：返回记录集所包含的页数，每页记录数由 pagesize 决定。

（9）pagesize：确定一页中所包含的记录条数。

（10）recordcount：返回记录集所包含的记录条数。

（11）sort：设置记录集的排序方式。

（12）source：设置记录集的数据来源，可以是 command 对象、SQL 语句、表名或存储过程。

4. recordset 对象的常用方法

创建并打开 recordset 对象后，就可以使用 recordset 对象的方法进行相关操作。引用 recordset 对象的方法，可采用以下形式：

recordset 对象.方法

例如，所创建的 recordset 对象为 rs，就可以用<% rs.movenext %>将记录指针移到下一条记录处，其中 movenext 是 recordset 对象的方法之一。recordset 对象的常用方法及其作用如下。

（1）addnew：增加一条记录。

（2）delete：删除一条记录。

（3）move：将记录指针移到指定位置。

（4）movefirst：将记录指针移到第一条记录处。

（5）movelast：将记录指针移到最后一条记录处。

（6）movenext：将记录指针移到下一条记录处。

（7）moveprevious：将记录指针移到上一条记录处。

（8）open：打开记录集。

（9）update：将修改结果保存到数据库中。

6.5.2　recordset 对象的应用举例

利用 recordset 对象对数据表进行增、查、改、删等操作，均可使用前述 MySQL 数据库的 select 语句。

【例1】　向 kjkm 数据表中添加一条记录，ASP 网页文件 kjkm_add_rs.asp 中的代码如下。

```
<%
set conn = server.createobject("adodb.connection")
conn.open "driver = {mysql odbc 3.51 driver}; server = localhost;" &_
        "database = zwcl; user = root; password = 12345678; port = 3306;"
conn.execute("set names gb2312")
set rs = server.createobject("adodb.recordset")
rs.open "select * from kjkm",conn,1,2,1
rs.addnew
rs("科目编号") = "1404"
rs("科目名称") = "材料成本差异"
rs("借贷方向") = "2"
rs("期初余额") = 40000
rs.update
response.write "已增加记录"
rs.close
set rs = nothing
conn.close
set conn = nothing
%>
```

说明如下。

（1）上述代码中，conn.open 所在行末的下画线_是续行符，表示该行与下一行构成一条完整的语句，即 conn.open "driver＝{mysql odbc 3.51 driver}；server＝localhost；database＝zwcl；user＝root；password＝12345678；port＝3306；"。如果不使用续行符，则一条语句不能拆行书写（不使用回车键换行的自然换行除外）。正常执行此语句的前提是正确安装了 MySQL ODBC 驱动程序（本书安装的是 mysql-connector-odbc-3.51.27-win32.msi，参见 6.4.1 节"connection 对象的基础知识及应用"中的"打开数据库连接"），注意不同版本的驱动程序书写方式也有所区别；由于使用的是 32 位的 MySQL ODBC，还应根据需要启用 32 位应用程序（参见 6.1.1 节"基本运行环境与 IIS 设置"中的"IIS 的安装与设置"）。

（2）"rs. open "select * from kjkm",conn,1,2,1"的作用是打开记录集,rs 中包括 kjkm 数据表中的全部记录。由于要向表中增加记录,所以要求锁定类型的值不能为 1,可以是 2 或 3。

（3）rs. addnew 的作用是向记录集 rs 增加一条记录,语句 rs("科目编号")="1404"就是将科目编号字段的值设置为 1404,该语句也可分别写成 rs. fields("科目编号")="1404"、rs. fields(0)="1404"、rs(0)="1404",其余类推。需要注意的是,本例中,由于科目编号是 kjkm 数据表的主键,所以要求增加或修改记录时,科目编号字段的值不能与其他记录的科目编号字段的值相同;而且,采用这种方式增加数据时,要求存储的汉字的个数不超过字段宽度的一半,否则会导致多步 OLE DB 操作产生错误。

（4）rs. update 的作用是以 rs 中新设置的各字段的值更新数据表的当前记录。

（5）response. write "已增加记录" 的作用是向浏览器输出提示信息。

【例 2】 查找并在表格中输出 kjkm 数据表的所有一级科目(科目编号位数为 4)的科目信息,并按借贷方向排序,借贷方向相同时按科目编号排序,其 ASP 文件 kjkm_select_rs. asp 中的代码如下,运行结果如图 6-42 所示。

```
<%
set conn = server.createobject("adodb.connection")
conn.open "driver = {mysql odbc 3.51 driver}; server = localhost;" &_
          "database = zwcl; user = root; password = 12345678; port = 3306;"
conn.execute("set names gb2312")
set rs = server.createobject("adodb.recordset")
strSQL = "select * from kjkm where 科目编号 like '____' order by 借贷方向,科目编号"
rs.open strSQL,conn
if rs.eof then
  response.write "没有符合条件的记录"
else
  response.write "<table border = '1'>"
  response.write "<caption>一级科目信息</caption>"
  response.write "<tr><th>科目编号</th><th>科目名称</th>" &_
                "<th>借贷方向</th><th>期初余额</th></tr>"
  do until rs.eof
    response.write "<tr>"
    response.write "<td>" & rs("科目编号") & "</td>"
    response.write "<td>" & rs("科目名称") & "</td>"
    response.write "<td>" & rs("借贷方向") & "</td>"
    response.write "<td>" & rs("期初余额") & "</td>"
    response.write "</tr>"
    rs.movenext
  loop
  response.write "</table>"
end if
%>
```

说明如下。

（1）查询记录的操作不对数据库和数据表进行修改,且记录指针的移动始终朝着记录集的下一条记录的方向移动,因此打开记录集时可以采用默认的游标类型和锁定类型,用语句"rs. open strSQL,conn"表示。

（2）打开记录集后,如果记录指针指向文件尾,说明记录集内无记录,输出"没有符合条

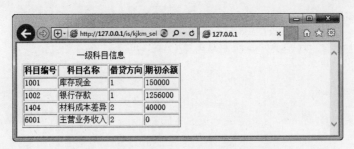

图 6-42　kjkm_select_rs.asp 的运行结果

件的记录"，否则，就以表格方式将记录集的各条记录依次输出。代码中，if rs. eof … else … end if 就分别表达了记录集内无记录和有记录时要执行的操作。

（3）do until rs. eof … loop 是直到型循环结构，表示在遇到文件尾前一直执行循环体。每执行一次循环体，就输出一条记录（一条记录占表格的一行），并将记录指针移到记录集的下一条记录位置，直到遇到文件尾时退出循环。此直到型循环结构也可以表示成当型循环结构，即 do while not rs. eof … loop。

【例3】　修改 kjkm 数据表中科目编号为 1404 的记录的借贷方向和期初余额，其 ASP 文件 kjkm_update_rs.asp 中的代码如下。

```
<%
set conn = server. createobject("adodb. connection")
conn. open "driver = {mysql odbc 3. 51 driver}; server = localhost;" &_
        "database = zwcl; user = root; password = 12345678; port = 3306;"
conn. execute("set names gb2312")
set rs = server. createobject("adodb. recordset")
rs. open "select * from kjkm where 科目编号 = '1404'",conn,1,2,1
rs. fields("借贷方向") = "2"
rs. fields("期初余额") = 40000
rs. update
response. write "已修改记录"
rs. close
set rs = nothing
conn. close
set conn = nothing
%>
```

说明如下。

（1）执行修改操作，打开满足条件的记录集时，锁定类型的值可以为 2 或 3，不能是 1。

（2）本例打开的记录集 rs 中，只包含一条满足条件的记录，修改相关字段的数据值后，需要使用 rs. update 方法才能将更改结果更新至数据库的数据表中。

（3）当采用这种方式修改记录时，如果给字段赋的值是汉字字符串，则需注意汉字的个数不能多于字段宽度的一半。

【例4】　删除 kjkm 数据表中科目编号以 1002 开头的所有记录，其 ASP 文件 kjkm_delete_rs.asp 中的代码如下。

```
<%
set conn = server. createobject("adodb. connection")
conn. open "driver = {mysql odbc 3. 51 driver}; server = localhost;" &_
        "database = zwcl; user = root; password = 12345678; port = 3306;"
```

```
conn.execute("set names gb2312")
set rs = server.createobject("adodb.recordset")
strSQL = "select * from kjkm where 科目编号 like '1002%'"
rs.open strSQL,conn,1,2
n = 0
do while not rs.eof
  rs.delete
  rs.movenext
  n = n + 1
loop
response.write "共删除" & n & "条记录!"
%>
```

说明如下。

（1）执行删除操作，打开记录集时要求锁定类型的值不能为 1。

（2）do while not rs.eof … loop 是当型循环结构，进入循环前 n＝0，每执行一次循环，删除一条记录，且记录指针移向下一条记录位置，n 的值增加 1，直到记录指针指向文件尾，结束循环。循环体共执行 n 次，共删除 n 条记录。执行 rs.delete 时，只删除指针所在的记录。

6.5.3 统计与计算

1. 用于数据统计与计算的 SQL 查询语句格式

管理信息系统最重要的功能之一就是输出报表，而报表中往往涉及数据的统计与汇总计算等操作。数据统计与计算操作实际上就是在数据表中查询符合条件的记录，然后对符合条件的记录分组（或不分组）统计记录个数、计算数据总值或平均值、求最大最小值。这就需要使用 MySQL 数据库的 select 语句进行查询，而且 select 语句的查询项目中应包含能求出这些值的相关表达式（参见 6.3.3 节"MySQL 数据库客户端命令格式与应用"中的"浏览与查询记录"）。MySQL 数据库中用于数据统计与计算的 select 语句可分解为以下基本格式。

1）不分组统计与计算的 SQL 语句格式

（1）格式：select 表达式 1 as 别名 1，表达式 2 as 别名 2，… from 表名 where 条件。

（2）功能：对数据表内满足 where 子句限定的条件的记录进行统计、汇总或相关计算。"as 别名 1"表示将"别名 1"作为统计结果中相应表达式的别名，省略时以相应的表达式作为它的别名；格式中也可不含 where 条件子句，这时就会在数据表的全部记录范围内分别进行统计、汇总或计算。格式中的表达式可以包含以下聚合函数：

count(＊)或 count(字段)：统计满足条件的记录数；

sum(数值型字段)：计算满足条件的记录在指定的数值型字段上的和；

avg(数值型字段)：计算满足条件的记录在指定的数值型字段上的平均值；

max(字段)：求满足条件的记录在指定的字段上的最大值；

min(字段)：求满足条件的记录在指定的字段上的最小值。

（3）示例。

统计 kjkm 数据表中一级科目的个数（即记录条数）：

select count(＊) as 一级科目个数 from kjkm where 科目编号 like "＿＿＿＿"。

列出 kjkm 数据表中期初余额最大和最小的科目的信息:

select * from kjkm where 期初余额 in(select max(期初余额)from kjkm)or 期初余额 in(select min(期初余额)from kjkm)。

2)分组统计与计算的 SQL 语句格式

(1)格式:select 字段,表达式 1 as 别名 1,… from 表名 where 条件 1 group by 字段 having 条件 2。

(2)功能:对数据表中所有满足条件 1 的记录按指定字段进行分组统计、汇总或相关计算,再对各组统计数据按 having 子句限定的条件 2 进行筛选,得出最终符合要求的统计结果。格式中也可不含"having 条件 2"子句,这时就会按指定字段进行分组,并在各组内进行统计、汇总或相关计算,得出统计结果。格式中的表达式仍然可以包含上述 count(*)或 count(字段)、sum(数值型字段)、avg(数值型字段)、max(字段)、min(字段)等聚合函数,用于分组统计各组内的记录总数、数据总值、数据平均值、最大值、最小值。

(3)示例。

在 kjkm 数据表的一级科目中按借贷方向分组统计借方科目(借贷方向值为 1 的组)和贷方科目(借贷方向值为 2 的组)的期初余额最大值、总值和平均值:

select 借贷方向,max(期初余额)as 期初余额最大值,sum(期初余额)as 期初余额总值,avg(期初余额)as 期初余额平均值 from kjkm where 科目编号 like '____' group by 借贷方向。

2. 利用 ASP 进行统计与计算应用示例(kjkm_groupBy. asp 文件)

假设在 kjkm 数据表的一级科目中按借贷方向分组统计借方科目(借贷方向值为 1 的组)和贷方科目(借贷方向值为 2 的组)的科目数(即记录条数)、科目编号最大值、期初余额最大值、期初余额最小值、期初余额总值、期初余额平均值,那么,相应的 MySQL 数据库语句是:

select 借贷方向,count(*)as 科目数,max(科目编号)as 科目编号最大值,max(期初余额)as 期初余额最大值,min(期初余额)as 期初余额最小值,sum(期初余额)as 期初余额总值,avg(期初余额)as 期初余额平均值 from kjkm where 科目编号 like "____" group by 借贷方向。

利用 ASP 实现此分组统计功能,其 ASP 文件 kjkm_groupBy. asp 的代码如下,运行结果如图 6-43 所示。

```
<%
set conn = server.createobject("adodb. connection")
conn. open "driver = {mysql odbc 3.51 driver}; server = localhost;" &_
        "database = zwcl; user = root; password = 12345678; port = 3306;"
conn. execute("set names gb2312")
set rs = server. createobject("adodb. recordset")
strSQL = "select 借贷方向,count(*) as 科目数,"&_
    "max(科目编号) as 科目编号最大值,"&_
    "max(期初余额) as 期初余额最大值,min(期初余额) as 期初余额最小值,"&_
    "sum(期初余额) as 期初余额总值,avg(期初余额) as 期初余额平均值"&_
    " from kjkm where 科目编号 like '____' group by 借贷方向"
    rem 注释:上一行双引号与 from 之间至少留有一个空格
```

```
    rs.open strSQL,conn
    response.write "<table border = '1' align = 'center'>"
    response.write "<caption><font size = '5' color = 'blue'>" &_
         "一级科目按借贷方向分组统计结果</font></caption>"
    response.write "<tr><th>借贷方向</th><th>科目数</th>" &_
         "<th>科目编号最大值</th><th>期初余额最大值</th>" &_
         "<th>期初余额最小值</th><th>期初余额总值</th>" &_
         "<th>期初余额平均值</th></tr>"
do while not rs.eof
    response.write "<tr>"
    response.write "<td>" & rs("借贷方向") & "</td>"
    response.write "<td>" & rs("科目数") & "</td>"
    response.write "<td>" & rs("科目编号最大值") & "</td>"
    response.write "<td>" & rs("期初余额最大值") & "</td>"
    response.write "<td>" & rs("期初余额最小值") & "</td>"
    response.write "<td>" & rs("期初余额总值") & "</td>"
    response.write "<td>" & rs("期初余额平均值") & "</td>"
    rs.movenext
    response.write "</tr>"
loop
response.write "</table>"
%>
```

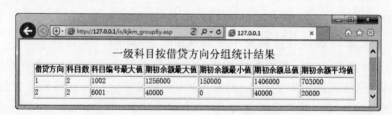

图 6-43   kjkm_groupBy.asp 的运行结果

3. 统计与计算文件 kjkm_groupBy.asp 的代码说明

（1）ASP 中，& 是字符串连接运算符，_ 是续行符，常用 &_ 表示按回车键后转到下一行，继续书写一个命令行剩余未写完的部分。

（2）rem 表示注释，注释所在的行可以省略不写。

（3）"set rs＝server.createobject("adodb.recordset")"和"rs.open strSQL,conn"这两个语句可以用 set rs＝conn.execute(strSQL)替代。其中，strSQL＝"select 借贷方向，count(＊) as 科目数，max(科目编号) as 科目编号最大值，max(期初余额) as 期初余额最大值，min(期初余额) as 期初余额最小值，sum(期初余额) as 期初余额总值，avg(期初余额) as 期初余额平均值 from kjkm where 科目编号 like '____' group by 借贷方向"。书写时，可以像 kjkm_groupBy.asp 文件中那样，将该 select 语句表示的字符串拆分成若干子字符串（空格也需要包含在子字符串中），并用 & 将子字符串连接成一个与拆分前一致的（或效果相同的）字符串，必须保证连接后形成的字符串能准确地表示一个完整的 select 语句，单词之间、单词和汉字之间至少保留 1 个空格。例如，子字符串"" from kjkm where 科目编号 like '____' group by 借贷方向""所在的行，from 和其左边双引号之间有至少一个空格，就是为了达到这种目的。

(4) 在 ASP 中使用记录集对象 rs 打开 select 语句对应的记录集,可以用 rs. fields. count 返回字段和表达式的个数,用 rs. fields(i). name 或 rs(i). name 返回第($i+1$)个字段的名称或表达式对应的别名,用 rs("第 i+1 个字段的名称或表达式的别名")、rs. fields("第 i+1 个字段的名称或表达式的别名")、rs. fields(i)或 rs(i)返回第($i+1$)个字段的值或表达式的值。例如,本例 strSQL 对应的 select 语句中,字段和表达式共有 7 个,其中第 2 个是表达式"count(*) as 科目数",因此,就可以用 rs. fields. count 返回 7(表示字段和表达式的总数),用 rs. fields(1). name 或 rs(1). name 返回第 2 个表达式的别名"科目数",用 rs("科目数")、rs. fields("科目数")、rs. fields(1)、rs(1)表示第 2 个表达式 count(*)的值。基于此,可以建立一个与 kjkm_groupBy. asp 等效的分组统计文件 selectOperation. asp,其 ASP 程序代码如下,运行结果和图 6-43 相同。

```
<%
set conn = server. createobject("adodb. connection")
conn. open "driver = {mysql odbc 3.51 driver}; server = localhost;" &_
        "database = zwcl; user = root; password = 12345678; port = 3306;"
conn. execute("set names gb2312")
strSQL = "select 借贷方向,count( * ) as 科目数,"&_
        "max(科目编号) as 科目编号最大值,"&_
        "max(期初余额) as 期初余额最大值,min(期初余额) as 期初余额最小值,"&_
        "sum(期初余额) as 期初余额总值,avg(期初余额) as 期初余额平均值"&_
        " from kjkm where 科目编号 like '____' group by 借贷方向"
        rem 注释: 上一行双引号与 from 之间至少留有一个空格
set rs = conn. execute(strSQL)
response. write "< table border = '1' align = 'center'>"
strCap = "一级科目按借贷方向分组统计结果"
response. write "< caption>< font size = '5' color = 'blue'>"& strCap & "</font></caption>"
response. write "< tr >"
for i = 0 to rs. fields. count − 1
  response. write "< th >" & rs(i). name & "</th>"
next
response. write "</tr>"
do while not rs. eof
  response. write "< tr >"
  for i = 0 to rs. fields. count − 1
    response. write "< td >" & rs(i) & "</td>"
  next
  rs. movenext
  response. write "</tr>"
loop
response. write "</table>"
%>
```

上述 selectOperation. asp 文件代码对于执行 select 语句的普通查询、浏览、统计等操作都是适用的,只需修改 strSQL 表示的 select 语句和 strCap 表示的表格标题即可。例如,将 strSQL 表示的命令行改成"strSQL="select * from kjkm order by 科目编号"",将 strCap 表示的命令行改成"strCap= "科目信息"",其余代码不变,就可以实现会计科目信息的浏览和按科目编号升序排序的功能,运行结果如图 6-44 所示。

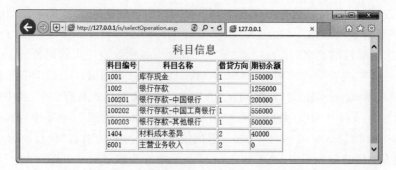

图 6-44　修改 strSQL 和 strCap 后 selectOperation.asp 的运行结果

6.6　ASP 文件调用与过程调用

一个 ASP 文件中的程序代码如果出现在其他 ASP 文件中,就可以被其他 ASP 文件调用,从而实现 ASP 程序的资源共享。同样,一个 ASP 文件中实现某个特定功能的过程代码,也可以被本 ASP 文件或其他 ASP 文件所调用,从而实现 ASP 过程代码的资源共享。文件调用和过程调用可以大大减少应用程序代码的数量,节约存储空间,提高编程效率,因此在管理信息系统 Web 编程中得到广泛应用。

6.6.1　文件调用与数据库连接程序的共享

1. 数据库连接程序共享文件(db_conn.asp 文件)

从前面的 ASP 程序代码可以看出,如果多个 ASP 文件访问相同的数据库,那么,创建 connection 对象实例、打开数据库连接、设置数据库连接编码的程序代码都是相同的。这个用于数据库连接的程序代码可以保存在一个名为 db_conn.asp 的数据库连接文件中,若其他 ASP 文件中包含这段数据库连接的程序代码,则可以通过调用 db_conn.asp 文件,达到程序代码共享的目的。其中,db_conn.asp 文件中的代码举例如下:

```
<%
set conn = server.createobject("adodb.connection")
conn.open "driver = {mysql odbc 3.51 driver}; server = localhost;" &_
          "database = zwcl; user = root; password = 12345678; port = 3306;"
conn.execute("set names gb2312")
%>
```

2. 文件调用方式

在一个 ASP 文件中调用另一个文件的网页代码,可以使用<!-- ♯include file="被调用文件的文件名" --> 或 <!-- ♯include virtual="虚拟目录别名/被调用文件的文件名" -->。

假设将 db_conn.asp 文件保存在别名为 is 的虚拟目录所对应的物理路径(如 E:\mis\webMIS)下,ASP 文件中若使用 db_conn.asp 文件的程序代码,就可以采用以下任意一种方式调用 db_conn.asp 文件:

(1) <!-- ♯include file="db_conn.asp" -->

(2) <!-- ♯include virtual="is/db_conn.asp" -->

注意：使用以上语句调用文件时，都需要书写在 ASP 使用该过程代码的地方，而且应写在<%与%>标记对之外。

3. 文件调用举例

已知 kjkm_update_rs. asp 文件(参见 6.5.2 节【例 3】)的功能是修改 zwcl 数据库 kjkm 数据表中科目编号为 1404 的记录的借贷方向和期初余额，db_conn. asp 文件的功能是打开与 zwcl 数据库的连接。因此，可以在 kjkm_update_rs. asp 文件中调用 db_conn. asp 文件的数据库连接功能，使 kjkm_update_rs. asp 中的代码变成如下内容。

```
<!-- # include file = "db_conn.asp" -->
<%
set rs = server.createobject("adodb.recordset")
rs.open "select * from kjkm where 科目编号 = '1404'",conn,1,2,1
rs.fields("借贷方向") = "2"
rs.fields("期初余额") = 40000
rs.update
response.write "已修改记录"
rs.close
set rs = nothing
conn.close
set conn = nothing
%>
```

读者可自行分析上述网页程序代码与 6.5.2 节【例 3】的代码的异同。需要说明的是，本书第 6 章和第 7 章的 ASP 文件中如果涉及创建 connection 对象实例、打开数据库连接、设置数据库连接编码的程序代码，都可以采用这种方式调用 db_conn. asp 文件。

6.6.2　过程调用与通用查询功能的实现

1. sub 过程的定义与调用

1) 定义 sub 过程

过程是用来执行特定任务的独立的程序代码，可以由 sub 和 end sub 进行定义，其基本语法结构如下：

```
sub 过程名(参数 1,参数 2, …)
    …
end sub
```

其中，参数是指形式参数，用于在调用程序和被调用过程之间传递信息，可以是常数、变量或表达式。即使不含参数，过程名后面的圆括号也不能省略。在 sub 过程中，也可以在需要的地方使用 exit sub 语句退出 sub 过程。

2) 调用 sub 过程

在 ASP 中，可以调用定义好的 sub 过程。调用 sub 过程可以使用以下两种方式之一：

(1) call 过程名(参数 1,参数 2,…)

(2) 过程名 参数 1,参数 2,…

其中，参数是指实际参数，与 sub 过程中定义的参数在数据类型、顺序上对应一致。

如果要在一个 ASP 文件中调用另一个文件中定义的 sub 过程，可以在 ASP 文件中先调用另一个文件，再调用文件中定义的 sub 过程，从而实现 sub 过程代码的共享。

2. 通用浏览、查询与统计功能的过程定义

从前面的 ASP 程序代码可以看出,执行普通的浏览、查询、统计等操作时,均使用了 select 语句,执行结果都是显示在带有各自标题的表格中。可以参照 6.5.3 节"统计与计算"提供的分组统计文件 selectOperation.asp 的程序代码,定义一个通用的执行 select 语句的过程,用于将执行结果按形式参数 strSQL 和 strCap 输出在表格中,其中 strSQL 表示 select 语句字符串,strCap 表示表格标题的字符串。假设这个通用的 select 语句执行过程的过程名为 SelOper,被定义在一个名为 SelOperSub.asp 的文件中,则 SelOperSub.asp 文件中的 sub 过程的程序代码如下。

```
<% sub SelOper(strSQL,strCap) %>
  <!-- # include file = "db_conn.asp" -->
  <%
  set rs = conn.execute(strSQL)
  response.write "< table border = '1' align = 'center'>"
  response.write "< caption >< font size = '5' color = 'blue'>"& strCap & "</font ></caption >"
  response.write "< tr >"
  for i = 0 to rs.fields.count - 1
    response.write "< th >" & rs(i).name & "</th >"
  next
  response.write "</tr >"
  do while not rs.eof
    response.write "< tr >"
    for i = 0 to rs.fields.count - 1
      response.write "< td >" & rs(i) & "</td >"
    next
    rs.movenext
    response.write "</tr >"
  loop
  response.write "</table >"
  %>
<% end sub %>
```

3. 通用浏览、查询与统计功能的过程调用方式

假设将 SelOperSub.asp 文件保存在别名为 is 的虚拟目录所对应的物理路径(如 E:\mis\webMIS)下,其他 ASP 文件中若使用上述过程代码,就可以采用以下方式调用 SelOperSub.asp 文件中的 SelOper(strSQL,strCap)过程:

```
<!-- # include file = "SelOperSub.asp" -->
<% SelOper strSQL,strCap %>
```

以上调用文件的语句<!-- #include file＝"SelOperSub.asp"-->也可以替换成<!-- #include virtual＝"is/SelOperSub.asp" -->。

4. 过程调用与通用查询功能举例

已知 selectOperation.asp 文件(参见 6.5.3 节)的功能是在 kjkm 数据表的一级科目中按借贷方向分组统计借方科目和贷方科目的科目数、科目编号最大值、期初余额最大值、期初余额最小值、期初余额总值、期初余额平均值,而 SelOperSub.asp 文件中定义的 SelOper (strSQL,strCap)过程的功能是将 strSQL 表示的 select 语句的执行结果以表格形式输出,表格的标题则是 strCap 表示的标题内容。因此,可以在 selectOperation. asp 文件中先为 strSQL,strCap 参数赋值,再调用 SelOperSub. asp 文件中的 SelOper(strSQL,strCap)过程,使 selectOperation. asp 中的代码变成如下内容即可。

```
<%
strSQL = "select 借贷方向,count( * ) as 科目数,"&_
    "max(科目编号) as 科目编号最大值,"&_
    "max(期初余额) as 期初余额最大值,min(期初余额) as 期初余额最小值,"&_
    "sum(期初余额) as 期初余额总值,avg(期初余额) as 期初余额平均值"&_
    "   from kjkm where 科目编号 like '____'group by 借贷方向"
strCap = "一级科目按借贷方向分组统计结果"
%>
<!-- # include file = "SelOperSub.asp" -->
<% SelOper strSQL,strCap %>
```

上述 selectOperation. asp 文件的执行结果参见图 6-43 所示的 kjkm_groupBy. asp 的运行结果。在进行普通查询、浏览、统计等操作时,只需在 ASP 文件中为参数 strSQL,strCap 正确赋值,并调用 SelOperSub. asp 文件中的 SelOper(strSQL,strCap)过程即可,从而实现了通用浏览、查询与统计功能的过程代码共享。例如,将上述代码中 strSQL 表示的命令行改成"strSQL = "select * from kjkm order by 科目编号"",将 strCap 表示的命令行改成"strCap= "科目信息"",其余代码不变,则 ASP 文件的运行结果参见图 6-44。

思考题

1. 什么是 IIS,如何安装 IIS? IIS 默认的主目录(物理路径)是什么? 如何启用父路径、32 位应用程序和目录浏览权限? 如何设置默认文档、创建虚拟目录、执行网页?

2. 什么是 HTML,什么是 ASP? 网页文件的基本结构如何,可以利用哪些编辑软件创建与修改网页文件?

3. HTML 中表示标题、换行、段落、空格、水平线的标记分别是什么? 如何利用 HTML 表示超链接、列表?

4. 一个完整的 HTML 表格包括哪几部分? 在网页中定义一个表格时,需要使用哪些标记对? 这些标记对中常用的属性有哪些,起什么作用?

5. HTML 表单的语法结构是什么? 常用的表单元素有哪些类型,这些表单元素有什么用途? 举例说明在 ASP 中如何利用 request 对象接收与处理来自表单的数据。

6. ASP 中,request("变量名")和 request. form("变量名")的作用是什么,二者有何区别?

7. ASP 中,response 对象的 write 方法起什么作用,如何使用? 代码<% response. write now() %>可以简写成什么形式?

8. 什么是 CSS,CSS 中有哪些分别用于设置字体、文本、图片(块)大小、图片(块)边框、图片(块)位置的主要属性? 举例说明如何定义和使用 CSS。

9. 什么是 ASP,其执行过程或大致工作流程是什么?

10. 如何创建和运行 ASP 程序? 编写 ASP 程序时需注意什么?

11. 什么是脚本和脚本语言,ASP 中可以使用的脚本语言有哪几种? 系统默认的脚本语言是什么,如何声明所使用的脚本语言?

12. ASP 程序中有哪些基本运算符? 常用的 VBScript 函数中,date(),time(),day(),now(),cdate(),cint(),csng(),cstr(),isdate(),isempty(),isnull(),isnumeric(),int(),trim(),len(),space(),rnd(),ucase(),inputbox(),msgbox(),createobject()分别有什么作用?

13. 假设 AppServ 的安装路径选择为 E:\Appserv,则安装 AppServ 后,MySQL 数据库的默认存储路径是什么? 举例说明如何修改(或重新设置)MySQL 数据库存储路径。

14. MySQL 数据库用户权限信息存放在哪个数据库、哪个数据表? 如何增加一个用户,如何修改用户密码和权限,如何删除用户? 用户如何登录 MySQL 数据库服务器?

15. connection 对象有何用途? 如何利用 server 对象的 createobject 方法创建 connection 对象实例? 如何打开和关闭数据库连接?

16. recordset 对象有何用途,如何利用 server 对象的 createobject 方法建立 recordset 对象实例? addnew,delete,update,movefirst,moveprevious,movenext,movelast 方法和 absolutepage,absoluteposition,cursorlocation,eof 属性各有什么作用?

17. 利用 recordset 对象打开记录集的基本格式是什么? 游标类型和锁定类型分别有哪几种取值,作用有何不同? 游标类型和锁定类型的默认值分别是什么?

18. 简述利用 connection 对象执行 MySQL 数据库操作的基本步骤。

19. 简述利用 recordset 对象执行 MySQL 数据库操作的基本步骤。

20. 简述 ASP 处理和输出记录集数据的基本原理。

21. MySQL 数据库与数据表上机操作。假设通信录数据库(tongxinlu 数据库)中包含通信录数据表(txl 数据表),设计 txl 数据表的结构如图 6-45 所示。请按照以下要求写出相应的 MySQL 数据库语句,然后完成上机操作。

Field	Type	Null	Key	Default	Extra
账号	varchar(16)	NO	PRI	NULL	
姓名	varchar(20)	YES		NULL	
性别	varchar(1)	YES		NULL	
出生日期	datetime	YES		NULL	
手机号	varchar(11)	YES		NULL	
邮政编码	varchar(6)	YES		NULL	
联系地址	varchar(50)	YES		NULL	

图 6-45　txl 数据表的结构

(1) 将字符集设置为 gb2312。

(2) 创建通信录数据库(数据库名为 tongxinlu)。

(3) 打开 tongxinlu 数据库。

(4) 在 tongxinlu 数据库中建立通信录数据表(数据表名为 txl),没有声明的约束条件或选项均采用默认设置。

(5) 查看所建 txl 数据表的结构。

(6) 在 txl 数据表中增加微信号字段,数据类型及宽度为 varchar(30)。

(7) 将 txl 数据表中微信号字段的数据类型及宽度修改为 varchar(40)。

(8) 删除 txl 数据表的微信号字段。

(9) 删除 txl 数据表的主键约束。

(10) 将 txl 数据表的账号字段设置为 varchar(16)、not null、主键。

（11）将 txl 数据表的默认字符集修改为 utf8（此小题只写 MySQL 数据库语句，暂不执行）。

（12）将 txl 数据表的存储引擎修改为 MyISAM（或 InnoDB）。

（13）在 txl 数据表中增加若干条记录。

（14）列出 txl 数据表中的全部记录。

（15）列出 txl 数据表中所有联系人的账号、姓名、手机号、邮政编码、联系地址。

（16）查询 txl 数据表中姓名为"张三""李四""王五"的联系人信息。

（17）查询 txl 数据表中所有姓张的联系人信息。

（18）查询 txl 数据表的联系地址中包含"郑州大学"的联系人信息，并按性别降序排序，性别相同的按姓名升序排序。

（19）将 txl 数据表中账号为 A0001 的联系人的手机号修改为 15188316017。

（20）统计 txl 数据表中所有联系人的人数。

（21）统计 txl 数据表中所有男性联系人的人数。

（22）分组统计 txl 数据表中男性联系人和女性联系人的人数。

（23）列出 txl 数据表中年龄最大和年龄最小的联系人的信息。

（24）列出 txl 数据表中年龄最大和年龄最小的男性联系人的信息，以及年龄最大和年龄最小的女性联系人的信息。

（25）删除 txl 数据表中姓名为"张三"的所有记录。

（26）删除 txl 数据表中的所有记录。

（27）删除 txl 数据表（只写 MySQL 数据库语句，暂不执行，以便第 6、第 7 章思考题上机操作使用）。

（28）删除 tongxinlu 数据库（只写语句，暂不执行，以便第 6、第 7 章思考题上机操作使用）。

22. ASP＋MySQL 数据库上机操作。假设通信录数据库（tongxinlu 数据库）中含有通信录数据表（txl 数据表），txl 数据表的结构如图 6-45 所示（见第 21 题）。请建立 MySQL ODBC 系统数据源，数据源名为 contact，对应 tongxinlu 数据库。然后，设计 ASP 程序代码，实现以下功能：

（1）向 txl 数据表中添加一条新记录，账号、姓名、性别、出生日期、手机号、邮政编码、联系地址的值分别为 A0001、张三、男、2002-2-2、13673717703、450001、河南省郑州市科学大道 100 号郑州大学管理学院。

（2）将 txl 数据表中账号为 A0001 的联系人的手机号修改为 15188316017。

（3）查询 txl 数据表中联系地址包含"郑州大学"的联系人的信息，并按性别进行排序，输出结果在表格中显示。

（4）按性别分组统计 txl 数据表中男性联系人和女性联系人的人数、出生日期最大值、出生日期最小值，输出结果在表格中显示。

（5）删除 txl 数据表中账号为 A0001 的联系人信息。

23. 请简述 ASP 中如何进行文件调用与过程调用，并参照 6.6 节建立 db_conn.asp 和 SelOperSub.asp 文件，再分别建立 txl_cx3.asp 和 txl_cx4.asp 文件，通过调用 db_conn.asp 及 SelOperSub.asp 文件中的过程，完成第 22 题的第（3）、第（4）小题。

第7章

Web信息管理系统设计与编程案例

7.1 Web 信息管理系统案例概述

Web 信息管理系统是指运行于 Web 环境 B/S 模式下的管理信息系统。本章以 Web 账务处理系统设计与实现为例,阐述 Web 信息管理系统各功能模块的组织与菜单管理技术,并着重以会计科目设置(包括增加科目、浏览科目信息、分页显示、查询科目、修改科目、删除科目)、用户管理、系统登录的 Web 编程为例,论述 Web 信息管理系统的设计与实现。在 Web 信息管理系统编程之前,首先要明确 Web 信息管理系统的任务与功能结构,然后根据系统开发的相关事项做好各项准备工作。

7.1.1 Web 信息管理系统的任务与功能结构分析

假设这里 Web 信息管理系统指的是 Web 账务处理系统,其他应用系统的任务与功能结构分析同理。账务处理系统是企业管理信息系统最重要的一种子系统,其基本工作任务是由原始凭证填制记账凭证,再由记账凭证登记总账、明细账、现金日记账和银行存款日记账,并根据总账、明细账编制会计报表(资产负债表、利润表、现金流量表、所有者权益变动表、财务报表附注),如图 7-1 所示。

在会计电算化条件下,需要按会计要求将原始凭证的数据输入记账凭证文件中,而输入记账凭证时,必须确保输入的相关科目是合理合法的会计科目。而这些合理合法的科目被事先保存在会计科目表文件中,以便在账务处理时进行必要的科目核对。会计科目表文件中包括科目编号、科目名称、期初余额、借贷方向等数据,一般在系统初始化时进行设置,设置科目的工作包括输入科目、查询科目、修改科目、删除科目等相关处理,期末(或年末)需要以本期(或年末)的科目期末余额和借贷方向作为下期(或下年)的科目期初余额和借贷方向,更新会计科目表文件,以便进行下期(或下年)账务处理。借助会计科目表文件,就可以方便地进行记账凭证的相关处理了。记账凭证处理涉及凭证的输入、查询、修改、删除、审核等操作,其中凭证输入处理不仅要确保科目合理合法,而且要确保输入记账凭证文件的数据

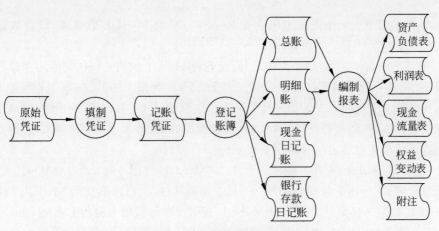

图 7-1 账务处理系统的任务

正确无误。记账凭证文件和会计科目表文件是实现账务处理中登记账簿乃至编制报表等功能的基础和依据。

由此可见,账务处理系统的基本功能就是会计科目设置、记账凭证处理、登记账簿(包括登记总账、明细账、现金日记账、银行存款日记账)、编制或生成资产负债表和利润表等会计报表,并进行必要的预览和打印输出。根据会计的特点和会计操作的要求,账务处理系统还应具备结转和用户管理等功能,结转功能模块包括期末结转和年末结转,主要目的是更新会计科目表文件中下期或下年的科目期初余额和借贷方向;而用户管理模块包括用户注册、修改密码、用户注销等功能,以便用户合理登录和使用系统。

因此,账务处理系统主要由会计科目设置、记账凭证处理、登记账簿、编制会计报表、账表预览与打印、结转、用户管理等功能模块组成。账务处理系统的功能模块结构如图 7-2 所示,可根据实际需要增加必要的功能项(例如,可在"会计科目设置"模块下增加"浏览科目信息""科目分页显示"等项)。

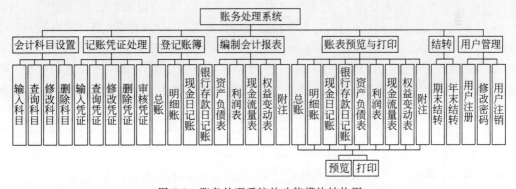

图 7-2 账务处理系统的功能模块结构图

其中,账表预览与打印模块下的各子模块又分别包括预览和打印两个功能子模块,例如,总账子模块下包括总账预览、总账打印子模块。

7.1.2 Web 信息管理系统开发的相关事项

1. 系统开发环境设置

本章以 Windows(IIS)+ASP+MySQL 作为管理信息系统开发和运行的环境,需要在

Window 操作系统下安装与设置 IIS(含安装 ASP),安装 MySQL 数据库,设置数据库存储目录,安装 MySQL ODBC 驱动程序。

(1) 安装与设置 IIS(含安装 ASP)。假设各种 HTML 文件、ASP 文件均存储在服务器上虚拟目录别名 is 对应的 E:\mis\webMIS 目录下,按照 6.1.1 节"基本运行环境与 IIS 设置"安装和设置 IIS。注意,安装 IIS 时需要选择 ASP 组件(见图 6-1),才能使用 ASP;设置 IIS 时需要启用 32 位应用程序(见图 6-6)、设置虚拟目录(见图 6-8~图 6-10)。为方便系统开发操作,还可根据需要启用目录浏览权限(见图 6-7)。

(2) 安装 MySQL 数据库。按照 6.3.1 节"MySQL 数据库基础"中"MySQL 数据库的下载、安装和测试"所述下载和安装 MySQL 数据库软件,之后才能使用 MySQL 数据库。

(3) 设置数据库存储目录。假设 MySQL 数据库存储在服务器的 D:\mis\mydata 目录下,按照 6.3.1 节"MySQL 数据库基础"中"MySQL 数据库的存储目录"所述,在 MySQL 数据库配置文件 my.ini 中设置 datadir="D:\mis/mydata/"(见图 6-26),注意需要将原数据库存储目录下的所有文件和子目录复制到 D:\mis\mydata\ 目录下,并重新启动 MySQL 数据库。

(4) 安装 MySQL ODBC 驱动程序。按照 6.4.1 节"connection 对象的基础知识及应用"中"打开数据库连接"所述,下载 MySQL 数据库的 ODBC 驱动程序(本书下载的 MySQL ODBC 驱动程序文件是 mysql-connector-odbc-3.51.27-win32.msi)。双击下载的驱动程序文件,按照默认选项进行安装。这样,便可以在 ASP 中利用 ODBC 技术连接 MySQL 数据库。

2. 数据库与数据表

本章主要以 Web 账务处理系统主要功能模块的设计和实现,阐释一般 Web 信息管理系统的设计与实现技术。账务处理系统一般需要建立账务处理数据库和相关数据表,其中,数据表主要包括会计科目数据表、记账凭证数据表(含记账凭证主数据表、记账凭证附数据表)、总账数据表、明细账数据表、现金日记账数据表、银行存款日记账数据表、资产负债数据表、利润数据表、现金流量数据表、所有者权益变动数据表、附注数据表、用户密码数据表等数据表,这些数据表以文件的形式保存在指定的(或默认的)数据库存储目录下(如存储在已在 my.ini 文件中设置好的 D:\mis\mydata/目录下),分别用于存储各种账表的数据。这里,为说明 Web 信息管理系统的设计和实现方法,主要论述和介绍会计科目设置、菜单设计、用户注册、系统登录等功能模块的设计与 Web 编程技术。

本章需要建立的数据库是账务处理数据库(zwcl 数据库),数据表只需建立会计科目数据表(kjkm 数据表)和用户密码数据表(mima 数据表)。如果已建立 zwcl 数据库和 kjkm 数据表、mima 数据表,则此步骤可忽略,否则应先创建此数据库和数据表。

首先,按照 6.3.1 节"MySQL 数据库基础"中"MySQL 数据库的存储目录"将 D:\mis\mydata 目录设置为 MySQL 的数据库存储目录(见图 6-26),在 MySQL 数据库命令行客户端使用"create database if not exists zwcl;"命令在 D:\mis\mydata 目录下建立账务处理数据库 zwcl。

然后,按照 6.3.3 节"MySQL 数据库客户端命令格式与应用"中的"建立数据表"在 zwcl 数据库中建立 kjkm 数据表和 mima 数据表。也就是,在 MySQL 数据库命令行客户端,在 mysql>提示符后执行"use zwcl;"命令后,再分别输入和执行以下命令:

（1）create table kjkm（科目编号 varchar(10) not null primary key，科目名称 varchar(40) not null，借贷方向 varchar(1)，期初余额 decimal(12,2)）；

（2）create table mima（账号 varchar(16) not null，密码 varchar(16)，primary key（账号））；

这样建立的 kjkm 数据表包含科目编号、科目名称、借贷方向、期初余额字段，其中，前三个字段均为字符型数据，期初余额字段为数值型数据，科目编号字段为主键。kjkm 数据表的结构如图 6-32 所示。

mima 数据表包含账号和密码字段，字段数据类型均为字符型，其中，账号字段为主键。mima 数据表的结构如图 6-33 所示。

值得注意的是，由于 ASP 中使用 OLE DB 和 ODBC 访问 MySQL 数据库，所以，建立数据表时，如果字段的值是汉字字符串，则字符型字段的宽度应设计成可容纳汉字个数的 2 倍，以避免多步 OLE DB 操作产生错误。

3. 调用数据库连接过程的程序文件

本章许多 ASP 文件都包含了创建 connection 对象实例、打开数据库连接、设置数据库连接编码的程序代码，因此，可以按照 6.6.1 节"文件调用与数据库连接程序的共享"所述，先建立一个名为 db_conn. asp 的用于执行数据库连接过程的程序文件，然后在需要执行此程序代码的地方，使用<!-- ♯include file＝"db_conn. asp" -->或<!-- ♯include virtual＝"is/db_conn. asp" --> 调用 db_conn. asp 文件即可。

调用数据库连接过程的程序文件，可以减少程序代码重复，实现程序资源共享，但可能导致程序的可理解性变差。

本章为便于读者更好地理解程序，保留了原来的数据库连接过程的程序代码。

7.2　输入与校验设计

数据输入模块是管理信息系统的一个关键性的处理模块，输入数据的正确性与可靠性是管理信息系统发挥其功能的重要保证，输入模块设计的好坏将直接影响管理信息系统的正常使用。输入模块设计与实现的基本原理是首先设计与建立简便易用的用户输入界面（表单）及相关的数据库和数据表文件，然后选择合适的程序设计语言，并根据信息输入的程序流程设计相应的程序代码；程序代码运行时，用户通过用户输入界面从键盘录入所要求的原始数据，所录入的数据经校验后符合要求时将被存储在指定的数据表文件中，不满足要求时则不能保存到相应的数据表文件，而且应当有相应的提示信息。Web 信息管理系统中数据输入功能的实现，需要先设计一个在客户端浏览器运行的信息输入表单（HTML 文件），再设计一个用于接收和处理表单数据的信息处理程序（如 ASP 文件），共同完成数据的输入功能，而表单数据的正确性校验既可以在服务器端进行，也可以在客户端进行。

7.2.1　数据输入与服务器端校验技术

1. 基于 Web 的科目输入表单（add. html 文件）

为实现通过 Web 向 zwcl 数据库的 kjkm 数据表（简称"zwcl. kjkm 数据表"或"kjkm 数据表"）添加数据，设计输入科目表单，如图 7-3 所示。该表单对应的 HTML 文件为 add.

html,保存在前述虚拟目录别名 is 对应的 E:\mis\webMIS 路径下。假定处理该表单数据的网页文件为同一文件夹下的 add.asp 文件,考虑到各文本输入区域(即文本框)中输入的汉字、字符个数不能超过数据表中相应字段的宽度,设计 add.html 中的网页代码如下。

```html
< html >
< head >< title >信息输入</title ></head >
< body >
< form action = "add.asp" method = "post">
< center >
< font size = "5" color = "blue" face = "隶书">增加科目信息</font >
</center >
< hr color = "green">
< table align = "center">
< tr >
< td align = "right">科目编号:</td >
< td >< input type = "text" name = "kmbh" maxlength = "10" size = "10"></td >
</tr >
< tr >
< td align = "right">科目名称:</td >
< td >< input type = "text" name = "kmmc" maxlength = "20" size = "26"></td >
</tr >
< tr >
< td align = "right">借贷方向:</td >
< td >< input type = "text" name = "jdfx" maxlength = "1" size = "2"></td >
</tr >
< tr >
< td align = "right">期初余额:</td >
< td >< input type = "text" name = "qcye" maxlength = "12" size = "12"></td >
</tr >
</table >
< table align = "center" cellpadding = "10">
< tr >
< td >< input type = "submit" value = "提交">
    < input type = "reset" value = "重填">
</td >
</tr >
</table >
</form >
</body >
</html >
```

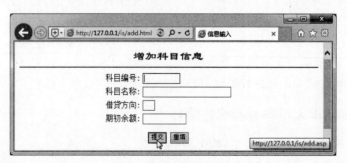

图 7-3　输入科目表单

说明：上述 add.html 文件的代码中，<form action="add.asp" method="post">与</form>定义了一个表单，表单数据以 post 方式传递到服务器由 add.asp 文件进行处理；<table align="center">与</table>定义了第一个表格（不显示表格线），表格的行由<tr>与</tr>标识，单元格由<td>与</td>标识；单元格中<input type="text" name="kmmc" maxlength="20" size="26">表示 name 属性值为 kmmc 的文本框，maxlength 属性规定了文本框中允许输入的字符个数的最大值（注意，如果输入的是汉字，maxlength 的值应取对应字段宽度的一半，若汉字个数超过字段宽度的一半，存储数据时会导致多步 OLE DB 操作产生错误），size 属性定义了文本框的长短（宽度）；<table align="center" cellpadding="10">与</table>定义了第二个表格（不显示表格线），其中，cellpadding 用于指定单元格边界与内部内容之间的空白距离（像素数）；<input type="submit" value="提交">则是指"提交"按钮，若表单运行期间单击此按钮，表单的数据将提交给 add.asp 文件进行处理。

2. 处理表单数据的 ASP 程序（add.asp 文件）

在输入科目表单对应的界面，单击"重填"按钮可重置表单；单击"提交"按钮时，若表单中的数据符合要求，则执行向 zwcl.kjkm 数据表添加数据的操作，若表单中的数据不符合要求，则不保存数据，且返回出错提示信息。根据会计科目数据表中存储数据的要求，针对不同的出错情况，提示信息分别为：①科目编号位数至少为 4 位；②科目编号不能重复；③科目编号位数应为偶数位；④请先输入上级科目；⑤期初余额格式不正确。可在出错提示信息右边或下方显示"返回"超链接，以便单击此超链接返回到上一页面（输入了数据的表单界面）修改相应数据后继续操作。处理表单数据的网页文件 add.asp 中的程序代码对应如下。

```
<%
strKmbh = request.form("kmbh")  '接收从表单传递来的科目编号值
strKmmc = request.form("kmmc")
strJdfx = request.form("jdfx")
strQcye = request.form("qcye")
if len(strKmbh)< 4 then
  response.write "科目编号位数至少为 4 位"
  response.write "< br >< a href = javascript:history.back()>返回</a>"
  b = 1 '长度小于 4 位,不符合添加数据条件
else
  set conn = server.createobject("adodb.connection")  '建立连接对象
  strConn = "driver = {mysql odbc 3.51 driver}; server = localhost; database = zwcl;"
  strConn = strConn & "user = root; password = 12345678; port = 3306;"
  conn.open strConn '打开数据源
  conn.execute("set names gb2312")
  set rs = server.createobject("adodb.recordset")  '建立记录集对象
  if len(strKmbh)> 4 then
    if len(strKmbh) mod 2 <> 0 then
      response.write "科目编号位数应为偶数位"
      response.write "< br >< a href = javascript:history.back()>返回</a>"
      b = 1 '长度为奇数位,不符合添加数据条件
    else
      strSQL = "select * from kjkm where 科目编号 = '"
      strSQL = strSQL & left(strKmbh,len(strKmbh) - 2) & "'"
      rs.open strSQL,conn '打开上级科目对应的记录集
```

```
        if rs.eof then '若上级科目对应的记录集中无记录
            response.write "请先输入上级科目"
            response.write "<br><a href=javascript:history.back()>返回</a>"
            b=1 '无上级科目,不符合添加数据条件
        else
            b=0 '有上级科目
        end if
        rs.close '必须关闭Recordset对象,以便再次使用
      end if
    else
      b=0 '科目编号位数为4位
    end if
  end if
  if b=0 then
    if isnumeric(strQcye) then
      strSQL="select * from kjkm where trim(科目编号)='"& trim(strKmbh) & "'"
      rs.open strSQL,conn,,2 '以可更新方式打开科目编号对应的记录集
      if rs.eof then '如果记录指针指向文件尾,则科目编号不重复
        rs.addnew '在记录集中增加一条新记录
        rs("科目编号")=strKmbh '新记录科目编号字段的值取接收到的值
        rs("科目名称")=strKmmc
        rs("借贷方向")=strJdfx
        rs("期初余额")=cdbl(strQcye)
        rs.update '以记录集中的数据更新数据表
        response.redirect "add.html" '重定向到输入科目表单
      else
        response.write "科目编号不能重复"
        response.write "<br><a href=javascript:history.back()>返回</a>"
      end if
    else
      response.write "期初余额格式不正确."
      response.write "<br><a href=javascript:history.back()>返回</a>"
    end if
  end if
%>
```

说明如下。

(1) 程序 add.asp 中,strKmbh=request.form("kmbh")表示用变量 strKmbh 接收和存储从表单传递来的科目编号的值(即 name 属性值为 kmbh 的文本框中的值),len(strKmbh)用于求出接收到的科目编号的位数。len(strKmbh) mod 2 用于计算接收到的科目编号的位数除以 2 所得的余数,余 0 表示科目编号的位数是偶数,余 1 则为奇数。left(strKmbh,len(strKmbh)-2)用于求出所接收到的科目的上级科目的科目编号,这里假定,科目编号的位数大于 4 时,其左边的"长度-2"位构成其上级科目的科目编号;一级科目的科目编号为 4 位,没有上级科目。isnumeric(strQcye)用于判断 strQcye(接收到的期初余额)是否能转换为数值型数据,值为 true 表示可转换为数值型,为 false 则不能转换为数值型数据。

(2) "if 条件 then … else … end if"是选择结构,条件成立时执行 then 和 else 之间的语句,条件不成立时执行 else 和 end if 之间的语句。

(3) 在程序 add.asp 中,conn 是连接对象,conn.open strConn 用于打开变量 strConn

所表示的数据源。strConn＝"driver＝{mysql odbc 3. 51 driver}；server＝localhost；database＝zwcl；user＝root；password＝12345678；port＝3306；"是一个字符串，表示MySQL 数据库对应的驱动程序、服务器名、数据库名、用户名、密码、端口号（默认 port＝3306 可省略）。conn. execute（"set names gb2312"）用于指定与数据库连接用的字符集编码。

（4）b＝1 表示以下三种情况之一：科目编号位数低于 4 位；科目编号位数大于 4 位，但不为偶数位；科目编号位数大于 4 位且为偶数位，但无上级科目。这些情况下，数据不能保存，需根据提示修改输入数据的值，再执行添加数据操作。

（5）b＝0 表示以下两种情况之一：科目编号位数为 4 位；科目编号位数大于 4 位，且为偶数位，又有上级科目。这些情况下，只要期初余额数据格式正确，且科目编号不重复，即可将数据增加到数据表中，否则不能保存数据，需根据提示修改成正确的期初余额或不重复的科目编号的值，再执行添加数据操作。因此，程序 add. asp 中，当 b＝0 时，在期初余额数据格式正确的前提下，如果输入表单的科目编号在 kjkm 数据表中不存在，则将表单上的输入数据作为一条记录保存在该数据表中。

（6）对数据库和数据表进行访问的主要步骤是：建立连接对象，打开数据源，建立记录集对象，打开记录集取得数据，处理记录集对象的记录，参见程序 add. asp 中的注释。ASP 中，非双引号中的单引号 '表示注释（双引号中的单引号不是注释）。

（7）语句"strSQL＝"select * from kjkm where 科目编号＝'""和"strSQL＝strSQL & left(strKmbh,len(strKmbh)－2) & "'"最终表示为"strSQL＝"select * from kjkm where 科目编号＝'" & left(strKmbh,len(strKmbh)－2) & "'"，用于在 kjkm 数据表中查询待输入科目的上级科目；而语句"strSQL＝"select * from kjkm where trim(科目编号)＝'"& trim(strKmbh) & "'"用于在 kjkm 数据表中查询科目编号与待输入科目的科目编号值相同的记录，trim()函数的作用是截去字符串前导和尾部空格（即删掉字符串中最左和最右边的所有空格）。

（8）rs 是记录集对象，"rs. open strSQL,conn"用于以只读方式打开记录集，执行此语句后，如果还要使用 rs 对象打开其他记录集，就必须先使用 rs. close 关闭该记录集对象，然后再打开其他记录集。"rs. open strSQL,conn,,2"表示用 conn 连接对象以可更新方式打开 strSQL 对应的记录集，其中 2 所在位置表示锁定类型，用于指定记录集对象的并发事件控制处理方式，值为 2（保守式）、3（开放式）或 4（开放式批处理）时表示记录集可用于增加、修改、删除记录，为 1（只读）或省略时表示以只读方式打开记录集；两个逗号之间应该说明打开记录集的游标类型，用于指定记录集对象的数据获取方法，省略表示取值为 0，只能向前浏览记录，游标类型取值允许为 0（仅向前）、1（键集）、2（动态）或 3（静态）。格式中 strSQL 是 SQL 的 select 语句对应的字符串，常用的 select 语句的格式类似于："select * from 数据表 where 条件 order by 字段名 1 desc,字段名 2 asc"，表示从数据表中选择满足条件的记录，并按字段名 1 降序排序，字段名 1 的值相同的记录再按字段名 2 升序排序；打开记录集后，可用 rs. addnew 增加一条新记录，"rs("期初余额")＝cdbl(strQcye)"表示为新记录的期初余额字段赋值，其中 cdbl()函数的作用是将数据转换为 double 类型（数值型数据）；注意这种方式给字符型字段赋的值如果是汉字字符串，则要求汉字的个数不超过字段宽度的一半，否则会导致多步 OLE DB 操作产生错误；给字段赋值（或修改字段值）后用

rs. update 更新数据表,即可在数据表中增加记录。增加记录后需要用类似 response. redirect "add. html"的语句重定向到数据输入表单,以便继续输入数据。

(9) response. write "
<a href=javascript:history. back()>返回</a>"表示向浏览器端输出"返回"超链接,单击此超链接可返回到上一网页页面。一般在出错提示信息右边或下方位置显示此"返回"超链接,以便返回上一页面继续操作。

7.2.2 数据输入与客户端校验技术

1. 输入科目表单(zengjia. html)

在进行信息输入时,有些数据可以在客户端验证其正确性,就没必要去服务器上校验,只有在客户端无法验证的数据(如需要与数据表中的数据进行对比的数据),才在服务器端校验。这样,浏览器端表示数据输入表单的网页代码复杂了,但服务器端用于处理表单数据的 ASP 程序代码简单了,系统的整体执行效率提高了。

设计科目信息输入表单如图 7-4 所示。表单对应的网页文件名为 zengjia. html,利用 JavaScript 实现对输入的科目编号和期初余额进行校验,主要校验科目编号的位数是否低于 4、多于 4 位的科目编号的位数是否为偶数、期初余额是否为空值(或是否为仅由空格构成的字符串)、期初余额格式是否正确,如果这些数据不符合要求,则提示出错信息;假设这些数据符合要求,则单击"提交"按钮后表单的数据交由 zengjia. asp 文件进行处理。输入科目表单文件 zengjia. html 中的网页代码如下。

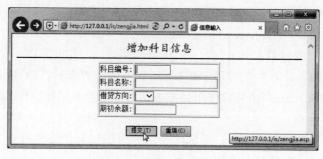

图 7-4 输入科目表单

```
<html>
<head>
<title>信息输入</title>
<script type = "text/javascript">
<!--
function CheckKmbh(){                       //验证科目编号
  if (document.form1.kmbh.value.length<4){
    alert("科目编号位数至少为 4 位!");
    document.form1.kmbh.focus();
    return false;
  }else{
    if (document.form1.kmbh.value.length % 2!= 0){
      alert("科目编号位数应为偶数位!");
      document.form1.kmbh.focus();
      return false;
    }
  }
```

```
        return true;
    }
function CheckQcye(){              //验证期初余额
    var x = document.form1.qcye.value;
    var reg = /^\s * $ /;
    if(reg.test(x)){
        window.alert("期初余额不能为空");
        document.form1.qcye.focus();
        document.form1.qcye.value = "";
        return false;
    }else{
        if(isNaN(x)){
            alert("期初余额格式不正确!");
            document.form1.qcye.focus();
            document.form1.qcye.value = "";
            return false;
        }else{
            return true;
        }
    }
}
-->
</script>
</head>
< body >
< form action = "zengjia.asp" method = "post" name = "form1">
< center >
< font size = "5" color = "blue" face = "楷体">增加科目信息</font >
</center >
< hr color = "purple">
< table border = "1" align = "center">
< tr >
    < td align = "right">科目编号:</td >
    < td >< input type = "text" name = "kmbh" maxlength = "10" size = "10"
        onBlur = "return CheckKmbh()" autofocus = "autofocus"></td >
</tr >
< tr >
    < td align = "right">科目名称:</td >
    < td >< input type = "text" name = "kmmc" maxlength = "20" size = "26"></td >
</tr >
< tr >
    < td align = "right">借贷方向:</td >
    < td >
        < select name = "jdfx">
            < option value = "" selected >
            < option value = "1">借
            < option value = "2">贷
        </select >
    </td >
</tr >
< tr >
    < td align = "right">期初余额:</td >
    < td >< input type = "text" name = "qcye" maxlength = "12" size = "12"
        onBlur = "return CheckQcye()"></td >
```

```
    </tr>
    </table>
    <p align="center">
      <input type="submit" value="提交(T)" onclick="return CheckQcye()" accesskey="T">
      <input type="reset" value="重填(C)" accesskey="C">
    </p>
    </form>
    </body>
    </html>
```

说明如下。

(1) 此 HTML 表单利用 JavaScript 实现人机交互,进行数据验证。保证输入的科目编号位数不低于 4 位、科目编号位数为偶数位、期初余额数据格式正确,才以 post 方式将表单数据传递给 zengjia.asp 文件进行表单数据的处理。

(2) <script type="text/javascript">与</script>之间定义了两个函数,其中,CheckKmbh() 函数用于验证科目编号格式的正确性,CheckQcye() 函数用于验证期初余额数据的正确性,在相应的文本框失去焦点及单击"提交"按钮时调用执行。调用时检验输入的相关值是否正确,若不正确,则返回 false,数据有错的文本框获得焦点;若正确,则返回 true,按正常情况继续之后的操作。function CheckKmbh(){…}中,document.form1.kmbh 表示科目编号文本框对象,document.form1.kmbh.value 表示科目编号文本框中的值,document.form1.kmbh.value.length 表示科目编号的长度(位数),alert() 表示带有"确定"按钮的信息提示框,document.form1.kmbh.focus() 表示科目编号文本框获得焦点。function CheckQcye() {…}中,变量 x=document.form1.qcye.value 表示期初余额文本框中的值,reg=/^\s* $/ 表示值为 0 个或若干空格的正则表达(其中 ^匹配字符串开始,$ 匹配字符串结束,\s 匹配空格,* 表示匹配任意次前面的一个字符,? 匹配 0 次或 1 次,+ 匹配 1 次或多次),reg.test(x)用于测试 x 的值是否与 reg 表示的正则表达式相匹配(匹配时返回逻辑"真"值,不匹配时返回逻辑"假"值),isNaN(x)主要用于判断 x 的值是否为非数字数据(x 不是数值型数据和数字串数据时返回逻辑"真"值,x 是数值型数据、数字串数据或仅由若干空格构成的字符串时返回逻辑"假"值)。

(3) 代码<input type="text" name="kmbh" maxlength="10" size="10" onBlur= "return CheckKmbh()" autofocus="autofocus">表示的文本框中,onBlur="return CheckKmbh()"的作用是此文本框失去焦点时调用函数 CheckKmbh(),若数据不符合要求,则此文本框获得焦点,直到数据正确才继续往下执行。代码<input type="submit" value="提交(T)" onclick="return CheckQcye()" accesskey="T">表示的提交按钮中,onclick="return CheckQcye()"的作用是单击此按钮时先触发 CheckQcye() 函数,预防没有输入期初余额的值(或期初余额格式不符合要求)就将表单的数据请求提交到服务器,只有正确输入期初余额(CheckQcye() 函数返回 true)才将表单数据提交到服务器上的 zengjia.asp 文件进行处理;accesskey="T" 表示按 Alt+T 组合键可以代替单击此"提交"按钮的操作。

2. 处理表单数据的网页(zengjia.asp)

在 zengjia.html 中,已验证科目编号位数不低于 4 位、科目编号位数为偶数位、期初余额数据格式正确。所以,在处理表单数据的网页文件 zengjia.asp 中,只需验证科目编号位数大于 4 位时必须有上级科目已输入,且科目编号不能重复。当不满足这些要求时,需要提示相关出错信息和用于返回上一页面的"返回"超链接;针对不同的出错情况,相应的提示分别为"请先输入上级科目""科目编号不能重复"。当符合多于 4 位的科目编号有上级科目,且科目编号不重复时,向 kjkm 数据表中添加数据,添加数据后重定向到科目输入表单。zengjia.asp 的程序代码如下。

```
<%
strKmbh = request.form("kmbh") '接收来自表单的值
strKmmc = request.form("kmmc")
strJdfx = request.form("jdfx")
strQcye = request.form("qcye")
b = 0 '预设置符合要求的条件
set conn = server.createobject("adodb.connection")
strConn = "driver = {mysql odbc 3.51 driver}; server = localhost; database = zwcl;"
strConn = strConn & "user = root; password = 12345678; port = 3306;"
conn.open strConn
conn.execute("set names gb2312")
set rs = server.createobject("adodb.recordset")
if len(strKmbh)> 4 then
  strSQL = "select * from kjkm where 科目编号 = '"
  strSQL = strSQL & left(strKmbh, len(strKmbh) - 2) &"'"
  rs.open strSQL, conn
  if rs.eof then
    b = 1 '无上级科目,不符合添加数据条件,修改 b 的值
    response.write "请先输入上级科目"
    response.write "< br >< a href = javascript:history.back()>返回</a>"
  end if
end if
if b = 0 then
  set rs2 = server.createobject("adodb.recordset")
  strSQL = "select * from kjkm where trim(科目编号) = '"& trim(strKmbh) &"'"
  rs2.open strSQL, conn, , 2
  if rs2.eof then
    rs2.addnew
    rs2("科目编号") = strKmbh
    rs2("科目名称") = strKmmc
    rs2("借贷方向") = strJdfx
    rs2("期初余额") = CDbl(strQcye)
    rs2.update
    response.redirect "zengjia.html"
  else
    response.write "科目编号不能重复"
    response.write "< br >< a href = javascript:history.back()>返回</a>"
  end if
end if
%>
```

（1）zengjia.asp 文件的程序代码中,已确保接收到的数据满足以下条件：科目编号位数不低于 4 位,科目编号位数为偶数位,期初余额数据格式正确。所以,只需进一步检验所接收科目的科目编号是否重复及科目编号位数大于 4 时是否存在上级科目。

（2）可以根据需要创建不同的记录集对象,以打开不同的记录集。本例中建立了 rs 和 rs2 两个记录集对象。

（3）rs 对象用于检验科目编号位数大于 4 时是否存在上级科目，无上级科目时 b＝1，不能向数据表中添加数据。

（4）b＝0 表示科目编号位数要么正好 4 位（一级科目），要么位数大于 4（非一级科目）且存在上级科目，只要科目编号不重复就可以保存数据；在 b＝0 的情况下，利用 rs2 对象检验接收到的科目编号值是否重复，科目编号值不重复时就将接收到的来自表单的数据（一级科目或存在上级科目的科目）作为一条记录添加到 kjkm 数据表。

（5）将本节数据校验与输入功能的设计思路和网页程序代码同 7.2.1 节进行比较。

（6）假设按本节（或 7.2.1 节）输入 kjkm 数据表中的内容如表 7-1 所示，不用的科目可以不必输入（或删除），这里只是示范性举例，主要说明相关科目的科目编号，并列举在后面的应用程序中可能用到的一些模拟性数据。

表 7-1　输入会计科目数据表（kjkm 数据表）中的内容

科目编号	科目名称	期初余额	借贷方向	科目编号	科目名称	期初余额	借贷方向
1001	库存现金	150 000.00	1	1461	融资租赁资产	0.00	1
1002	银行存款	1 256 000.00	1	1471	存货跌价准备	0.00	2
100201	银行存款-中国银行	200 000.00	1	1501	持有至到期投资	0.00	1
100202	银行存款-中国工商银行	556 000.00	1	1502	持有至到期投资减值准备	0.00	2
100203	银行存款-其他银行	500 000.00	1	1503	可供出售金融资产	0.00	1
1012	其他货币资金	150 000.00	1	1511	长期股权投资	0.00	1
1101	交易性金融资产	0.00	1	1512	长期股权投资减值准备	0.00	2
1121	应收票据	246 000.00	1				
1122	应收账款	300 000.00	1	1521	投资性房地产	0.00	1
1123	预付账款	100 000.00	1	1531	长期应收款	0.00	1
1131	应收股利	0.00	1	1532	未实现融资收益	0.00	1
1132	应收利息	0.00	1	1601	固定资产	1 500 000.00	1
1221	其他应收款	5000.00	1	1602	累计折旧	400 000.00	2
1231	坏账准备	900.00	2	1603	固定资产减值准备	0.00	2
1301	贴现资产	0.00	1	1604	在建工程	1 500 000.00	1
1302	拆出资金	0.00	1	1605	工程物资	0.00	1
1303	贷款	0.00	1	1606	固定资产清理	0.00	1
1304	贷款损失准备	0.00	1	1621	生产性生物资产	0.00	1
1321	代理业务资产	0.00	1	1622	生产性生物资产累计折旧	0.00	2
1401	材料采购	500 000.00	1				
1402	在途物资	0.00	1	1623	公益性生物资产	0.00	1
1403	原材料	900 000.00	1	1701	无形资产	600 000.00	1
1404	材料成本差异	80 000.00	1	1702	累计摊销	0.00	2
1405	库存商品	500 000.00	1	1703	无形资产减值准备	0.00	2
1406	发出商品	30 000.00	1	1711	商誉	0.00	1
1407	商品进销差价	0.00	2	1801	长期待摊费用	100 000.00	1
1408	委托加工物资	0.00	1	1811	递延所得税资产	0.00	1
1411	周转材料	0.00	1	1901	待处理财产损溢	0.00	1

科目编号	科目名称	期初余额	借贷方向	科目编号	科目名称	期初余额	借贷方向
2001	短期借款	300 000.00	2	4103	本年利润	0.00	2
2101	交易性金融负债	0.00	2	4104	利润分配	0.00	2
2201	应付票据	200 000.00	2	4201	库存股	0.00	2
2202	应付账款	953 800.00	2	5001	生产成本	0.00	1
2203	预收账款	0.00	2	5101	制造费用	0.00	1
2211	应付职工薪酬	300 000.00	2	5201	劳务成本	0.00	1
2221	应交税费	0.00	2	5301	研发支出	0.00	1
2231	应付利息	0.00	2	6001	主营业务收入	0.00	2
2232	应付股利	0.00	2	6011	利息收入	0.00	2
2241	其他应付款	50 000.00	2	6021	手续费及佣金收入	0.00	2
2314	代理业务负债	0.00	2	6051	其他业务收入	0.00	2
2401	递延收益	0.00	2	6101	公允价值变动损益	0.00	2
2501	长期借款	1 600 000.00	2	6111	投资收益	0.00	2
2502	应付债券	0.00	2	6301	营业外收入	0.00	2
2701	长期应付款	0.00	2	6401	主营业务成本	0.00	1
2702	未确认融资费用	0.00	2	6402	其他业务成本	0.00	1
2711	专项应付款	0.00	2	6403	营业税金及附加	0.00	1
2801	预计负债	0.00	2	6411	利息支出	0.00	1
2901	递延所得税负债	0.00	2	6421	手续费及佣金支出	0.00	1
3002	货币兑换	0.00	1	6601	销售费用	0.00	1
3101	衍生工具	0.00	1	6602	管理费用	0.00	1
3201	套期工具	0.00	1	6603	财务费用	0.00	1
3202	被套期项目	0.00	1	6604	勘探费用	0.00	1
4001	实收资本	5 000 000.00	2	6701	资产减值损失	0.00	1
4002	资本公积	0.00	2	6711	营业外支出	0.00	1
4101	盈余公积	150 000.00	2	6801	所得税费用	0.00	1
4102	一般风险准备	0.00	2	6901	以前年度损益调整	0.00	2

7.3　浏览与分页显示设计

　　管理信息系统最常用的操作就是数据浏览和信息查询,而信息查询需要指定查询条件,数据浏览则不需要。从功能实现的角度看,信息查询需要设计查询界面(表单),数据浏览要简单得多。无论是浏览还是查询,当输出结果用一个页面显示不完时,可采用分页显示。本节阐述 Web 信息管理系统的浏览与分页显示技术。

7.3.1　浏览技术

1. 浏览功能实现与浏览机理说明

　　浏览是 Web 信息管理系统的基本功能之一,就是将数据表中的记录全部显示出来。假如要按科目编号升序排序来显示 zwcl.kjkm 数据表中的数据,可在虚拟目录别名 is 对应的路径下建立 liulan.asp 文件,其网页程序代码如下,相应的浏览结果如图 7-5 所示。

```
<!doctype html>
<html>
  <head><title>浏览记录</title></head>
<body>
<%
'建立连接对象
set conn = server.createobject("adodb.connection")
'打开数据源
strConn = "driver = {mysql odbc 3.51 driver}; server = localhost; database = zwcl;"
strConn = strConn & "user = root; password = 12345678; port = 3306;"
conn.open strConn
'设置数据库连接用的字符集
conn.execute("set names gb2312")
'建立并打开记录集对象
set rs = conn.execute("select * from kjkm order by 科目编号")
'以表格方式输出结果
response.write "<table border = '1' align = 'center'>"
response.write "<caption><font size = '5' color = 'blue'>科目信息</font></caption>"
response.write "<tr><th>科目编号</th><th>科目名称</th>" &_
              "<th>借贷方向</th><th>期初余额</th></tr>"
do while not rs.eof
  response.write "<tr>"
  response.write "<td>" & rs.fields("科目编号") & "</td>"
  response.write "<td>" & rs("科目名称") & "</td>"
  response.write "<td>" & rs("借贷方向") & "</td>"
  response.write "<td>" & rs("期初余额") & "</td>"
  rs.movenext
  response.write "</tr>"
loop
response.write "</table>"
rs.close
set rs = nothing
conn.close
set conn = nothing
%>
</body>
</html>
```

图 7-5　网页文件 liulan.asp 的执行结果

说明如下。

（1）执行"set rs＝conn.execute("select * from kjkm order by 科目编号")"语句后，会建立并打开记录集对象 rs。该语句可替换成以下两个语句：

```
set rs = server.createobject("adodb.recordset")
rs.open "select * from kjkm order by 科目编号",conn
```

其中,"rs. open "select ＊ from kjkm order by 科目编号",conn"语句用于以只读方式打开 kjkm 数据表对应的记录集,格式中省略游标类型(默认为 0)和锁定类型(默认为 1),这种方式打开的记录集仅用于向前浏览和查询记录的操作,而且对于简单的浏览与查询可提高性能。

(2) 如果记录集 rs 中有数据,则记录集刚打开时,记录指针指向第一条记录位置;否则,如果记录集为空(无数据),则记录指针指向文件首和文件尾位置。若 rs. eof(或 rs. bof)的值为逻辑"真"值,表示记录指针指向了文件尾(或文件首)位置;否则,若记录指针指向某一记录位置,则该记录为当前记录。当前记录各字段的值可以用 rs. fields("字段名")、rs("字段名")表示,也可以用 rs. fields(序号)、rs(序号)表示,注意记录集 rs 的第 n 个字段(或表达式)对应的序号是 $n-1$。例如,kjkm 数据表中第一个字段名为"科目编号",则记录集 rs 对应的第 1 个字段就是"科目编号",当前记录的科目编号字段的值就可以用 rs. fields("科目编号")、rs("科目编号")、rs. fields(0) 或 rs(0) 表示。

(3) 打开记录集后,以表格方式显示结果。先输出表格标题(默认在表格上方居中)和表格第一行各列的标题,再用 do while not rs. eof … loop 结构循环输出表格各行的数据,每次循环输出一条记录,每条记录占表格的一行,输出一行或一条记录后将记录指针移向下一条记录位置。代码中,"response. write "<td>" & rs. fields("科目编号") & "</td>""表示向浏览器输出表格的单元格,单元格内显示当前记录的"科目编号"字段的值。rs. movenext 的作用是记录指针从当前记录位置移到下一条记录位置,或从最后一条记录移到文件尾位置。

(4) 为提高系统整体运行效率,可关闭、释放不再使用的记录集对象和连接对象。例如,使用 rs. close 关闭记录集对象,使用 set rs＝nothing 使记录集对象从内存中释放。同样,可使用 conn. close 关闭连接对象,使用 set conn＝nothing 使连接对象从内存中释放。

2. 浏览功能程序代码的另一种表示方法

上述 liulan. asp 文件对应的 ASP 程序代码中,"set rs＝conn. execute("select ＊ from kjkm order by 科目编号")"可用"set rs＝server. createobject("adodb. recordset")"和 "rs. open "select ＊ from kjkm order by 科目编号",conn"这两个语句替代,基本的 HTML 标记所标记的内容可以书写在<% … %>标记对之外。因此,liulan. asp 文件中的<body>与</body>之间的程序代码也可书写成以下形式(运行效果与图 7-5 相同)。

```
<%
set conn = server. createobject("adodb. connection")
strConn = "driver = {mysql odbc 3.51 driver}; server = localhost; database = zwcl;"
strConn = strConn & "user = root; password = 12345678; port = 3306;"
conn. open strConn
conn. execute("set names gb2312")
set rs = server. createobject("adodb. recordset")
rs. open "select ＊ from kjkm order by 科目编号",conn
%>
< table border = "1" align = "center">
    < caption >< font size = "5" color = "blue">科目信息</font></caption>
    < tr >< th>科目编号</th>< th>科目名称</th>
        < th>借贷方向</th>< th>期初余额</th></tr>
    < % do while not rs. eof %>
```

```
        <tr>
            <td><% response.write rs(0) %></td>
            <td><% = rs(1) %></td>
            <td><% = rs("借贷方向") %></td>
            <td><% response.write rs("期初余额") %></td>
        </tr>
        <% rs.movenext %>
    <% loop %>
</table>
```

说明如下。

(1) <% … %>标记对之内可以包含一行或若干行 ASP 命令代码，这些代码称为 ASP 脚本，ASP 脚本可以嵌入 HTML 文档结构中。

(2) 在<% … %>标记对中，如果只有一个 response. write 语句，则 response. write 可以用等号＝表示。

7.3.2 分页显示技术

1. 利用超链接实现分页显示

网页浏览内容较多时，可以采用分页显示。利用超链接分页显示浏览结果的基本思路是，首先连续显示分页处理后各页面的页号，第 1 页的页号先不带超链接，其余页号均带有超链接；当单击某个超链接页号时，立即将该超链接所在页面作为当前页显示出来，同时当前页页号不含超链接，非当前页页号均带有超链接。针对 zwcl. kjkm 数据表中的数据，分页显示结果如图 7-6 所示，用于实现分页显示功能的网页文件 fenye1. asp 中的程序代码如下。

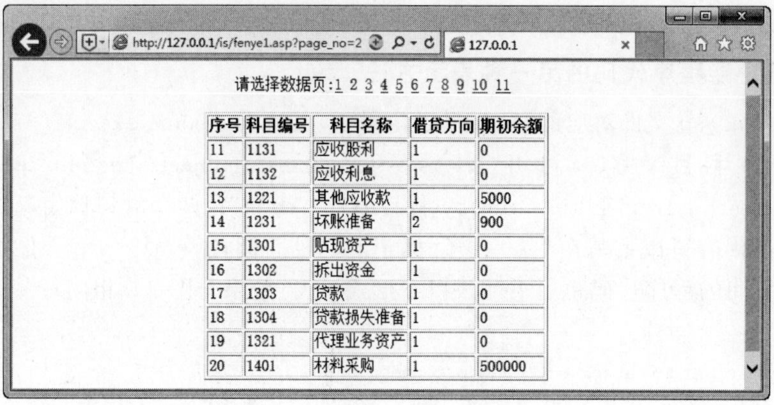

序号	科目编号	科目名称	借贷方向	期初余额
11	1131	应收股利	1	0
12	1132	应收利息	1	0
13	1221	其他应收款	1	5000
14	1231	坏账准备	2	900
15	1301	贴现资产	1	0
16	1302	拆出资金	1	0
17	1303	贷款	1	0
18	1304	贷款损失准备	1	0
19	1321	代理业务资产	1	0
20	1401	材料采购	1	500000

图 7-6 利用超链接实现分页显示

```
<%
set conn = server.createobject("adodb.connection")
strConn = "driver = {mysql odbc 3.51 driver}; server = localhost; database = zwcl;"
strConn = strConn & "user = root; password = 12345678; port = 3306;"
conn.open strConn
'设置数据库连接用的字符集
conn.execute("set names gb2312")
set rs = server.createobject("adodb.recordset")
rs.cursorlocation = 3 '值是 3 时表示为本地游标库提供的客户端游标
```

```
rs.open "select * from kjkm order by 科目编号",conn,1
page_size = 10 '设置每页记录数
rs.pagesize = page_size
page_total = rs.pagecount '总页数
if not rs.bof and not rs.eof then '若记录集非空
  if request.querystring("page_no") = "" then
    page_no = 1 '首次运行页号为第1页
  else
    page_no = cint(request.querystring("page_no")) '取单击超链接时选择的页号
  end if
  response.write "<p align = 'center'>"
  response.write "请选择数据页:"
  for i = 1 to page_total '以超链接显示各页号,当前页页号不带超链接
    if i = page_no then
      response.write i&" "
    else
      response.write "<a href = '?page_no = "&i&"'>"&i&"</a> "
      '例:response.write "<a href = 'fenye1.asp?page_no = 4'>4</a> "
    end if
  next
  response.write "</p>"
  rs.absolutepage = page_no '设置当前页的位置
  response.write "<table border = 1 align = 'center'>"
  response.write "<tr><th>序号</th><th>科目编号</th><th>科目名称</th>"&_
                 "<th>借贷方向</th><th>期初余额</th></tr>"
  i = 1
  do while (not rs.eof) and i <= rs.pagesize
    response.write "<tr>"
    response.write "<td>"&((page_no-1) * page_size + i)&"</td>"
    '此处也可用 rs.absoluteposition 返回记录在记录集中的绝对位置(序号)
    response.write "<td>"&rs("科目编号")&"</td>"
    response.write "<td>"&rs("科目名称")&"</td>"
    response.write "<td>"&rs("借贷方向")&"</td>"
    response.write "<td>"&rs("期初余额")&"</td>"
    response.write "</tr>"
    rs.movenext
    i = i + 1
  loop
  response.write "</table>"
else
  response.write "数据表中无记录"
end if
rs.close
set rs = nothing
conn.close
set conn = nothing
%>
```

说明如下。

（1）建立记录集对象 rs 后，"rs.open "select * from kjkm order by 科目编号",conn,1"可以打开记录集对象，其中 1 所在位置表示游标类型，游标类型取值为 0,1,2 或 3 均可用于分页显示。实现分页显示功能时，需利用 rs.pagesize 设置（或返回）每页显示的记录的条数，然后可以用 rs.pagecount 和 rs.absolutepage 分别返回（或设置）记录集所包含记录的总页

数、当前记录所在的页号。

(2) for … next 是步长循环结构，用于以超链接形式连续显示各页页号，只有当前页页号不带超链接。“response. write "< a href='?page_no="&i&"'>"&i&"</a> ""”用于在浏览器端以超链接显示非当前页页号，当单击页号超链接时，就会以 get 方式向服务器传递 page_no 变量和相应的页号值(? 号前省略网页文件名时，默认接收与处理请求的网页是该网页文件本身)，并交由本网页接收与处理，request. querystring("page_no")用于接收传递来的页号值(数字字符)，cint(request. querystring("page_no"))将接收的数字字符转换为整型值，即转换为待显示的页号值。

(3) “do while (not rs. eof) and i<=rs. pagesize … loop”也是循环结构，用于显示当前页信息，i 是循环变量，进入循环前 i 的值初始化为 1，每执行一次循环其值增加 1；如果记录指针没指向文件尾且 i 的值小于或等于每页记录条数，则执行循环体；每次循环输出一条记录，每条记录占表格的一行；退出循环时，当前页显示完毕。

2. 利用命令按钮实现分页显示

也可以利用“首页”“上一页”“下一页”和“尾页”命令按钮实现浏览结果的分页显示。首次执行分页显示时显示第一页信息，网页页面包含“首页”“尾页”按钮，并且如果当前页号小于总页数，还显示“下一页”按钮；如果当前页号大于 1，则同时显示“上一页”按钮。单击各命令按钮时，在浏览器上输出与显示相应的页面信息。实现此功能的网页文件为 fenye2. asp，分页显示结果如图 7-7 所示，其 ASP 程序代码如下。

序号	页号	科目编号	科目名称	借贷方向	期初余额
11	2	1131	应收股利	1	0
12	2	1132	应收利息	1	0
13	2	1221	其他应收款	1	5000
14	2	1231	坏账准备	2	900
15	2	1301	贴现资产	1	0
16	2	1302	拆出资金	1	0
17	2	1303	贷款	1	0
18	2	1304	贷款损失准备	1	0
19	2	1321	代理业务资产	1	0
20	2	1401	材料采购	1	500000

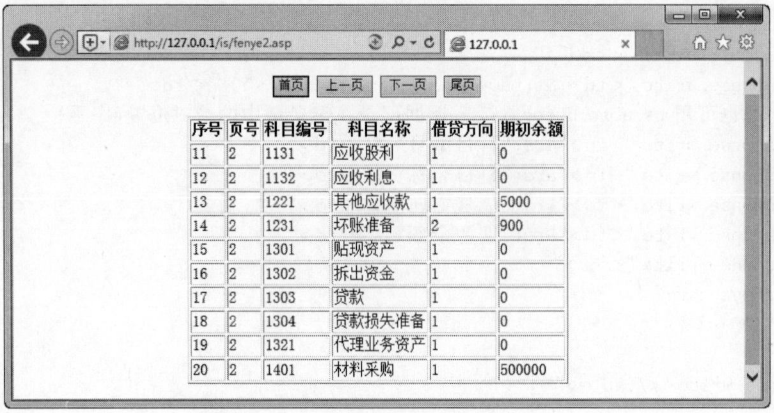

图 7-7 利用命令按钮实现分页显示

```
<%
'分不同情况设置当前页信息
if request.servervariables("content_length") = 0 then
  currentpage = 1 '首次运行时当前页为第 1 页
else
  currentpage = request.form("curpage")
  select case request.form("page")
    case "首页"
      currentpage = 1
    case "上一页"
      currentpage = currentpage - 1
    case "下一页"
```

```
            currentpage = currentpage + 1
        case "尾页"
            currentpage = cint(request.form("lastpage"))
      end select
   end if
   set conn = server.createobject("adodb.connection")
   strConn = "driver = {mysql odbc 3.51 driver}; server = localhost; database = zwcl;"
   strConn = strConn & "user = root; password = 12345678; port = 3306;"
   conn.open strConn
   '设置数据库连接用的字符集
   conn.execute("set names gb2312")
   set rs = server.createobject("adodb.recordset")
   rs.cursorlocation = 3    '使用客户端游标类型
   rs.open "select * from kjkm order by 科目编号",conn
   rs.pagesize = 10    '设置每页记录数
   rs.absolutepage = currentpage    '设置当前记录所在页号
   totalpage = rs.pagecount    '求总页数
%>
< form action = "<% = request.servervariables("script_name") %>" method = "post">
< p align = 'center'>
< input type = "hidden" name = "curpage" value = "<% = currentpage %>">
< input type = "hidden" name = "lastpage" value = "<% = totalpage %>">
< input type = "submit" name = "page" value = "首页">
<% if currentpage > 1 then %>
    < input type = "submit" name = "page" value = "上一页">
<% end if %>
<% if currentpage < totalpage then %>
    < input type = "submit" name = "page" value = "下一页">
<% end if %>
< input type = "submit" name = "page" value = "尾页">
</p>
</form>
<!-- 注: 以上代码分不同情况显示不同按钮,以下代码在表格中显示分页记录 -->
< table border = 1 align = 'center'>
< tr >< th >序号</th>< th >页号</th>< th >科目编号</th>
    < th >科目名称</th>< th >借贷方向</th>< th >期初余额</th></tr>
<% i = 1 %>
<% do while not rs.eof and i <= rs.pagesize %>
    < tr >
        < td ><% = rs.absoluteposition %></td>
        < td ><% = rs.absolutepage %></td>
        < td ><% = rs("科目编号") %></td>
        < td ><% = rs("科目名称") %></td>
        < td ><% = rs("借贷方向") %></td>
        < td ><% = rs("期初余额") %></td>
    </tr>
    <% rs.movenext %>
    <% i = i + 1 %>
<% loop %>
</table>
```

说明如下。

(1) request.servervariables("content_length")表示客户端所提交内容的长度。服务器端首次执行该网页代码时,客户端所提交内容的长度为 0,这时应显示第一页为当前页,currentpage=1 表示将当前页设置为第一页。

（2）currentpage＝cint(request. form("lastpage"))表示将最后一页(即尾页)作为当前页。该语句也可表示为 currentpage＝request. form("lastpage")。根据表单的定义可知,变量 lastpage 是一个隐藏的区域,其值由变量 totalpage 确定,而 totalpage＝rs. pagecount 表示记录集的总页数,因此,request. form("lastpage")的值是总页数对应的字符串,cint(request. form("lastpage"))即可表示总页数或最后一页的页号值。

（3）rs. pagesize,rs. absolutepage,rs. absoluteposition 分别用于设置或返回每页显示的记录数、当前记录所在的页号、当前记录在记录集中的位置(序号),rs. pagecount 用于返回记录集所包含的页数(取决于 rs. pagesize 的设置)。

（4）<％＝request. servervariables("script_name")％>表示服务器端将从客户端获得的执行脚本的名称输出到客户端。语句< form action ＝ "<％ ＝ request. servervariables("script_name")％>" method＝"post">在这里等同于< form action＝"fenye2. asp" method＝"post">。由于处理该表单数据的文件是同一个文件,所以该语句还可以表示成< form action ＝ "" method＝"post">。

7.4　查询设计

查询是管理信息系统最常用的基本功能之一,也是普通用户使用最多的一项基本操作。Web 信息管理系统查询功能实现的基本原理是:先设计一个用于表达查询条件的 HTML 表单(查询界面),然后利用表单数据的处理程序(如 ASP 程序)在数据表中查询符合条件的记录,最后以一定的方式显示出查询结果。可以根据不同的查询需要(如按指定的项查询、按选择的项查询),设计不同的 HTML 表单。同时,既可以设计用于专门处理查询请求的 ASP 文件,与 HTML 查询表单对应的文件一起完成信息查询的操作;也可以将 HTML 查询表单嵌入用于接收和处理表单数据的 ASP 文件中,利用网页本身处理查询请求,从而实现信息查询功能。

7.4.1　按指定的项模糊查询

1. 按科目名称查询的表单

这里假设按科目名称进行模糊查询,查找会计科目数据表中的科目信息。要实现按科目名称模糊查询 zwcl. kjkm 数据表中的科目信息,设计如图 7-8 所示的查询表单界面,网页文件名为 chaxun. html,代码如下。

```
< html >
< head >< title >查询记录</title ></head >
< body >
  < h3 align = "center">按科目名称查询</h3 >
  < form action = "chaxun. asp" method = "post">
    < p align = "center">
      科目名称包含: < input type = "text" name = "kmmc">
      < input type = "submit" name = "cx" value = "查询">
    </p >
  </form >
</body >
</html >
```

图 7-8　按科目名称模糊查询的表单

2. 科目查询处理

网页文件 chaxun.html 定义的查询表单,指定以 post 方式将数据传递到服务器上的 chaxun.asp 文件。应建立此文件,按表单界面指定的条件在 zwcl.kjkm 数据表中进行查询处理,并将查询结果返回。例如,在图 7-8 所示的查询表单界面输入"存款",表示查询条件为"科目名称包含'存款'",单击表单上的"查询"按钮时,返回查询结果如图 7-9 所示。实现该功能的网页文件 chaxun.asp 中的程序代码如下。

图 7-9　按科目名称模糊查询结果

```
<html>
<head><title>科目信息查询结果</title></head>
<body>
<%
set conn = server.createobject("adodb.connection")
strConn = "driver = {mysql odbc 3.51 driver}; server = localhost; database = zwcl;"
strConn = strConn & "user = root; password = 12345678; port = 3306;"
conn.open strConn
conn.execute("set names gb2312")
set rs = server.createobject("adodb.recordset")
strSQL = "select * from kjkm where trim(科目名称) like '%"
strSQL = strSQL & trim(request.form("kmmc")) & "%' order by 科目编号"
rs.open strSQL,conn
if rs.bof and rs.eof then
  response.write "<p align = 'center'>无相关记录!</p>"
else
  response.write "<table border = 1 align = 'center'>"
  cap = "查询结果(科目名称包含'"& trim(request.form("kmmc"))&"')"
  response.write "<caption><font face = '楷体'>"& cap &"</font></caption>"
  response.write "<tr><th>序号</th><th>科目编号</th><th>科目名称</th>"&_
                 "<th>借贷方向</th><th>期初余额</th></tr>"
  i = 1
  do while not rs.eof
    response.write "<tr>"
    response.write "<td>"&i&"</td>"
```

```
        response.write "<td>"&rs("科目编号")&"</td>"
        response.write "<td>"&rs("科目名称")&"</td>"
        response.write "<td>"&rs("借贷方向")&"</td>"
        response.write "<td>"&rs("期初余额")&"</td>"
        response.write "</tr>"
        rs.movenext
        i = i + 1
    loop
    response.write "</table>"
end if
response.write "<p align = 'center'>"
response.write "<a href = 'chaxun.html'>返回查询界面</a></p>"
%>
</body>
</html>
```

说明如下。

（1）程序代码中，strSQL＝strSQL & trim(request.form("kmmc")) & "%' order by 科目编号" 是查询字符串，最终相当于 strSQL＝"select ＊ from kjkm where trim(科目名称) like '%" & trim(request.form("kmmc")) & "%' order by 科目编号"，表示按科目名称模糊查询（科目名称中含有待查询的字或词就算查到），查询结果按科目编号排序。如果按科目名称精确查询，最终的查询字符串可用 strSQL＝"select ＊ from kjkm where trim(科目名称)＝'" & trim(request.form("kmmc")) & "'" 替代。

（2）找到记录时，返回结果如图 7-9 所示；如果没有找到记录，则提示"无相关记录！"和超链接"返回查询界面"。单击"返回查询界面"超链接，可返回查询表单界面继续进行查询。

7.4.2　按选择的项查询：专门文件处理查询请求

1. 按选择的项进行查询的表单

设计查询界面如图 7-10 所示，在下拉列表框中选择待查询的项（可选择的项包括科目编号、科目名称、借贷方向、期初余额），在文本框中输入待查询项的值，作为待查询条件，单击"查询"按钮后，可返回查询结果。假设实现该功能的网页文件为 chaxun1.html，其 HTML 代码对应如下。

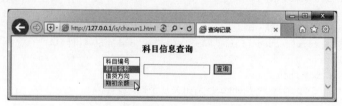

图 7-10　按选择的项进行查询的表单

```
<html>
<head><title>查询记录</title></head>
<body>
    <h3 align = "center">科目信息查询</h3>
    <form action = "chaxun1.asp" method = "post">
        <p align = "center">
        <select name = "ziduan" size = "1">
            <option value = "科目编号">科目编号
```

```
            < option value = "科目名称" selected>科目名称
            < option value = "借贷方向">借贷方向
            < option value = "期初余额">期初余额
        </select >
        < input type = "text" name = "zhi">
        < input type = "submit" name = "chaxun" value = "查询">
        </p >
    </form >
</body >
</html >
```

说明：< select name＝"ziduan" size＝"1"> … </select>标记对表示的是一个 name 属性值为 ziduan 的下拉列表框,也是表单的元素之一,其下拉列表的项由<option>标记定义,其中的"< option value＝"科目名称" selected>科目名称"表示下拉列表项显示为"科目名称",selected 表示默认选中该项;表单运行时,若选择的项是"科目名称",则 ziduan 变量的值为"科目名称";其余类推。

2. 查询处理

在图 7-10 所示的查询表单中,选择待查询的项(如选"期初余额"),输入待查询项的值(如 300 000),如图 7-11 所示。单击"查询"按钮,返回查询结果,如图 7-12 所示。根据 chaxun1.html 文件定义的表单,建立处理表单数据的网页文件为 chaxun1.asp,该 ASP 文件中的网页程序代码如下。

图 7-11　设置查询条件

图 7-12　查询结果(单击图 7-11 中"查询"按钮的输出结果)

```
< html >
< head >< title >科目信息查询结果</title ></head >
< body >
< %
set conn = server.createobject("adodb.connection")
strConn = "driver = {mysql odbc 3.51 driver}; server = localhost; database = zwcl;"
strConn = strConn & "user = root; password = 12345678; port = 3306;"
conn.open strConn
conn.execute("set names gb2312")
set rs = server.createobject("adodb.recordset")
if request.form("ziduan")<>"期初余额" then '表示出不同情况下的查询字符串
```

```
        sql = "select * from kjkm where "& trim(request("ziduan")) &" = '"
        sql = sql & request.form("zhi") &"'"
    else
        if not isnumeric(request.form("zhi")) then
            response.write "期初余额的值格式不正确,请重新设置条件<BR>"
            response.write "<a href = 'javascript:history.back()'>返回</a>"
            response.end '结束程序执行并返回当前结果
        end if
        sql = "select * from kjkm where "& trim(request("ziduan")) &" = "
        sql = sql & request.form("zhi")
        '相当于 sql = "select * from kjkm where 期初余额 = "& request.form("zhi")
    end if
    rs.open sql,conn
    if rs.bof and rs.eof then
        response.write "<p align = 'center'>无相关记录!</p>"
    else
        response.write "<table border = 1 align = 'center'>"
        response.write "<caption><font face = '黑体'>查询结果</font></catipon>"
        response.write "<tr><th>序号</th><th>科目编号</th><th>科目名称</th>"&_
                        "<th>借贷方向</th><th>期初余额</th></tr>"
        i = 1
        do while not rs.eof
            response.write "<tr>"
            response.write "<td>"&i&"</td>"
            response.write "<td>"&rs("科目编号")&"</td>"
            response.write "<td>"&rs("科目名称")&"</td>"
            response.write "<td>"&rs("借贷方向")&"</td>"
            response.write "<td>"&rs("期初余额")&"</td>"
            response.write "</tr>"
            rs.movenext
            i = i + 1
        loop
        response.write "</table>"
    end if
    response.write "<p align = 'center'>"
    response.write "<a href = 'chaxun1.html'>返回查询界面</a></p>"
    rs.close
    set rs = nothing
    conn.close
    set conn = nothing
%>
</body>
</html>
```

说明如下。

（1）由于期初余额是数值型数据,科目编号等是字符型数据,它们对应的查询字符串表达形式是有区别的,所以程序中分别按不同的情况表示出了相应的查询字符串变量 sql。

（2）按期初余额查询时,如输入的期初余额格式不正确,则提示"期初余额的值格式不正确,请重新设置条件"和超链接"返回",并结束程序执行,单击"返回"超链接时,返回上次输入数据的界面,可继续修改或设置条件,进行查询操作。

（3）response.end 的作用是利用 response 对象的 end 方法结束程序执行并返回当前结果。

(4)有满足条件的记录时,返回结果如图7-12所示;查不到符合条件的记录时,提示"无相关记录!"和超链接"返回查询界面"。

7.4.3 按选择的项查询：网页本身处理查询请求

1. 查询操作简述

设计查询表单如图7-13所示。在第一个下拉列表框中选择待查询的项,第二个下拉列表框中选择"等于""小于""大于"或"不等于"(下拉列表框中还可以增加"小于或等于""大于或等于"供选择),在文本框中输入相应的值,如图7-14所示;然后单击"查询"按钮,即可返回如图7-15所示的查询结果。利用一个ASP文件就可以完成查询表单设计和查询处理功能的实现。

图7-13 查询表单

图7-14 指定查询条件

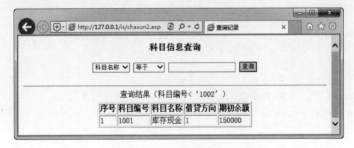

图7-15 查询结果(在查询表单界面显示结果)

2. 查询功能的实现

利用一个ASP文件实现表单设计和表单数据的处理,实际上是由网页文件本身处理表单的请求。假定实现上述查询功能的ASP文件是chaxun2.asp,其网页程序代码如下。

```
< html >
< head >< title >查询记录</title ></head >
< body >
< h3 align = "center">科目信息查询</h3 >
< form name = "form1" action = "" method = "post">
< p align = "center">
< select name = "ziduan" size = "1">
```

```
       <option value = "科目编号">科目编号
       <option value = "科目名称" selected>科目名称
       <option value = "借贷方向">借贷方向
       <option value = "期初余额">期初余额
   </select>
   <select name = "bijiao" size = 1>
       <option value = " = " selected> 等于
       <option value = "<"> 小于
       <option value = ">"> 大于
       <option value = "<>"> 不等于
   </select>
   <input type = "text" name = "zhi">
   <input type = "submit" name = "chaxun" value = "查询">
</p>
</form>
<%
if request("chaxun") = "查询" then
   response.write "<hr>"
   set conn = server.createobject("adodb.connection")
   strConn = "driver = {mysql odbc 3.51 driver}; server = localhost; database = zwcl;"
   strConn = strConn & "user = root; password = 12345678; port = 3306;"
   conn.open strConn
   conn.execute("set names gb2312")
   set rs = server.createobject("adodb.recordset")
   rs.cursorlocation = 3 '使用客户端游标以便后面正常使用 rs.recordcount
   if request.form("ziduan")<>"期初余额" then
       tiaojian = request("ziduan") & request("bijiao") & "'" & request("zhi") & "'"
       sql = "select * from kjkm where "& trim(request("ziduan"))
       sql = sql & request("bijiao") & "'"&request.form("zhi")&"'"
   else
       if isnumeric(request.form("zhi")) then
           tiaojian = request("ziduan") & request("bijiao") & request("zhi")
           sql = "select x from kjkm where "& trim(request("ziduan"))
           sql = sql & request("bijiao") & request.form("zhi")
       else
           response.write "<p align = 'center'>"
           response.write "期初余额的值格式不正确,请重新设置条件"
           response.write "</p>"
           response.end
       end if
   end if
   rs.open sql,conn
   if rs.bof and rs.eof then
       response.write "<p align = 'center'>无查到满足<u> "&_
                       tiaojian &" </u>条件的相关记录!</p>"
   else
       response.write "<table border = 1 align = 'center'>"
       response.write "<caption>" & "查询结果(" & tiaojian & ")</caption>"
       response.write "<tr><th>序号</th><th>科目编号</th><th>科目名称</th>" &_
                       "<th>借贷方向</th>"&"<th>期初余额</th></tr>"
       for i = 1 to rs.recordcount '循环输出各条记录
           response.write "<tr>"
           response.write "<td>"&i&"</td>"
           response.write "<td>"&rs("科目编号")&"</td>"
```

```
            response.write "< td >"&rs("科目名称")&"</td>"
            response.write "< td >"&rs("借贷方向")&"</td>"
            response.write "< td >"&rs("期初余额")&"</td>"
            response.write "</tr>"
            rs.movenext
        next
        response.write "</table>"
      end if
      rs.close
      set rs = nothing
      conn.close
      set conn = nothing
    end if
    %>
    </body>
    </html>
```

说明如下。

（1）上述文件 chaxun2.asp 的代码中，< form name="form1" action="" method="post"> 表示处理表单数据的网页文件仍是表单所在文件本身，这里指 chaxun2.asp。

（2）rs.cursorlocation＝3 表示使用由本地游标库提供的客户端游标，以便之后可以利用 rs.recordcount 正常返回记录集 rs 中的记录个数。循环结构 for i＝1 to rs.recordcount…next 用于输出满足条件的各条记录，请自行分析如何改用 do while … loop 结构显示各条记录。

3. 利用客户端进行数据的正确性校验

可以在客户端利用 JavaScript 代码完成相关数据的校验。例如，当按期初余额进行查询时，可在浏览器端对输入的期初余额的值进行验证，单击"查询"按钮时先进行数据校验，数据格式正确时才将请求传递到服务器处理。可在 chaxun2.asp 文件中，在< head >…</head >之间利用< script type＝"text/javascript">…</script >定义验证函数 function Check() 来保证期初余额格式的正确性，代码如下。

```
< script type = "text/javascript">
    <!--
    function Check(){ //验证期初余额是否正确
        var ziduan = document.form1.ziduan.value;
        var zhi = document.form1.zhi.value;
        var reg = /^\s * $/;
        if (ziduan == "期初余额" && reg.test(zhi)){
            alert("期初余额不能为空,请重新设置条件");
            document.form1.zhi.focus();
            return false;
        }
        if (ziduan == "期初余额" && isNaN(zhi)){
            alert("期初余额的值格式不正确,请重新设置条件");
            document.form1.zhi.focus();
            return false;
        }
        return true;
    }
    -->
</script>
```

定义上述验证函数后,要在客户端实现期初余额的验证功能,一定要像网页文件 chaxun2.asp 的代码中那样,在定义表单< form >…</form >时指定 name＝"form1",而且还需要在定义查询按钮时改用代码< input type＝"submit" name＝"chaxun" value＝"查询" onclick＝"return Check()">。这样,输入期初余额时就可以在客户端验证,提高处理效率。这时,chaxun2.asp 的代码中 if isnumeric(request.form("zhi")) then… else … end if 结构的代码,直接用 tiaojian＝request("ziduan") ＆request("bijiao") ＆ request("zhi")和 sql＝"select ＊ from kjkm where "＆ trim(request("ziduan")) ＆ request("bijiao") ＆ request.form("zhi")这两个语句替换即可。上述代码中,双斜线//表示 JavaScript 代码的注释。

7.5　修改设计

与数据查询操作一样,数据修改操作也是管理信息系统的一项必备功能和基本操作。一般来讲,系统数据的修改由具有更新权限的管理人员专门负责,用户个人资料由用户自己进行修改。数据修改操作的基本原理是:先查询符合修改条件的记录,然后对查到的记录进行修改处理和操作结果反馈,对没有查到符合条件记录的情况进行必要的提示;对查到的记录进行修改处理时,最基本的方法就是逐一修改查到的记录,也可以成批修改查到的记录。另外,对于特别重要的数据的修改,可设计成将改后的新数据重复输入两次,并进行一致性和正确性校验(即重复输入校验);而对于数据的一致性和正确性校验,既可以在服务器端进行,也可以在客户端进行。

7.5.1　查询与修改技术

1. 修改之查询设计(update_on_query.asp 文件)

以修改前述 zwcl.kjkm 数据表中的数据为例,介绍与分析信息修改技术。执行数据修改功能,首先需要进行信息查询,找出满足条件的记录,再进行编辑与修改。设计如图 7-16 所示的信息查询界面,按图设置条件;在第一个下拉列表框中可选择科目编号、科目名称、借贷方向或期初余额,在第二个下拉列表框中可选择"等于""小于""大于"或"不等于"(可根据需要,在下拉列表框中再增加其他关系运算符供选择),在文本框输入数据(见图 7-17),就构成一个条件;单击"查询"按钮时,如果输入数据格式不正确,或未查到记录,则进行相关提示,否则,如果查到记录,则显示查询结果及相应的"编辑"超链接,如图 7-18 所示。若单击查询结果中的"编辑"超链接,则转向相应的记录编辑界面。实现此功能的 ASP 文件为 update_on_query.asp,该文件中的网页程序代码如下。

图 7-16　修改之查询表单

图 7-17 修改之查询条件的设置

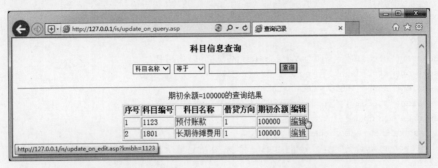

图 7-18 修改之查询结果(单击图 7-17 中"查询"按钮后的结果)

```
<html>
<head><title>查询记录</title></head>
<body>
<h3 align = "center">科目信息查询</h3>
<form action = "" method = "post">
   <p align = "center">
   <select name = "ziduan" size = "1">
     <option value = "科目编号">科目编号
     <option value = "科目名称" selected>科目名称
     <option value = "借贷方向">借贷方向
     <option value = "期初余额">期初余额
   </select>
   <select name = "bijiao" size = "1">
     <option value = " = " selected> 等于
     <option value = "<"> 小于
     <option value = ">"> 大于
     <option value = "<>"> 不等于
   </select>
   <input type = "text" name = "zhi">
   <input type = "submit" name = "chaxun" value = "查询">
   </p>
</form>
<%
if request("chaxun") = "查询" then
   response.write "<hr>"
   set conn = server.createobject("adodb.connection")
   strConn = "driver = {mysql odbc 3.51 driver}; server = localhost; database = zwcl;"
   strConn = strConn & "user = root; password = 12345678; port = 3306;"
   conn.open strConn
   conn.execute("set names gb2312")
   set rs = server.createobject("adodb.recordset")
   if request.form("ziduan")<>"期初余额" then
     sql = "select * from kjkm where "& trim(request("ziduan"))
     sql = sql & request("bijiao") &"'"&request.form("zhi")&"'"
```

```
        else
            if isnumeric(request.form("zhi")) then
                sql = "select * from kjkm where "& trim(request("ziduan"))
                sql = sql & request("bijiao") & request.form("zhi")
            else
                response.write "< p align = 'center'>"
                response.write "期初余额的值格式不正确,请重新设置条件"
                response.write "</p>"
                response.end
            end if
        end if
        session("strSql") = sql '设置 session 的变量,以备后用
        session("strZiduan") = request("ziduan")
        session("strBijiao") = request("bijiao")
        session("strZhi") = request("zhi")
        rs. open sql,conn
        if rs. bof and rs. eof then
            response.write "< p align = 'center'>无相关记录!</p>"
        else
            response.write "< table border = 1 align = 'center'>"
            response.write "< caption >"
            response.write session("strZiduan") & session("strBijiao") &_
                            session("strZhi") &"的查询结果"
            response.write "</caption >"
            response.write "< tr >< th >序号</th >< th >科目编号</th >< th >科目名称</th >"&_
                            "< th >借贷方向</th >< th >期初余额</th >< th >编辑</th ></tr >"
            i = 1
            do while not rs. eof
                response.write "< tr >"
                response.write "< td >" & i & "</td >"
                response.write "< td >" & rs("科目编号") & "</td >"
                response.write "< td >" & rs("科目名称") & "</td >"
                response.write "< td >" & rs("借贷方向") & "</td >"
                response.write "< td >" & rs("期初余额") & "</td >"
                response.write "< td >< a href = 'update_on_edit. asp?kmbh = "&_
                                rs("科目编号") &"'>编辑</a ></td >"
                response.write "</tr >"
                rs. movenext
                i = i + 1
            loop
            response.write "</table >"
        end if
    end if
    %>
    </body>
    </html>
```

说明如下。

(1) 上述代码中,session("strSql") = sql 表示利用 session 对象存储特定用户会话所需的信息,这里存储的是一个 select 语句的字符串。存储之后,特定用户会话的其他网页中也可利用 session("strSql")返回这个 select 字符串。

(2) 代码 response. write "< td >< a href = 'update_on_edit. asp?kmbh = "& rs("科目编号") &"'>编辑</a ></td >"的作用是,向表格的单元格输出"编辑"超链接,使得单击此

"编辑"超链接时,以 get 方式向服务器上的 update_on_edit.asp 文件传递 kmbh 变量对应的数据,这里的数据是当前记录的科目编号字段的值,rs("科目编号")即为当前记录的科目编号字段的值,也就是"编辑"超链接所在表格行的科目编号的值。也就是说,单击此"编辑"超链接时,由服务器上的 update_on_edit.asp 文件接收和处理以 get 方式传递来的数据。

2. 修改之编辑设计(update_on_edit.asp 文件)

在图 7-18 所示的查询结果界面,单击某行记录对应的"编辑"超链接,会转到该行记录的信息编辑表单(界面),如图 7-19 所示。

图 7-19 修改之编辑表单

在编辑表单中,科目编号的值不能修改,其余各项的值允许进行编辑。单击"重置"按钮,各项恢复原值;单击"返回"按钮,则返回上一个网页页面(即图 7-18 所示界面);若单击"更新"按钮,则由网页文件 update_on_update.asp 执行数据更新处理。此编辑表单对应 update_on_edit.asp 文件,其网页代码如下。

```
<html>
<head></head>
<body>
<%
set conn = server.createobject("adodb.connection")
strConn = "driver = {mysql odbc 3.51 driver}; server = localhost; database = zwcl;"
strConn = strConn & "user = root; password = 12345678; port = 3306;"
conn.open strConn
conn.execute("set names gb2312")
set rs = server.createobject("adodb.recordset")
sql = "select * from kjkm where 科目编号 = '"&request("kmbh")&"'"
rs.open sql,conn
%>
<form method = "post" action = "update_on_update.asp">
<h3 align = "center">科目信息编辑</h3>
<table border = "1" align = "center">
    <tr><th>科目编号</th>
        <td><input type = "text" name = "kmbh" maxlength = "10" readonly = "readonly"
            value = "<% = rs("科目编号") %>"></td></tr>
    <tr><th>科目名称</th>
        <td><input type = "text" name = "kmmc" maxlength = "20"
            value = "<% = rs("科目名称") %>"></td></tr>
    <tr><th>借贷方向</th>
        <td><input type = "text" name = "jdfx" maxlength = "1"
            value = "<% = rs("借贷方向") %>"></td></tr>
    <tr><th>期初余额</th>
```

```
            <td>< input type = "text" name = "qcye" maxlength = "12"
                value = "<% = rs("期初余额")%>"></td></tr>
</table>
< p align = "center">
< input type = "submit" value = "更新">
< input type = "reset" value = "重置">
< input type = "button" value = "返回" onclick = "javascript:history.back()">
</p>
</form>
</body>
</html>
```

说明如下。

（1）文件 update_on_edit. asp 中,代码 < input type＝"text" name＝"kmbh" maxlength＝ "10" readonly＝"readonly" value＝"<%＝rs("科目编号")%>"> 表示一个只读文本框； readonly＝"readonly"用于设置文本框为只读属性,该文本框中的数据不允许修改；value＝ "<%＝rs("科目编号")%>" 用于在此文本框中显示数据表中当前记录的科目编号字段的值,与查询结果界面(见图 7-18)中"编辑"超链接所在行的科目编号的值相同；由于进行编辑修改操作,所以有必要将各文本框的 maxlength 属性的值设置成与数据表中相应字段的宽度相等(字段值为非汉字字符串),或设置成相应字段宽度的一半(字段值为汉字字符串时)。

（2）由< form >定义可知,单击"更新"按钮时,表单数据交由 update_on_update. asp 文件接收与处理。

3. 修改之更新处理（update_on_update. asp）

在图 7-19 所示的编辑表单中,修改数据后(见图 7-20),单击"更新"按钮,则数据被传递到服务器,由 update_on_update. asp 文件接收与处理。若接收到的数据不符合要求,则进行出错提示与"返回"处理；若接收到的数据符合要求,则以接收到的数据更新数据表,并返回图 7-21 所示的结果。若单击图 7-21 所示的"返回查询界面"超链接,可返回初始查询界面(见图 7-16)；若单击图 7-21 所示的"返回查询与修改结果"超链接,则返回结果如图 7-22 所示,可继续进行编辑修改。更新处理文件 update_on_update. asp 的 ASP 程序代码如下。

图 7-20　编辑数据

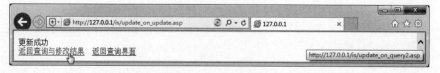

图 7-21　反馈更新结果

```
<%
session("strKmbh") = "科目编号 = '"& request("kmbh") &"'"
' 上句设置 session 的变量,以备后用
set conn = server.createobject("adodb.connection")
strConn = "driver = {mysql odbc 3.51 driver}; server = localhost; database = zwcl;"
strConn = strConn & "user = root; password = 12345678; port = 3306;"
conn.open strConn
conn.execute("set names gb2312")
if isnumeric(request("qcye")) then
    cmd = "update kjkm set 科目名称 = '" & request("kmmc") & "',借贷方向 = '"
    cmd = cmd & request("jdfx") & "',期初余额 = " & request("qcye")
    cmd = cmd & "   where 科目编号 = '" & request("kmbh") & "'"
    conn.execute(cmd)
    response.write "更新成功<br>"
    response.write "<a href = 'update_on_query2.asp'>返回查询与修改结果</a>"
    response.write "  <a href = 'update_on_query.asp'>返回查询界面</a>"
else
    response.write "期初余额的值格式不正确,请重新编辑"
    response.write "<br><a href = 'javascript:history.back()'>返回</a>"
end if
%>
```

说明如下。

(1) session("strKmbh")="科目编号＝'"＆ request("kmbh") ＆"'"是利用 session("strKmbh")存储特定用户会话的相关信息,这里存储的是一个字符串,表示科目编号字段等于所编辑记录的科目编号值。之后,同一用户会话均可使用 session("strKmbh")返回这个字符串。

(2) response.write "<a href＝'update_on_query2.asp'>返回查询与修改结果</a>" 是输出"返回查询与修改结果"超链接,单击此超链接,可由网页文件 update_on_query2.asp 执行查询刷新处理。

(3) cmd 变量表示 SQL 的更新语句对应的字符串。更新语句的格式是"update 表名 set 字段名 1＝值 1,字段名 2＝值 2, … where 条件"。例如,cmd＝"update kjkm set 科目名称＝'预付账款',借贷方向＝'1',期初余额＝200000 where 科目编号＝'1123'"。注意字段名和值的类型对应一致,双引号中的引号用单引号表示,where 左边至少保留 1 个空格。

4. 修改之查询刷新处理(update_on_query2.asp)

在图 7-21 所示界面,单击"返回查询与修改结果"超链接,执行查询刷新处理,应返回符合原查询条件的结果及刚刚已修改的记录,如图 7-22 所示。单击图 7-22 中的"返回查询"按钮,应返回网页 update_on_query.asp 所对应的查询界面(见图 7-16)。查询刷新处理文件 update_on_query2.asp 对应的网页代码如下。

图 7-22　修改之查询刷新处理结果

```
< html >
< head >< title >查询记录</title ></head >
< body >
< h3 align = "center">科目信息查询</h3 >
< form action = "update_on_query.asp" method = "post">
< p align = "center">
< select name = "ziduan" size = 1 >
     < option value = "科目编号">科目编号
     < option value = "科目名称" selected>科目名称
     < option value = "借贷方向">借贷方向
     < option value = "期初余额">期初余额
</select >
< select name = "bijiao" size = "1">
     < option value = " = " selected > 等于
     < option value = "<"> 小于
     < option value = ">"> 大于
     < option value = "<>"> 不等于
</select >
< input type = "text" name = "zhi">
< input type = "submit" name = "fanhui" value = "返回查询">
</p >
</form >
<%
response.write "< hr >"
set conn = server.createobject("adodb.connection")
strConn = "driver = {mysql odbc 3.51 driver}; server = localhost; database = zwcl;"
strConn = strConn & "user = root; password = 12345678; port = 3306;"
conn.open strConn
conn.execute("set names gb2312")
set rs = server.createobject("adodb.recordset")
sql1 = session("strSql")    '获取 session,见 update_on_query.asp
sql2 = session("strKmbh")    '获取 session,见 update_on_update.asp
sql = sql1 &" or "& sql2
'上句表示查找满足原查询条件的记录和刚修改过的记录的查询字符串
'sql 相当于 select * from kjkm where ... or 科目编号 = ...
rs.open sql,conn
if rs.bof and rs.eof then
   response.write "< p align = 'center'>无查到相关记录!</p >"
else
   response.write "< table border = '1' align = 'center'>"
   response.write "< caption >"
   response.write session("strZiduan") & session("strBijiao") &_
               session("strZhi") &" 的查询结果(含刚更新的记录)"
   response.write "</caption >"
   response.write "< tr >< th >序号</th >< th >科目编号</th >< th >科目名称</th >"&_
               "< th >借贷方向</th >< th >期初余额</th >< th >编辑</th ></tr >"
   i = 1
   do while not rs.eof
     response.write "< tr >"
     response.write "< td >" & i & "</td >"
     response.write "< td >" & rs("科目编号") & "</td >"
     response.write "< td >" & rs("科目名称") & "</td >"
     response.write "< td >" & rs("借贷方向") & "</td >"
     response.write "< td >" & rs("期初余额") & "</td >"
```

```
response.write "<td><a href = 'update_on_edit.asp?kmbh = " &_
                rs("科目编号") & "'>编辑</a></td>"
    response.write "</tr>"
    rs.movenext
    i = i + 1
  loop
  response.write "</table>"
end if
%>
</body>
</html>
```

说明：查询刷新处理结果应当包括满足原来查询条件的记录，以及刚修改过的科目编号为特定值的记录。在网页代码中，session("strSql")对应一个 select 字符串，用于查询满足原条件的记录；session("strKmbh")也对应一个特定字符串，用于表示科目编号为刚修改过的记录的科目编号值；sql 相当于"select * from kjkm where … or 科目编号＝ …"对应的字符串。

7.5.2 成批修改技术

1. 成批修改之科目设置表单（xiugai_shezhi.asp）

以设置 zwcl.kjkm 数据表中的借贷方向与期初余额为例，介绍成批修改数据的技术与方法。设计浏览与编辑表单，如图 7-23 和图 7-24 所示，相应的表单文件为 xiugai_shezhi.asp。在表单的表格中显示全部记录，不允许修改的字段的值直接显示在单元格内，待修改的字段的值显示在单元格的文本框中。若数据表中无数据，会提示"数据表中无记录！"。表单文件xiugai_shezhi.asp 中的网页代码如下。

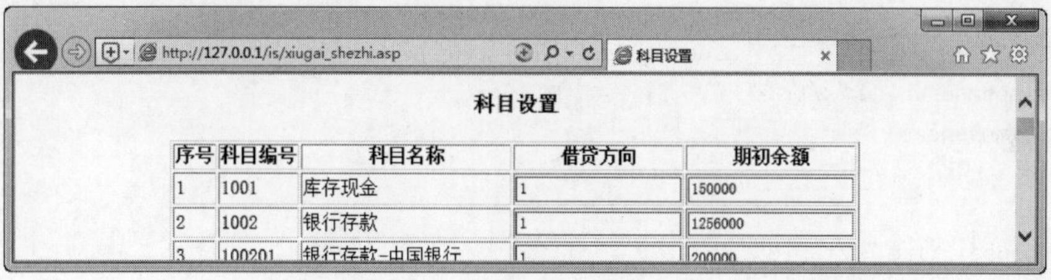

图 7-23 浏览与编辑表单（一）

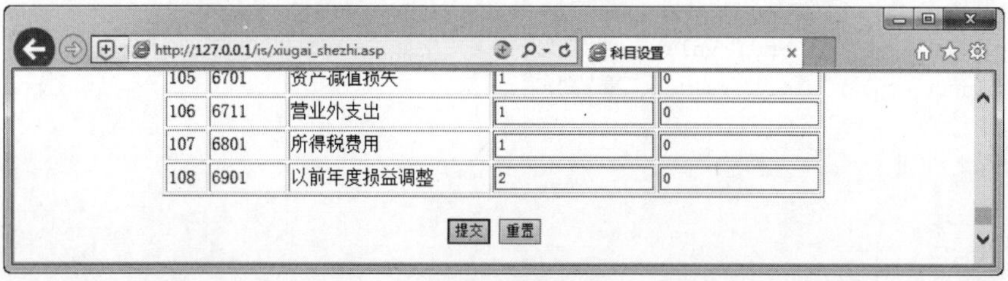

图 7-24 浏览与编辑表单（二）

```
<html>
<head><title>科目设置</title></head>
<body>
<h3 align = "center">科目设置</h3>
```

```
<%
dim kmbh(),jdfx(),qcye()
set conn = server.createobject("adodb.connection")
strConn = "driver = {mysql odbc 3.51 driver}; server = localhost; database = zwcl;"
strConn = strConn & "user = root; password = 12345678; port = 3306;"
conn.open strConn
conn.execute("set names gb2312")
set rs = server.createobject("adodb.recordset")
sql = "select * from kjkm order by 科目编号"
rs.open sql,conn
if rs.bof and rs.eof then
    response.write "<p align = 'center'>数据表中无记录!</p>"
else
%>
    <form method = "post" action = "xiugai_shezhi_chuli.asp">
    <%
    response.write "<table border = 1 align = 'center'>"
    response.write "<tr><th>序号</th><th>科目编号</th><th>科目名称</th>"&_
                "<th>借贷方向</th><th>期初余额</th></tr>"
    i = 1
    do while not rs.eof
        response.write "<tr>"
        response.write "<td>"&i&"</td>"
        response.write "<td>"&rs("科目编号")&_
            "<input type = 'hidden' name = 'kmbh("&i&_
            ")' value = '"&rs("科目编号")&"'></td>"
        response.write "<td>"&rs("科目名称")&"</td>"
        response.write "<td><input type = 'text' name = 'jdfx("&i&_
            ")' maxlength = '1' value = '"&rs("借贷方向")&"'></td>"
        response.write "<td><input type = 'text' name = 'qcye("&i&_
            ")' maxlength = '12' value = '"&rs("期初余额")&"'></td>"
        response.write "</tr>"
        rs.movenext
        i = i + 1
    loop
    response.write "</table>"
    response.write "<input type = 'hidden' name = 'count' value = '"&(i - 1)&"'>"
    %>
    <p align = 'center'>
        <input type = "submit" value = "提交">
        <input type = "reset" value = "重置">
    </p>
    </form>
<%
end if
rs.close
set rs = nothing
conn.close
set conn = nothing
%>
</body>
</html>
```

说明如下。

（1）序号、科目编号、科目名称的值直接显示在表格的单元格内，不能被编辑修改；但借贷方向和期初余额的值显示在单元格内的文本框中，以便编辑修改。

（2）dim kmbh(),jdfx(),qcye()用于定义数组，网页中利用数组存储各条记录的科目编号所在隐藏文本框的名称及借贷方向、期初余额所在文本框的名称（name 属性的值）。

（3）response. write "<td>"&rs("科目编号")&"<input type='hidden' name='kmbh("&i&")' value='" & rs("科目编号") & "'></td>" 是在表格的单元格内显示当前记录的科目编号字段的值，并输出一个 name 属性值为 kmbh(i)的隐藏的文本框（i 表示记录的序号），其 value 属性值为当前记录的科目编号字段的值，应注意表达方法。同样，序号为 i 的记录的借贷方向、期初余额所在文本框的 name 属性的值分别是 jdfx(i),qcye(i)。

（4）do while … loop 循环执行完毕后，$i-1$ 的值表示记录的条数。response. write "<input type='hidden' name='count' value='"&(i-1)&"'>" 表示输出一个 name 属性值为 count 的隐藏的文本框，其 value 属性值为记录的条数。

（5）由<form>定义可知，此表单的数据交由服务器上的 xiugai_shezhi_chuli. asp 文件接收与处理。

2. 成批修改之科目设置处理（xiugai_shezhi_chuli. asp）

在浏览与编辑表单中，编辑各记录相关字段的值后，若单击"重置"按钮，表格内恢复原值；若单击"提交"按钮，表单数据交由专用 ASP 文件（如 xiugai_shezhi_chuli. asp）接收与成批处理，如果接收到不符合要求的数据（见图 7-25），则返回出错提示（见图 7-26），如果接收到的表单数据都符合要求，则成批更新数据表中的记录，并进行提示（见图 7-27）。成批修改处理文件 xiugai_shezhi_chuli. asp 中的网页程序代码如下。

```
<html>
<head><title>科目设置</title></head>
<body>
<h3>科目设置</h3>
<hr>
<%
gengxin = 1    '变量 gengxin = 1 表示全部数据符合要求,允许更新
for i = 1 to request("count")
  if not isnumeric(request("qcye(" & i &")")) then
    response.write "科目'"& request("kmbh(" & i & ")") &"'的期初余额'"&_
    request("qcye(" & i & ")") &"'的数据类型不匹配"&"<br>"
    gengxin = 0    '变量 gengxin = 0 表示存在不符合要求的数据,不允许更新
  end if
  if request("jdfx(" & i & ")")<>"1" and request("jdfx(" & i & ")")<>"2" then
    response.write "科目'" & request("kmbh(" & i & ")") & "'的借贷方向" &_
             "只能是 1 或 2"&"<br>"
    gengxin = 0    '变量 gengxin = 0 表示存在不符合要求的数据,不允许更新
  end if
next
if gengxin = 0 Then
  response.write "<a href = 'javascript:history. back()'>返回</a>"
else
  set conn = server. createobject("adodb. connection")
  strConn = "driver = {mysql odbc 3.51 driver}; server = localhost; database = zwcl;"
```

```
strConn = strConn & "user = root; password = 12345678; port = 3306;"
conn. open strConn
conn. execute("set names gb2312")
for i = 1 to request("count")
    cmd = "update kjkm set 借贷方向 = '" & request("jdfx(" & i & ")")
    cmd = cmd &"',期初余额 = "& request("qcye(" & i &")")
    cmd = cmd &" where 科目编号 = '"& request("kmbh(" & i & ")") & "'"
    conn. execute(cmd)
next
conn. close
set conn = Nothing
response. write "科目借贷方向和期初余额设置成功!< br >"
response. write "< a href = 'xiugai_shezhi.asp'>返回</a>"
end if
% >
</body >
</html >
```

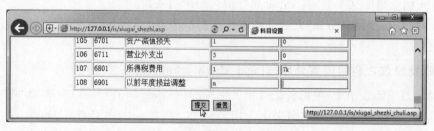

图 7-25　编辑后的数据不符合要求

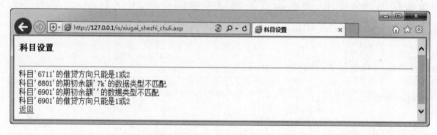

图 7-26　出错提示(在图 7-25 中单击"提交"按钮后的提示)

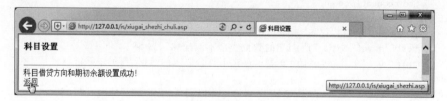

图 7-27　更新成功提示(表单数据符合要求时的提示)

说明如下。

(1) gengxin＝1 表示接收到的数据全部符合要求,只要接收到不符合要求的数据,就使 gengxin＝0,并提示出错信息。只有 gengxin＝1 或 gengxin≠0 时,进行成批修改处理。

(2) request("kmbh(" & i & ")")表示接收到的第 $i(i \neq 0)$ 个科目编号的值,即表单中 name 属性值为 kmbh(i)的隐藏文本框中的值,注意表达方法,其余类推。例如,当 $i＝1$ 时, 利用 request("kmbh(1)")接收名称为 kmbh(1)的隐藏文本框中的值。实现在表格单元格内显示固定属性数据项(科目编号、科目名称)的值,在单元格的文本框内显示各变动属性数据项(借贷方向、期初余额)的值,当输入或编辑变动属性数据项的值后,单击"提交"按钮,若所有数据格式都正确,即可更新数据并进行相应提示;若有期初余额的值不是数值型,则会提示相应科目的期初余额数据类型不匹配;若有借贷方向的值不是事先规定的1或2,则会提示相应科目的借贷方向只能是1或2。

7.5.3 修改之重复输入校验:服务器端校验数据正确性

1. 修改之重复输入校验表单(xiugai_chongfu.asp)

有时,对于特别重要的数据需要重复输入两次,如果两次输入的值都相同,则用新输入的值覆盖原值,否则提示出错信息,不进行修改。例如,zwcl.kjkm数据表中,假设科目编号、科目名称、借贷方向的值不需修改,而期初余额的值需要重复输入校验后再成批修改。设计期初余额修改表单如图7-28和图7-29所示。若kjkm数据表中无数据,则提示"数据表中无记录!";否则,在表格中显示全部记录,其中,期初余额显示在最右两列单元格的文本框内,供编辑修改。单击"提交"按钮,数据提交给专用的ASP文件进行处理。期初余额修改表单文件xiugai_chongfu.asp中的网页代码如下。

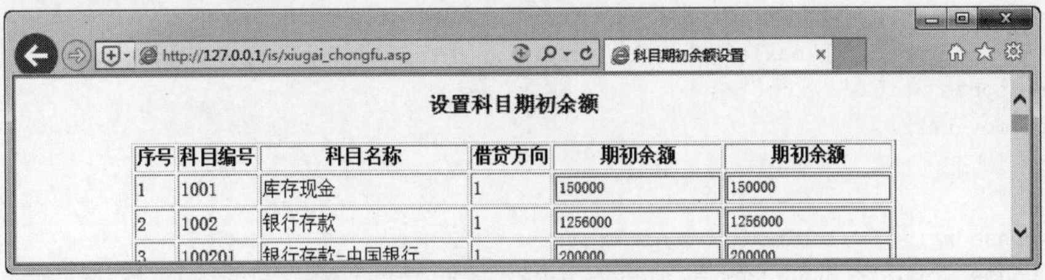

图7-28 期初余额修改表单(一)

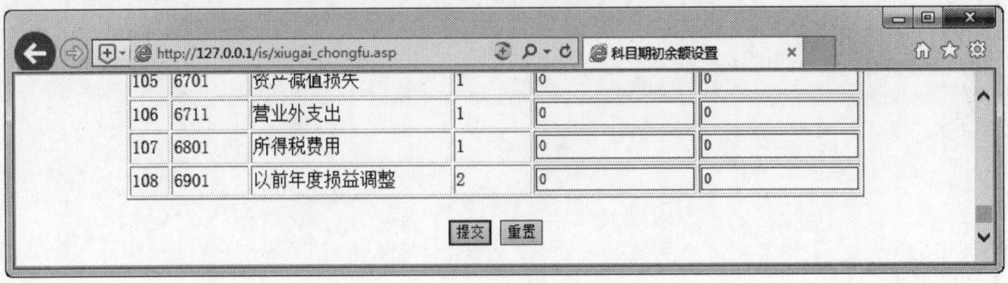

图7-29 期初余额修改表单(二)

```
<html>
<head><title>科目期初余额设置</title></head>
<body>
<h3 align = "center">设置科目期初余额</h3>
<%
Dim kmbh(),qcye1(),qcye2()   '定义数组变量
set conn = server.createobject("adodb.connection")
strConn = "driver = {mysql odbc 3.51 driver}; server = localhost; database = zwcl;"
strConn = strConn & "user = root; password = 12345678; port = 3306;"
conn.open strConn
conn.execute("set names gb2312")
set rs = server.createobject("adodb.recordset")
sql = "select * from kjkm order by 科目编号"
```

```
rs.open sql,conn
if rs.bof and rs.eof then
   response.write "<p align = 'center'>数据表中无记录!</p>"
else
%>
   <form method = "post" action = "xiugai_chongfu_chuli.asp">
   <%
   response.write "<table border = 1 align = 'center'>"
   response.write "<tr><th>序号</th><th>科目编号</th><th>科目名称</th>"&_
                  "<th>借贷方向</th><th>期初余额</th><th>期初余额</th></tr>"
   i = 1
   do while not rs.eof
      response.write "<tr>"
      response.write "<td>" & i & "</td>"
      response.write "<td>" & rs("科目编号") &_
                     "<input type = 'hidden' name = 'kmbh("& i &_
                     ")' value = '" & rs("科目编号") & "'></td>"
      response.write "<td>" & rs("科目名称") & "</td>"
      response.write "<td>" & rs("借贷方向") & "</td>"
      response.write "<td><input type = 'text' name = 'qcye1(" & i &_
                     ")' maxlength = '12' value = '" & rs("期初余额") & "'></td>"
      response.write "<td><input type = 'text' name = 'qcye2(" & i &_
                     ")' maxlength = '12' value = '" & rs("期初余额") & "'></td>"
      response.write "</tr>"
      rs.movenext
      i = i + 1
   loop
   response.write "</table>"
   response.write "<input type = 'hidden' name = 'count' value = '"&(i-1)&"'>"
   %>
   <p align = "center">
      <input type = "submit" value = "提交">
      <input type = "reset" value = "重置">
   </p>
   </form>
<%
end if
rs.close
set rs = nothing
conn.close
set conn = nothing
%>
</body>
</html>
```

说明如下。

(1) 序号、科目编号、科目名称、借贷方向的值直接显示在表格的单元格内,不能被编辑修改;但同一记录期初余额的值显示在两个单元格内的文本框中,以便重复输入与编辑修改。

(2) Dim kmbh(),qcye1(),qcye2() 用于定义数组,网页中利用数组存储每条记录的科目编号所在的一个隐藏文本框的名称和期初余额占用的两个文本框的名称(name 属性的值)。

（3）由< form >定义可知，此表单的数据以 post 方式传递到服务器上的 xiugai_chongfu_chuli.asp 文件进行处理。序号为 i 的记录的科目编号所在隐藏文本框的 name 属性的值是 kmbh(i)，序号为 i 的记录的期初余额所在两个文本框的 name 属性的值分别是 qcye1(i)，qcye2(i)。

（4）参见 7.5.2 节"成批修改技术"中"成批修改之科目设置表单"的说明。

2. 修改处理（xiugai_chongfu_chuli.asp）

如上所述，在期初余额修改表单中，单击"提交"按钮时，数据交由服务器上的 xiugai_chongfu_chuli.asp 文件接收与处理。若有期初余额的值不符合要求（见图 7-30），则返回出错提示（见图 7-31）；若全部数据符合要求（同一科目的两个期初余额值相同，且为数值型数据），则用表单上的数据成批更新数据表中的数据，并返回提示"科目的期初余额设置成功！"，如图 7-32 所示。期初余额修改处理文件 xiugai_chongfu_chuli.asp 的程序代码如下。

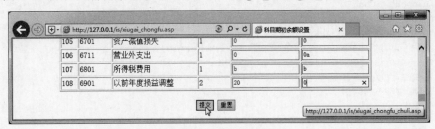

图 7-30　编辑与修改记录

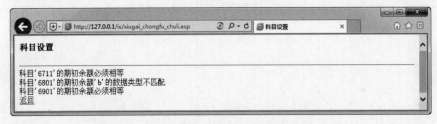

图 7-31　修改后的数据不符合要求时的返回结果

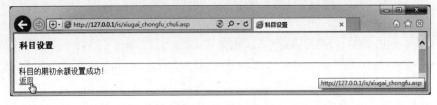

图 7-32　更新成功提示（表单数据符合要求时的提示）

```
< html >
< head >< title >科目设置</title ></head >
< body >
< h3 >科目设置</h3 >
< hr >
< %
gengxin = 1    '变量 gengxin = 1 表示全部数据符合要求,允许更新
for i = 1 to request("count")
   if request("qcye1(" & i & ")") = request("qcye2(" & i & ")") then
      if not IsNumeric(request("qcye1(" & i & ")")) then
```

```
        response.write "科目'"& request("kmbh("&i&")") & "'的期初余额'" &_
                        request("qcye1("&i&")") & "'的数据类型不匹配"&"<br>"
            gengxin = 0   '变量 gengxin = 0 表示存在不符合要求的数据,不允许更新
          end if
        else
          response.write "科目'"& request("kmbh(" & i & ")") &_
                        "'的期初余额必须相等<br>"
          gengxin = 0
        end if
    next
    if gengxin = 0 then
      response.write "<a href = 'javascript:history.back()'>返回</a>"
    else
      set conn = server.createobject("adodb.connection")
      strConn = "driver = {mysql odbc 3.51 driver}; server = localhost; database = zwcl;"
      strConn = strConn & "user = root; password = 12345678; port = 3306;"
      conn.open strConn
      conn.execute("set names gb2312")
      for i = 1 to request("count")
        cmd = "update kjkm set 期初余额 = "& request("qcye1(" & i & ")")
        cmd = cmd &" where 科目编号 = '"& request("kmbh(" & i & ")") &"'"
        '注:上一行 where 左边至少有一空格
        conn.execute(cmd)
      next
      conn.close
      set conn = nothing
      response.write "科目的期初余额设置成功!<BR>"
      response.write "<a href = 'xiugai_chongfu.asp'>返回</a>"
    end if
    %>
    </body>
    </html>
```

说明如下。

(1) gengxin＝1 表示接收到的数据全部符合要求,只要接收到不符合要求的数据,就使 gengxin＝0,并提示出错信息。当 gengxin＝1 或 gengxin≠0 时,进行修改处理。

(2) 当变量 $i(i \neq 0)$ 表示序号时,利用 request("kmbh("&i&")"),request("qcye1 ("&i&")"),request("qcye2("&i&")")分别接收表单中 name 属性值为 kmbh(i),qcye1(i),qcye2(i)的文本框内的值,注意表达方法。例如,request("kmbh(1)"),request("qcye1(1)"),request("qcye2(1)")分别用于获取序号为 1 的记录行所对应的科目编号、第一个期初余额、第二个期初余额的值,它们所在文本框的 name 属性值分别对应 kmbh(1),qcye1(1),qcye2(1),其余类推。在接收到的所有数据中,满足同一科目的两个期初余额值相等且为数值型数据时,执行成批更新并提示,否则进行相应提示但不修改数据。

7.5.4 修改之重复输入校验:客户端校验数据正确性

1. 修改之编辑表单(updateOnInputCheck.asp)

假设修改 zwcl.kjkm 数据表中各科目的期初余额,需要对同一科目的期初余额分别输入(或修改)两次,在客户端校验一致后再传递到服务器进行成批修改处理。设计用于修改期初余额的表单如图 7-33 和图 7-34 所示。若 kjkm 数据表中无数据,则提示"数据表中无记录!";否则,在表格中显示全部记录,其中,期初余额同时显示在最右两列单元格的文本

框内,供编辑修改。在单元格的文本框输入数据后,若数据位数超过12、数据为空格或空字符串、数据不为数值型,则进行相应的出错提示,如图 7-35～图 7-37 所示。单击"提交"按钮,数据提交给专用 ASP 文件处理。修改期初余额表单文件 updateOnInputCheck.asp 中的网页代码如下。

图 7-33　修改期初余额表单(一)

图 7-34　修改期初余额表单(二)

图 7-35　数据位数超过 12 时的提示

图 7-36　数据为空格或空字符串时的提示

图 7-37　数据不为数值型时的提示

```
< html >
< head >
< title >科目期初余额设置</title>
< script language = "javascript">
    function Check(obj){
        // 字符数不得超过 12
        if(obj.value.length > 12){
            window.alert("字符数不得超过 12");
            obj.focus();
            return false;
        }
        // 不能为空格或空字符串
        var reg = /^\s * $ /;
        if(reg.test(obj.value)){
            window.alert("请输入数据");
            obj.focus();
            return false;
        }
        // 只能输入数字
        if (isNaN(obj.value)){
            alert("非法字符!");
            obj.focus();
            return false;
        }
        return true;
    }
</script>
</head>
< body >
< h3 align = "center">设置科目期初余额</h3 >
<%
set conn = server.createobject("adodb.connection")
strConn = "driver = {mysql odbc 3.51 driver}; server = localhost; database = zwcl;"
strConn = strConn & "user = root; password = 12345678; port = 3306;"
conn.open strConn
conn.execute("set names gb2312")
set rs = server.createobject("adodb.recordset")
sql = "select * from kjkm order by 科目编号"
rs.open sql,conn
if rs.bof and rs.eof then
    response.write "< p align = 'center'>数据表中无记录!</p>"
else
%>
    < form method = "post" action = "updateOnInputCheck_proc.asp" name = "form1">
    < table border = "1" align = "center">
    < tr >< th >序号</th >< th >科目编号</th >< th >科目名称</th >< th >借贷方向</th>
                < th >期初余额</th >< th >期初余额</th ></tr >
    <% i = 1 %>
    <% do while not rs.eof %>
        < tr >
        < td ><% = i %></td>
        < td ><% = rs("科目编号") %>< input type = "hidden" name = "kmbh[ ]"
                value = "<% = rs("科目编号") %>"></td>
        < td ><% = rs("科目名称") %></td>
```

```
        <td><% = rs("借贷方向") %></td>
        <td><input type = "text" name = "qcye1[]" value = "<% = rs("期初余额") %>"
                onBlur = "return Check(this)"></td>
        <td><input type = "text" name = "qcye2[]" value = "<% = rs("期初余额") %>"
                onBlur = "return Check(this)"></td>
        </tr>
        <%
        rs.movenext
        i = i + 1
        %>
    <% loop %>
    </table>
    <p align = "center">
        <input type = "submit" value = "提交">
        <input type = "reset" value = "重置">
    </p>
    </form>
<%
end if
rs.close
set rs = nothing
conn.close
set conn = nothing
%>
</body>
</html>
```

说明如下。

（1）函数 function Check(obj){…}用于验证所编辑的期初余额数据的正确性,在期初余额文本框失去焦点时执行调用和验证操作,主要验证数据是否超过 12 位、是否为空格或空字符串、是否为数值型数据,不符合要求时进行提示并需要更正数据。这里,obj 表示文本框对象。

（2）obj. value. length 用于取得文本框中的值的长度(即数值的位数),由于数据表中期初余额字段的宽度定义为 12,因此,如果 obj. value. length > 12,则可提示"字符数不得超过 12",并使相应的文本框获得焦点。

（3）var reg＝/^\s * $/ 定义了一个表示空格字符串的正则表达式,reg. test(obj. value)为 true 时表示 obj. value 的值是空格或空字符串,应进行提示并使相应的文本框获得焦点。

（4）isNaN(obj. value)值为 true 时,表示 obj. value 不是数值型数据,且不是空字符串和空格,可提示为非法字符并使相应的文本框获得焦点；值为 false 时,表示 obj. value 可能是数值型数据,也可能是空字符串或仅由空格构成的字符串。

（5）表单元素 < input type ＝ "text" name ＝ "qcye1[]" value ＝ "<% = rs("期初余额")%>" onBlur ＝ "return Check(this)"> 表示 name 属性值为 qcye1[]的某个文本框(qcye1[]是数组),框中最初显示有数据表(排序后)当前记录的期初余额值,当文本框失去焦点时调用和执行 Check(this)函数,this 表示这个文本框对象；qcye1[]中所含元素的个数就是表格中左列期初余额文本框的个数(或数据表中记录的条数)；其余类推。同样,qcye2[]是表格中右列期初余额文本框的 name 属性值,也是数组,所含数组元素的个数就是表格中右列期初余额文本框的个数；kmbh[]则是表格中隐藏的科目编号文本框的 name 属性值，也是数组，用于存储与传递数据表（排序后）各条记录的科目编号值。

（6）由< form>标记的内容可知，数据以 post 方式传递到服务器上的 updateOnInputCheck_proc. asp 文件进行处理。

2. 修改处理（updateOnInputCheck_proc. asp）

上述 updateOnInputCheck. asp 对应的修改期初余额表单，已对数据位数是否超过字段宽度（如是否超过 12）、数据是否为空格或空字符串、数据是否为数值型进行了校验。在服务器上只需检验同一科目的两个文本框中的数据是否相等，若不相等则提示（见图 7-38），若相等则用表单数据更新数据表中的数据，并提示，如图 7-39 所示。完成此成批修改数据功能的处理文件 updateOnInputCheck_proc. asp 的程序代码对应如下。

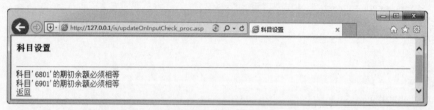

图 7-38　数据不符合要求时的出错提示

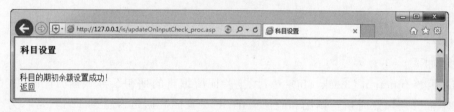

图 7-39　数据更新成功提示

```
< html >
< head >< title >科目设置</title ></head >
< body >
< h3 >科目设置</h3 >
< hr >
< %
gengxin = 1    '变量 gengxin = 1 表示全部数据符合要求,允许更新
for i = 1 to request("qcye1[]").count
  if request("qcye1[]")(i)<> request("qcye2[]")(i) then
    response.write "科目'" + request("kmbh[]")(i) + "'的期初余额必须相等< br >"
    gengxin = 0    '变量 gengxin = 0 表示存在同一科目的期初余额不一致,不能更新
  end if
next
if gengxin = 0 then
  response.write "< a href = 'javascript:history.back()'>返回</a>"
else
  set conn = server.createobject("adodb. connection")
  strConn = "driver = {mysql odbc 3.51 driver}; server = localhost; database = zwcl;"
  strConn = strConn & "user = root; password = 12345678; port = 3306;"
  conn. open strConn
  conn. execute("set names gb2312")
  for i = 1 to request("qcye1[]").count
```

```
    cmd = "update kjkm set 期初余额 = "& request("qcye1[]")(i)
    cmd = cmd &" where 科目编号 = '"& request("kmbh[]")(i) &"'"
    '上一语句 where 之前至少有一个空格
    conn.execute(cmd)
next
conn.close
set conn = nothing
response.write "科目的期初余额设置成功!<br>"
response.write "<a href = 'updateOnInputCheck.asp'>返回</a>"
end if
%>
</body>
</html>
```

说明：request("qcye1[]")用于接收从表单传递来的 name 属性值为 qcye1[]的数组中的数据，request("qcye1[]").count 则用于统计接收到的数组 qcye1[]中所包含的元素的个数，即表格中左列期初余额文本框的个数（或数据表中记录的个数），request("qcye1[]")(i)用于取得表格中第 i 个左列期初余额文本框中的值。同理，request("qcye2[]")(i)用于取得表格中第 i 个右列期初余额文本框中的值；request("kmbh[]")(i)用于接收表单中第 i 个隐藏的科目编号文本框中的值，即数据表（排序后）第 i 条记录的科目编号的值。

7.6 删除设计

管理信息系统数据库中长期不用的数据应由管理员进行必要的清理或删除，删除功能是管理信息系统的一项必备的功能。一般来讲，系统数据的删除由具有更新权限的管理人员专门负责，普通用户只能删除自己的个人资料信息。数据删除操作的基本原理是，先查询符合删除条件的记录，然后对查到的记录进行删除处理和操作结果反馈，对没有查到符合条件的记录的情况进行必要的提示；对查到的记录进行删除处理时，可以直接删除查到的记录，也可以选择删除查到的记录。另外，构成删除条件的数据，需要通过 HTML 表单（删除界面）输入，有些输入的数据还需要在 ASP 程序中进行正确性校验；对于选择删除查到的记录的处理方式，既可以采用客户端校验输入的数据，也可以利用服务器端校验输入的数据。

7.6.1 直接删除查到的记录

实现删除功能，需先设置删除条件。设计删除操作界面，如图 7-40 所示，以便删除 zwcl.kjkm 数据表中不需要的数据。用户可以在第一个下拉列表框中选择科目编号、科目名称、借贷方向或期初余额，在第二个下拉列表框中可选择等于、小于、大于、不等于（也可增加其他比较运算符供选择），在文本框中输入数据，即可构成一个删除条件，再单击"删除"按钮即可进行删除操作，并返回操作结果，如图 7-41 所示。需要说明的是，本例只是实现通常的信息删除功能，没有考虑会计上应满足的科目存在下级科目时不能删除、期初余额不为 0 时不能删除的情况。

如果在第一个下拉列表框中选择期初余额，且在文本框中输入的值不为数值型数据，则提示"期初余额的值格式不正确，请重新设置条件"；如果数据表中有符合条件（如期初余额

图 7-40　设置删除条件

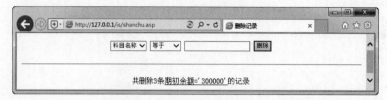

图 7-41　执行删除操作后返回的结果(单击图 7-40 的"删除"按钮)

等于 300 000)的记录,则提示类似"共删除 3 条期初余额＝'300000 '的记录";如果数据表中没有符合条件(如科目编号小于 1001)的记录,则提示类似"没有要删除的科目编号<'1001'的记录"。假设执行此功能的网页文件为 shanchu. asp,其 ASP 程序代码如下。

```
< html >
< head >< title >删除记录</title ></head >
< body >
< form action = "" method = "post">
< p align = "center">
< select name = "ziduan" size = "1">
   < option value = "科目编号">科目编号
   < option value = "科目名称" selected>科目名称
   < option value = "借贷方向">借贷方向
   < option value = "期初余额">期初余额
</select >
< select name = "bijiao" size = "1">
   < option value = " = " selected > 等于
   < option value = "<"> 小于
   < option value = ">"> 大于
   < option value = "<>"> 不等于
</select >
< input type = "text" name = "zhi">
< input type = "submit" name = "shanchu" value = "删除">
</p >
</form >
< %
if request. Form("shanchu") = "删除" then
   response. write "< hr >< p align = center >"
   set conn = server. createobject("adodb. connection")
   strConn = "driver = {mysql odbc 3. 51 driver}; server = localhost; database = zwcl;"
   strConn = strConn & "user = root; password = 12345678; port = 3306;"
   conn. open strConn
   conn. execute("set names gb2312")
   if request. form("ziduan")<>"期初余额" then
      sql = "delete from kjkm where " & trim(request("ziduan"))
      sql = sql & request("bijiao") & "'" & request. form("zhi") & "'"
   else
      if isnumeric(request. form("zhi")) then
         sql = "delete from kjkm where " & trim(request("ziduan"))
```

```
            sql = sql & request("bijiao") & request.form("zhi")
          else
            response.write "期初余额的值格式不正确,请重新设置条件"
            response.end
          end if
      end if
      conn.execute sql,x
      if x <> 0 then
         response.write "共删除" & x & "条< u >" & request("ziduan") &_
                    request("bijiao") & "'" & request("zhi") & "'</u>的记录"
      else
         response.write "没有要删除的< u >"& request("ziduan") &_
                    request("bijiao") & "'" & request("zhi") & "'</u>的记录"
      end if
      response.write "</p>"
   end if
   %>
   </body>
   </html>
```

说明：sql 变量表示 SQL 的记录删除语句对应的字符串,删除语句格式是"delete from 表名 where 条件"。例如,sql＝"delete from kjkm where 期初余额＝300000",注意条件中字段与值的类型一致。"conn.execute sql,x"是执行 sql 变量对应的 SQL 语句,这里是执行删除操作,受此操作影响的记录的条数保存在变量 x 中。

7.6.2 选择删除查到的记录：客户端校验输入数据

1. 概述

7.6.1 节介绍的是如何实现最基本的删除功能,对于特定的应用可能还要考虑特殊的要求与情况。就会计科目数据表的数据而言,要求存在下级科目的科目信息不能删除、期初余额不为 0 的记录也不能删除。这样,在删除 zwcl.kjkm 数据表中的数据时,就应考虑到这种特殊的要求。不仅如此,还可将查到的满足条件的记录先显示出来,让用户有选择地对查到的记录逐一进行删除。

为达到此目的,设计如下三个 ASP 文件完成删除操作。del.asp 用于设置删除条件、验证输入数据正确性,并返回查询结果和"删除"超链接；del01.asp 用于执行删除记录,科目存在下级科目或期初余额不为 0 的记录均不能删除；del02.asp 用于返回执行删除后的结果。

2. 删除表单(del.asp)

在设置删除条件时,输入数据格式的正确性可在浏览器端校验,本例主要检查期初余额数据格式是否正确。当按期初余额进行删除时,如果没有输入期初余额的值(或输入的是仅由若干空格构成的值),则单击"查询"按钮时会弹出信息提示框,提示"期初余额不能为空,请重新设置条件"；如果输入的期初余额的值格式不对,则单击"查询"按钮后弹出消息提示框,提示"期初余额的值格式不正确,请重新设置条件",如图 7-42 所示；不管按哪项进行删除,若设置删除条件合理,则单击"查询"按钮时,即在表格中显示所有满足条件的记录及相应的"删除"超链接(对应网页 del01.asp),供选择和执行删除操作,如图 7-43 和图 7-44 所示；如果无符合条件的记录(如设置的条件为科目编号等于 9999),则提示类似"无符合条件科目编号＝9999 的相关记录"。执行此功能的网页文件为 del.asp，其 ASP 程序代码如下。

图 7-42　信息提示框(条件不合理时单击"查询"按钮后的提示)

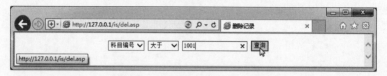

图 7-43　设置删除条件(条件合理)

图 7-44　满足删除条件的查询结果(条件合理时的查询结果)

```html
<html>
<head>
<title>删除记录</title>
<script type = "text/javascript">
<!--
function Check(){ //验证期初余额是否正确
    var ziduan = document.form1.ziduan.value;
    var zhi = document.form1.zhi.value;
    var reg = /^\s * $/;
    if (ziduan == "期初余额"&& reg.test(zhi)){
        alert("期初余额不能为空,请重新设置条件");
        document.form1.zhi.focus();
        return false;
    }
    if (ziduan == "期初余额"&& isNaN(zhi)){
        alert("期初余额的值格式不正确,请重新设置条件");
        document.form1.zhi.focus();
```

```
            return false;
        }
        return true;
    }
    -->
</script>
</head>
<body>
<form name = "form1" action = "" method = "post">
<p align = "center">
<select name = "ziduan" size = "1">
    <option value = "科目编号">科目编号
    <option value = "科目名称" selected>科目名称
    <option value = "借贷方向">借贷方向
    <option value = "期初余额">期初余额
</select>
<select name = "bijiao" size = 1>
    <option value = " = " selected> 等于
    <option value = "<"> 小于
    <option value = ">"> 大于
    <option value = "<>"> 不等于
</select>
<input type = "text" name = "zhi">
<input type = "submit" name = "chaxun" value = "查询"
onclick = "return Check()">
</p>
</form>
<% if request.Form("chaxun") = "查询" then %>
    <hr><p align = "center">
    <%
    set conn = server.createobject("adodb.connection")
    strConn = "driver = {mysql odbc 3.51 driver}; server = localhost; database = zwcl;"
    strConn = strConn & "user = root; password = 12345678; port = 3306;"
    conn.open strConn
    conn.execute("set names gb2312")
    set rs = server.createobject("adodb.recordset")
    if request.form("ziduan")<>"期初余额" then
        sql = "select * from kjkm where "& trim(request("ziduan"))
        sql = sql & request("bijiao") &"'"&request("zhi")&"' order by 科目编号"
    else
        sql = "select * from kjkm where "& trim(request("ziduan"))
        sql = sql & request("bijiao") & request("zhi")&" order by 科目编号"
        '注：上一语句 order 之前至少有一个空格
    end if
    '以下语句利用 session 变量保存查询字符串,在本页和 del02.asp 中使用
    session("strSql") = sql
    session("strZiduan") = request("ziduan")
    session("strBijiao") = request("bijiao")
    if len(Trim(request("zhi"))) = 0 then
        session("strZhi") = "''"
    else
        session("strZhi") = request("zhi")
    end if
    rs.open sql,conn
```

```
    %>
    <% if not rs.eof then %>
      <table border = "1" align = "center">
      <caption>
      <b><% = session("strZiduan")&session("strBijiao")&session("strZhi") %></b>
              的查询结果<br><br>
      </caption>
      <tr><th>序号</th><th>科目编号</th><th>科目名称</th>
              <th>借贷方向</th><th>期初余额</th><th>删除</th></tr>
      <% i = 1 %>
      <% do while not rs.eof %>
          <tr>
          <td><% = i %></td>
          <td><% = rs("科目编号") %></td>
          <td><% = rs("科目名称") %></td>
          <td><% = rs("借贷方向") %></td>
          <td><% = rs("期初余额") %></td>
          <td><a href = "del01.asp?kmbh = <% = rs("科目编号") %>">删除</a></td>
          </tr>
          <% rs.movenext %>
          <% i = i + 1 %>
      <% loop %>
      </table>
    <% else %>
      无符合条件
      <b><% = session("strZiduan")&session("strBijiao")&session("strZhi") %></b>
      的相关记录
    <% end if %>
    </p>
  <% end if %>
  </body>
</html>
```

说明：< a href＝"del01. asp?kmbh＝<％＝rs("科目编号")％>">删除</a> 表示"删除"超链接，单击此"删除"超链接时，将以 get 方式将变量 kmbh 保存的当前记录的科目编号字段的值传递到服务器端，由 del01. asp 文件接收和执行删除处理。

3. 删除处理（del01. asp）

在图 7-44 所示的查询结果界面，单击某一记录行的"删除"超链接，执行删除该行记录的操作。假定待删记录（如科目编号为 1002 的记录）对应的科目有下级科目存在时，或待删记录（如科目编号为 100202 的记录）的期初余额不为 0 时，记录不允许被删除，这时应提示类似"科目 1002 存在下级科目，不能删除"和超链接"返回"，或提示类似"期初余额不为 0，不能删除"和超链接"返回"，单击"返回"超链接返回到查询结果界面（对应网页 del. asp）；只有待删科目（如科目编号为 1101 的记录）为末级科目且期初余额为 0，才可以进行删除，并提示类似"科目 1101 已删除"和超链接"返回"（对应于网页 del02. asp，如图 7-45 所示）。由删除表单文件（del. asp）可知，执行此删除处理的 ASP 文件为 del01. asp，其程序代码如下。

```
<%
rem 考虑: 存在下级科目不能删除; 期初余额不为 0 不能删除
set conn = server.createobject("adodb.connection")
```

```
strConn = "driver = {mysql odbc 3.51 driver}; server = localhost; database = zwcl;"
strConn = strConn & "user = root; password = 12345678; port = 3306;"
conn. open strConn
conn. execute("set names gb2312")
strSql = "select * from kjkm where 科目编号 like '" & request("kmbh") & "%'"
set rs1 = conn. execute(strSql)
n = 0
do while not rs1. eof
  n = n + 1
  rs1. movenext
loop
rs1. close
set rs1 = nothing
strSql = "select * from kjkm where 科目编号 = '" & request("kmbh") & "'"
set rs2 = conn. execute(strSql)
strKmbh = rs2("科目编号")   '保存待删记录的科目编号
response. write "<p align = 'center'>"
if n = 1 then
  if rs2("期初余额") = "0" then
    conn. execute("delete from kjkm where 科目编号 = '" & request("kmbh") & "'")
    response. write "科目" & strKmbh & "已删除"
    response. write "<br><a href = 'del02.asp'>返回</a>"
  else
    response. write "期初余额不为 0,不能删除"
    response. write "<br><a href = 'javascript:history.back()'>返回</a>"
  end if
else
  response. write "科目" & strKmbh & "存在下级科目,不能删除"
  response. write "<br><a href = 'javascript:history.back()'>返回</a>"
end if
response. write "</p>"
rs2. close
set rs2 = nothing
conn. close
set conn = nothing
%>
```

图 7-45　执行删除操作后的提示界面

说明如下。

(1) rem 是 ASP 的注释。

(2) response. write "科目" & strKmbh & "已删除" 用于提示某科目已删除,之后的 response. write "
<a href= 'del02. asp'>返回</a>" 表示显示"返回"超链接,单击此 "返回"超链接,将链接到 del02. asp,显示执行删除操作后的查询结果界面。

4. 删除一条记录后的删除表单(del02. asp)

删除一条记录后,在图 7-45 所示的科目已删除提示界面,单击"返回"超链接,应返回到执行删除操作后的查询结果界面,如图 7-46 所示。由删除处理文件 del01. asp 可知,此返回功能由 del02.asp 文件完成。del02.asp 文件中的 ASP 程序代码如下。

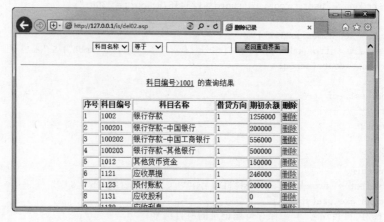

图 7-46　执行删除操作后的查询结果界面

```
<html>
<head><title>删除记录</title></head>
<body>
<form action = "del.asp" method = "post">
<p align = "center">
<select name = "ziduan" size = "1">
   <option value = "科目编号">科目编号
   <option value = "科目名称" selected>科目名称
   <option value = "借贷方向">借贷方向
   <option value = "期初余额">期初余额
</select>
<select name = "bijiao" size = "1">
   <option value = " = " selected> 等于
   <option value = "<"> 小于
   <option value = ">"> 大于
   <option value = "<>"> 不等于
</select>
<input type = "text" name = "zhi">
<input type = "submit" value = "返回查询界面">
</p>
</form>
<hr><p align = "center">
<%
set conn = server.createobject("adodb.connection")
strConn = "driver = {mysql odbc 3.51 driver}; server = localhost; database = zwcl;"
strConn = strConn & "user = root; password = 12345678; port = 3306;"
conn.open strConn
conn.execute("set names gb2312")
set rs = server.createobject("adodb.recordset")
sql = session("strSql")   '返回 session 会话信息, 下同, 见 del.asp
rs.open sql,conn
%>
<% if not rs.eof then %>
   <table border = "1" align = "center">
   <caption>
     <u><% = session("strZiduan")&session("strBijiao")&session("strZhi") %></u>
```

```
    的查询结果<br><br>
    </caption>
    <tr><th>序号</th><th>科目编号</th><th>科目名称</th>
    <th>借贷方向</th><th>期初余额</th><th>删除</th></tr>
    <%i=1%>
    <%do while not rs.eof%>
      <tr>
      <td><%=i%></td>
      <td><%=rs("科目编号")%></td>
      <td><%=rs("科目名称")%></td>
      <td><%=rs("借贷方向")%></td>
      <td><%=rs("期初余额")%></td>
      <td><a href="del01.asp?kmbh=<%=rs("科目编号")%>">删除</a></td>
      </tr>
      <%rs.movenext%>
      <%i=i+1%>
    <%loop%>
    </table>
  <%else%>
    无符合条件
    <b><%=session("strZiduan")&session("strBijiao")&session("strZhi")%></b>
    的相关记录"
  <%end if%>
  </p>
  </body>
</html>
```

7.6.3 选择删除查到的记录：服务器端校验输入数据

1. 概述

本节的设计基本思路与 7.6.2 节类似，也是由三个网页文件执行信息删除功能。其中，deleteRecord.asp 用于设置删除条件、验证输入数据正确性，并返回查询结果和"删除"超链接（见图 7-47）；deleteRecord01.asp 用于执行删除记录（见图 7-48），但科目存在下级科目或期初余额不为 0 时均不允许执行删除操作；deleteRecord02.asp 用于刷新执行删除操作后的查询结果。所不同的是，本节所涉及的数据校验均在服务器端进行，ASP 代码的书写方式也更容易理解，只是可能会存在执行效率上的差别，请读者自行分析。

2. 删除表单（deleteRecord. asp）

网页文件 deleteRecord.asp 是一个用于执行删除操作的表单，当按期初余额进行查询与删除时，在服务器端校验期初余额的数据格式是否正确，不正确时返回出错提示信息。当设置的条件合理时，若没有查到记录，则提示"无相关记录"；若查到满足条件（如借贷方向等于 2）的记录，则在表格中输出各条查到的记录及相应的"删除"超链接，如图 7-47 所示，单击"删除"超链接，可转到删除处理文件 deleteRecord01.asp 文件执行。deleteRecord.asp 文件的 ASP 程序代码如下。

```
<html>
<head><title>删除记录</title></head>
<body>
<form action="" method="post">
```

图 7-47　满足删除条件(借贷方向等于 2)的查询结果

```
< p align = "center">
< select name = "ziduan" size = "1">
  < option value = "科目编号">科目编号
  < option value = "科目名称" selected>科目名称
  < option value = "借贷方向">借贷方向
  < option value = "期初余额">期初余额
</select >
< select name = "bijiao" size = "1">
  < option value = " = " selected> 等于
  < option value = "<"> 小于
  < option value = ">"> 大于
  < option value = "<>"> 不等于
</select >
< input type = "text" name = "zhi">
< input type = "submit" name = "chaxun" value = "查询">
</p>
</form>
<%
if request.Form("chaxun") = "查询" then
  response.write "< hr >< p align = center >"
  set conn = server.createobject("adodb.connection")
  strConn = "driver = {mysql odbc 3.51 driver}; server = localhost; database = zwcl;"
  strConn = strConn & "user = root; password = 12345678; port = 3306;"
  conn.open strConn
  conn.execute("set names gb2312")
  set rs = server.createobject("adodb.recordset")
  if request.form("ziduan")<>"期初余额" then
    sql = "select * from kjkm where "& trim(request("ziduan")) & request("bijiao")
    sql = sql&"'"&request.form("zhi")&"' order by 科目编号"
  else
    if isnumeric(request.form("zhi")) then
      sql = "select * from kjkm where "& trim(request("ziduan"))
      sql = sql& request("bijiao") & request.form("zhi")
    else
      response.write "期初余额的值格式不正确,请重新选择条件进行查询"
      response.end
    end if
  end if
  session("strSql") = sql
  '上句利用 session 变量保存查询字符串, 在 deleteRecord02.asp 中使用
  rs.open sql,conn
```

```
if not rs.eof then
    response.write "<table border = 1 align = 'center'>"
    response.write "<tr><th>序号</th><th>科目编号</th><th>科目名称</th>"&_
                   "<th>借贷方向</th><th>期初余额</th><th>删除</th></tr>"
    i = 1
    do while not rs.eof
        response.write "<tr>"
        response.write "<td>" & i & "</td>"
        response.write "<td>" & rs("科目编号") & "</td>"
        response.write "<td>" & rs("科目名称") & "</td>"
        response.write "<td>" & rs("借贷方向") & "</td>"
        response.write "<td>" & rs("期初余额") & "</td>"
        response.write "<td><a href = 'deleteRecord01.asp?kmbh = " &_
                       rs("科目编号") & "'>删除</a></td>"
        response.write "</tr>"
        rs.movenext
        i = i + 1
    loop
    response.write "</table>"
    else
    response.write "无相关记录"
    end if
    response.write "</p>"
end if
%>
</body>
</html>
```

3. 删除处理（deleteRecord01.asp）

在如图 7-47 所示的用于执行删除操作的查询结果界面，单击某行的"删除"超链接，执行删除处理。如果不允许删除，则提示出错信息；如果允许删除，则删除一条记录后返回如图 7-48 所示的反馈信息，此反馈信息中的"返回"超链接，可用于转向 deleteRecord02.asp 文件对应的删除表单（即不含已删除记录的查询结果表单）。删除处理文件 deleteRecord01.asp 中的 ASP 程序代码如下。

```
<%
rem 考虑: 存在下级科目不能删除; 期初余额不为 0 不能删除
strKmbh = request("kmbh")   '接收待删记录的科目编号的值
set conn = server.createobject("adodb.connection")
strConn = "driver = {mysql odbc 3.51 driver}; server = localhost; database = zwcl;"
strConn = strConn & "user = root; password = 12345678; port = 3306;"
conn.open strConn
conn.execute("set names gb2312")
'查看是否存在下级科目
set rs1 = server.createobject("adodb.recordset")
rs1.cursorlocation = 3
strSQL = "select * from kjkm where 科目编号 like '"& strKmbh &"%'"
rs1.open strSQL, conn
n = rs1.recordcount   '记录集 rs1 中的记录数大于 1 时表示存在下级科目
rs1.close
set rs1 = nothing
if n = 1 then
```

```
set rs2 = server.createobject("adodb.recordset")
strSQL = "select * from kjkm where 科目编号 = '"& strKmbh &"'"
rs2.open strSQL, conn
if rs2("期初余额") = "0" then
    conn.execute("delete from kjkm where 科目编号 = '"& strKmbh &"'")
    response.write "科目"& strKmbh &"已删除"
    response.write "<br><a href = 'deleteRecord02.asp'>返回</a>"
else
    response.write "期初余额不为0,不能删除"
    response.write "<br><a href = 'javascript:history.back()'>返回</a>"
end if
rs2.close
set rs2 = nothing
else
    response.write "科目"& strKmbh &"存在下级科目,不能删除"
    response.write "<br><a href = 'javascript:history.back()'>返回</a>"
end if
conn.close
set conn = nothing
%>
```

图7-48　反馈信息(单击图7-47科目编号1471所在行的"删除"超链接)

4. 删除一条记录后的删除表单(deleteRecord02.asp)

在如图7-48所示的科目已删除反馈信息界面,单击"返回"超链接,转向执行deleteRecord02.asp文件,显示类似图7-47所示的、但不含已删除记录的查询结果表单(界面)。文件deleteRecord02.asp中的ASP程序代码如下。

```
<html>
<head><title>删除记录</title></head>
<body>
<form action = "deleteRecord.asp" method = "post">
<p align = "center">
<select name = "ziduan" size = "1">
    <option value = "科目编号">科目编号
    <option value = "科目名称" selected>科目名称
    <option value = "借贷方向">借贷方向
    <option value = "期初余额">期初余额
</select>
<select name = "bijiao" size = "1">
    <option value = " = " selected> 等于
    <option value = "<"> 小于
    <option value = ">"> 大于
    <option value = "<>"> 不等于
</select>
<input type = "text" name = "zhi">
<input type = "submit" value = "返回查询界面">
</p>
```

```
</form>
<%
response. write "< hr >< p align = 'center'>"
set conn = server. createobject("adodb. connection")
strConn = "driver = {mysql odbc 3.51 driver}; server = localhost; database = zwcl;"
strConn = strConn & "user = root; password = 12345678; port = 3306;"
conn. open strConn
conn. execute("set names gb2312")
set rs = server. createobject("adodb. recordset")
sql = session("strSql")    '获取查询字符串,见 deleteRecord. asp
rs. open sql,conn
if not rs. eof then
    response. write "< table border = 1 align = 'center'>"
    response. write "< tr >< th >序号</th >< th >科目编号</th >< th >科目名称</th >"&_
                "< th >借贷方向</th >< th >期初余额</th >< th >删除</th ></tr >"
    i = 1
    do while not rs. eof
        response. write "< tr >"
        response. write "< td >" & i & "</td >"
        response. write "< td >" & rs("科目编号") & "</td >"
        response. write "< td >" & rs("科目名称") & "</td >"
        response. write "< td >" & rs("借贷方向") & "</td >"
        response. write "< td >" & rs("期初余额") & "</td >"
        response. write "< td >< a href = 'deleteRecord01. asp?kmbh = " &_
                rs("科目编号") & "'>删除</a ></td >"
        response. write "</tr >"
        rs. movenext
        i = i + 1
    loop
    response. write "</table >"
else
    response. write "无相关记录"
end if
response. write "</p >"
%>
</body >
</html >
```

7.7　Web 信息管理系统菜单设计

Web 信息管理系统是由许多相关的功能模块组成的,各模块又分别由若干子模块组成。要把这些模块较好地组织起来,最好的办法就是利用菜单技术。可以在 HTML 中利用 DIV＋CSS 技术完成系统菜单的设计,也可以利用专门的网页制作工具(如 Adobe Dreamweaver CS5)轻松、方便地完成菜单设计,还可以利用 HTML 表格展示系统菜单。

7.7.1　利用纯 DIV＋CSS 设计系统菜单

1. Web 信息管理系统菜单设计概述

管理信息系统的各项功能可以用菜单形式组织在一个网页页面,以便于用户登录系统并使用各项功能。假设设计 Web 信息管理系统菜单如图 7-49 所示,该菜单主要依据系统的功能模块结构图(见图7-2)设计而成,以充分实现事先确定的各项基本功能。允许在功能结构图的基础上增加必要的功能项作为系统菜单的菜单项。此菜单的功能是,单击"网站首页"菜单项转到网站首页,单击"会计科目设置"项弹出其下拉菜单,若将鼠标悬停在下拉菜单项"查询科目"上,则网页左下角(或状态栏)显示该项对应的网址;若单击该下拉菜单项,则在新的窗口打开对应的网页,其余类推。

图 7-49　Web 信息管理系统菜单

可利用纯 DIV＋CSS 实现这样的应用系统菜单。其中,<div>是 HTML 的标签,是一个块级元素,可以通过<div>的 class 或 id 属性应用额外的样式,class 用于某一类元素,id 用于标识单独的唯一的元素;CSS 是一种用来修饰网页页面文字、背景、边框、颜色、层次和内容等的技术,用于对网页各元素进行格式化,从而表现网页的样式。一般在 HTML 文件中利用块级元素<div>标签对网页进行分区,利用行内元素<span>标签对需要在行内实现特定效果的区域进行标识,使用 CSS 定义相关样式。样式可以保存在专门建立的 CSS 文件中,并在 HTML 网页中使用 CSS 文件中的样式。

假设系统菜单文件是 caidan.html,保存在 is 对应的虚拟目录下,所用到的 CSS 文件包括 menu_style.css 和 ie.css,并保存在虚拟目录下的 css 文件夹中,这时,就需要分别在相应的文件夹中创建这些文件。

2. 菜单文件 caidan.html 中的网页代码

本例中,虚拟目录 is 对应于路径 E:\mis\webMIS,在此目录下建立菜单文件 caidan.html,该文件中的网页代码如下。

```
<!doctype html>
<html>
<head>
<meta http-equiv="content-type" content="text/html; charset=gb2312" />
<title>账务处理系统菜单</title>
<link rel="stylesheet" media="all" type="text/css" href=".\css\menu_style.css" />
<!--[if IE]>
<link rel="stylesheet" media="all" type="text/css" href=".\css\ie.css" />
<![endif]-->
</head>
<body>
<div class="nav">
<div class="table">
<ul class="select"><li><a href="#"><b>网站首页</b></a></li></ul>
<ul class="select"><li><a href="#"><b>会计科目设置</b></a>
<div class="select_sub">
    <ul class="sub">
        <li><a href="add.html" target="_new">输入科目</a></li>
        <li><a href="liulan.asp" target="_new">浏览科目信息</a></li>
```

```
            <li><a href = "fenye1.asp" target = "_new">科目分页显示</a></li>
            <li><a href = "chaxun.html" target = "_new">查询科目</a></li>
            <li><a href = "update_on_query.asp" target = "_new">修改科目</a></li>
            <li><a href = "del.asp" target = "_new">删除科目</a></li>
        </ul>
    </div>
</li>
</ul>
<ul class = "select"><li><a href = "#"><b>记账凭证处理</b></a>
<div class = "select_sub">
    <ul class = "sub">
        <li><a href = "#">输入凭证</a></li>
        <li><a href = "#">查询凭证</a></li>
        <li><a href = "#">修改凭证</a></li>
        <li><a href = "#">删除凭证</a></li>
        <li><a href = "#">审核凭证</a></li>
    </ul>
</div>
</li>
</ul>
<ul class = "select"><li><a href = "#"><b>登记账簿</b></a></li></ul>
<ul class = "select"><li><a href = "#"><b>编制报表</b></a></li></ul>
<ul class = "select"><li><a href = "#"><b>账表预览与打印</b></a></li></ul>
<ul class = "select"><li><a href = "#"><b>结转</b></a></li></ul>
<ul class = "select"><li><a href = "#"><b>用户管理</b></a>
<div class = "select_sub">
    <ul class = "sub">
        <li><a href = "zhuce.html" target = "_blank">用户注册</a></li>
        <li><a href = "#">修改密码</a></li>
        <li><a href = "#">用户注销</a></li>
    </ul>
</div>
</li>
</ul>
</div>
</div>
</body>
</html>
```

说明：上述 caidan. html 文件的网页代码中，# 表示菜单项对应的网址，创建菜单项对应的网页文件后，替换成相应的文件名即可。

3. 层叠样式表文件中的代码

1）层叠样式表文件 menu_style. css

本例中，虚拟目录 is 对应的物理路径是 E:\mis\webMIS，需要将层叠样式表文件 menu_style. css 保存在 E:\mis\webMIS\css 目录下，文件 menu_style. css 中的样式如下。

```
.nav {margin - top:10px;height:35px;background:green;position:relative;
    font - family:arial, verdana, sans - serif; font - size:15px; width:100%;
    z - index:100;padding:0;}
.nav .table {display:table;margin:0 auto;}
.nav .select,.nav .current {margin:0;padding:0; list - style:none;display:table - cell;}
.nav li {margin:0;padding:0;height:auto;float:left;}
```

```
.nav .select a {display:block;height:35px;float:left; font - weight:bold;
    background:green;padding:0 15px 0 15px;text - decoration:none;
    line - height:35px;color:white;}
.nav .select a:hover, .nav .select li:hover a {
    background:#A8CAF0;padding:0 0 0 15px; cursor:pointer;color:white;}
.nav .select a b{font - weight:bold;}
.nav .select a:hover b,.nav .select li:hover a b {
    display:block;float:left; padding:0 15px 0 0;
    background:#A8CAF0 right top; cursor:pointer;}
.nav .select_sub {display:none;}
/* IE6 only */
.nav table {border - collapse:collapse;margin: - 1px; font - size:1em;width:0;height:0;}
.nav .sub {display:table;margin:0 auto; padding:0;list - style:none;}
.nav .sub_active .current_sub a,
.nav .sub_active a:hover {background:transparent;color:white;}
.nav .select :hover .select_sub,.nav .current .show {
    display:block;position:absolute; width:100%;top:35px;
    background:#C2DCFC; padding:0;z - index:100;left:0;text - align:center;}
.nav .current .show {z - index:10;}
.nav .select :hover .sub li a,.nav .current .show .sub li a {display:block;
    float:left;background:transparent;padding:0 10px 0 10px;margin:0;
    border:0; color:green;}
.nav .current .sub li.sub_show a {color:white;cursor:default;}
.nav .select .sub li a {font - weight:normal;}
.nav .select :hover .sub li a:hover, .nav .current .sub li a:hover {
    visibility:visible;color:black;}
```

2）层叠样式表文件 ie.css

本例中，层叠样式表文件 ie.css 也保存在 E:\mis\webMIS\css 目录下，文件 ie.css 中的样式如下。

```
.nav ul {display:inline - block;}
.nav ul {display:inline;}
.nav ul li {float:left;}
.nav {text - align:center;}
.nav .select a:hover b,.nav .select li:hover a b{float:none;}
```

7.7.2　利用 Dreamweaver 设计系统菜单

Dreamweaver 是可视化的网站站点管理和网页代码设计工具，尤其是具有 Web 信息管理系统菜单设计的强大功能。

安装 Adobe Dreamweaver CS5 后，打开此软件。新建一个 HTML 文件，先以文件名 Menu.html 保存在虚拟目录 is 对应的物理目录（E:\mis\webMIS）下，然后从"插入"下拉菜单的 Spry 子菜单中选择"Spry 菜单栏"命令（见图 7-50），即可弹出"Spry 菜单栏"对话框（见图 7-51），选择"水平"布局，再单击"确定"按钮，便进入菜单设计界面，在"设计"视图中以可视化形式设置菜单栏、下拉菜单、网页标题及其他属性（见图 7-52）。可先单击所设计菜单栏左上方的"Spry 菜单栏：MenuBar1"命令，再在窗口下侧"菜单条"属性区域设置各级菜单；从左至右的三个列表框用于设置各级菜单的菜单项，单击＋号增加菜单项，单击－号删除选定的菜单项，单击向上或向下三角形调整菜单项的顺序；选中某菜单项后，可在"文本""链接""目标"右边的文本框分别输入该菜单项的名称、链接到的网址、链接到的框架名称,目标为_new 或_blank 表示在新的窗口打开链接到的网页;还可以修改其他属性使菜单设计更合理。编辑并保存所设计的菜单后,运行菜单,结果如图 7-53 所示。可在此基础上进一步调整和完善,设计出一个令人满意的菜单。

图 7-50 利用"Spry 菜单栏"命令设计 Web 信息管理系统菜单

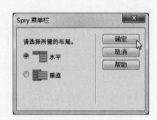

图 7-51 Spry 菜单栏

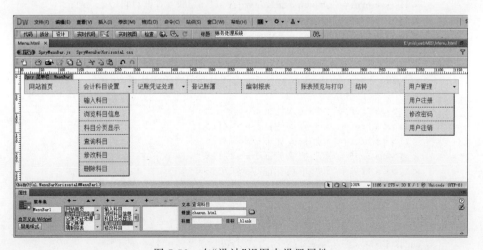

图 7-52 在"设计"视图中设置属性

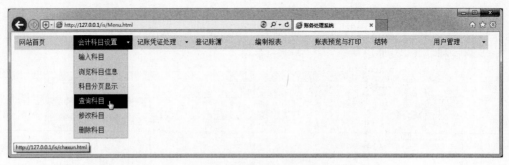

图 7-53 运行后的下拉菜单

通过这样的可视化菜单设计和操作，可以看到最终的菜单文件 Menu.html 中生成了相应的网页代码，同时在虚拟目录 is 对应的物理目录 E:\mis\webMIS 下创建了 SpryAssets 文件夹，此文件夹下包含了 SpryMenuBar.js 和 SpryMenuBarHorizontal.css 文件及相关的图片文件，这些文件夹和文件作为菜单应用不能缺少的组成部分。其中，菜单文件 Menu. html 中自动生成的网页代码内容如下。

```
<!doctype html public " - //w3c//dtd xhtml 1.0 transitional//en"
"http://www.w3.org/tr/xhtml1/dtd/xhtml1 - transitional.dtd">
<html xmlns = "http://www.w3.org/1999/xhtml">
<head>
<meta http-equiv = "Content - Type" content = "text/html; charset = utf - 8" />
<title>账务处理系统</title>
<script src = "SpryAssets/SpryMenuBar.js" type = "text/javascript"></script>
<link href = "SpryAssets/SpryMenuBarHorizontal.css" rel = "stylesheet" type = "text/css" />
</head>
<body>
<ul id = "MenuBar1" class = "MenuBarHorizontal">
    <li><a href = "#">网站首页</a></li>
    <li><a href = "#" class = "MenuBarItemSubmenu">会计科目设置</a>
        <ul>
            <li><a href = "add.html" target = "_blank">输入科目</a></li>
            <li><a href = "liulan.asp" target = "_blank">浏览科目信息</a></li>
            <li><a href = "fenye1.asp" target = "_blank">科目分页显示</a></li>
            <li><a href = "chaxun.html" target = "_blank">查询科目</a></li>
            <li><a href = "update_on_query.asp" target = "_blank">修改科目</a></li>
            <li><a href = "del.asp" target = "_blank">删除科目</a></li>
        </ul>
    </li>
    <li><a class = "MenuBarItemSubmenu" href = "#">记账凭证处理</a>
        <ul>
            <li><a href = "#">输入凭证</a></li>
            <li><a href = "#">查询凭证</a></li>
            <li><a href = "#">修改凭证</a></li>
            <li><a href = "#">删除凭证</a></li>
            <li><a href = "#">审核凭证</a></li>
        </ul>
    </li>
    <li><a href = "#">登记账簿</a></li>
    <li><a href = "#">编制报表</a></li>
    <li><a href = "#">账表预览与打印</a></li>
```

```
<li><a href = "#">结转</a></li>
<li><a href = "#" class = "MenuBarItemSubmenu">用户管理</a>
    <ul>
        <li><a href = "zhuce.html" target = "_blank">用户注册</a></li>
        <li><a href = "#">修改密码</a></li>
        <li><a href = "#">用户注销</a></li>
    </ul>
</li>
</ul>
<script type = "text/javascript">
var MenuBar1 = new Spry.Widget.MenuBar("MenuBar1",
 {imgDown:"SpryAssets/SpryMenuBarDownHover.gif",
  imgRight:"SpryAssets/SpryMenuBarRightHover.gif"});
</script>
</body>
</html>
```

7.7.3　利用表格设计系统菜单

管理信息系统菜单也可以简单地采用 HTML 表格表示，并辅以简单的 CSS 样式进行布局。例如，设计管理信息系统主要功能模块的 Web 编程技术应用示例菜单如图 7-54 所示。该菜单对应的网页文件是 sysMenu.html，其网页代码如下。

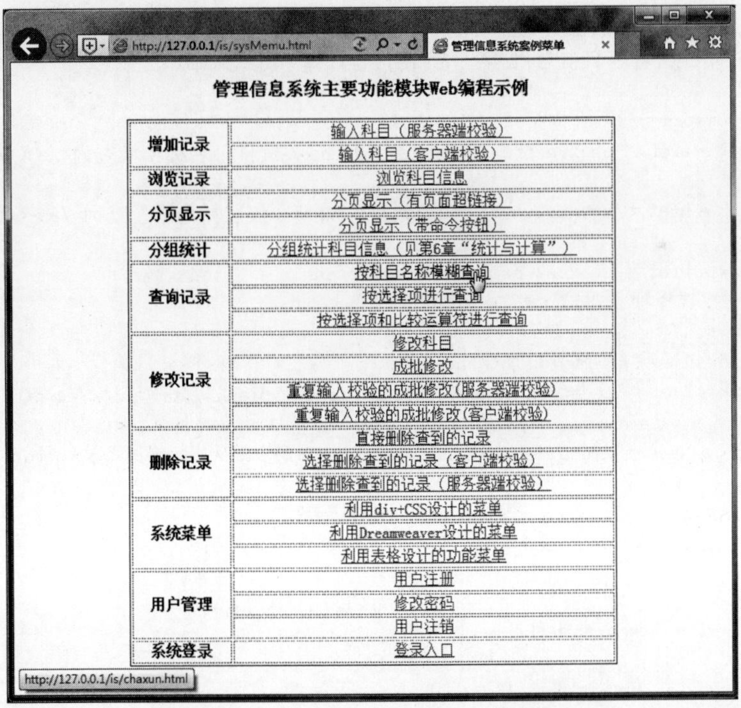

图 7-54　Web 编程技术应用示例菜单

```
<!doctype html>
<html>
<head>
<title>管理信息系统案例菜单</title>
<style type = "text/css">
```

```
        h3{text-align:center;}
        th{text-align:center;width:100px;border-color:gray;border-style:dashed;}
        td{text-align:center;width:400px;border-color:gray;border-style:dashed;}
    </style>
    </head>
    <body>
    <h3>管理信息系统主要功能模块Web编程示例</h3>
    <table border="1" align="center">
    <tr><th rowspan="2">增加记录</th>
        <td><a href="add.html" target="_blank">输入科目(服务器端校验)</a></td>
    </tr>
    <tr>
        <td><a href="zengjia.html" target="_blank">输入科目(客户端校验)</a></td>
    </tr>
    <tr><th>浏览记录</th>
        <td><a href="liulan.asp" target="_blank">浏览科目信息</a></td>
    </tr>
    <tr><th rowspan="2">分页显示</th>
        <td><a href="fenye1.asp" target="_blank">分页显示(有页面超链接)</a></td>
    </tr>
    <tr>
        <td><a href="fenye2.asp" target="_blank">分页显示(带命令按钮)</a></td>
    </tr>
    <tr><th>分组统计</th>
        <td><a href="kjkm_groupBy.asp" target="_blank">
            分组统计科目信息(见第6章"统计与计算")</a></td>
    </tr>
    <tr><th rowspan="3">查询记录</th>
        <td><a href="chaxun.html" target="_blank">按科目名称模糊查询</a></td>
    </tr>
    <tr><td><a href="chaxun1.html" target="_blank">按选择项进行查询</a></td>
    </tr>
    <tr><td><a href="chaxun2.asp" target="_blank">
            按选择项和比较运算符进行查询</a></td>
    </tr>
    <tr><th rowspan="4">修改记录</th>
        <td><a href="update_on_query.asp" target="_blank">修改科目</a></td>
    </tr>
    <tr><td><a href="xiugai_shezhi.asp" target="_blank">成批修改</a></td>
    </tr>
    <tr><td><a href="xiugai_chongfu.asp" target="_blank">
            重复输入校验的成批修改(服务器端校验)</a></td>
    </tr>
    <tr><td><a href="updateOnInputCheck.asp" target="_blank">
            重复输入校验的成批修改(客户端校验)</a></td>
    </tr>
    <tr><th rowspan="3">删除记录</th>
        <td><a href="shanchu.asp" target="_blank">直接删除查到的记录</a></td>
    </tr>
    <tr><td><a href="del.asp" target="_blank">
            选择删除查到的记录(客户端校验)</a></td>
    </tr>
    <tr><td><a href="deleteRecord.asp" target="_blank">
            选择删除查到的记录(服务器端校验)</a></td>
```

```
</tr>
<tr><th rowspan = "3">系统菜单</th>
    <td><a href = "caidan.html" target = "_blank">
          利用 div + CSS 设计的菜单</a></td>
</tr>
<tr><td><a href = "Menu.html" target = "_blank">
          利用 Dreamweaver 设计的菜单</a></td>
</tr>
<tr><td><a href = "sysMemu.html" target = "_blank">
          利用表格设计的功能菜单</a></td>
</tr>
<tr><th rowspan = "3">用户管理</th>
    <td><a href = "zhuce.html" target = "_blank">用户注册</a></td>
</tr>
<tr><td><a href = "#" target = "_blank">修改密码</a></td></tr>
<tr><td><a href = "#" target = "_blank">用户注销</a></td></tr>
<tr><th>系统登录</th>
    <td><a href = "denglu.html" target = "_blank">登录入口</a></td>
</tr>
</table>
</body>
</html>
```

说明如下。

（1）HTML 表格中，“< th rowspan＝"2">增加记录</th>”表示将标准表格的连续 2 个上下单元格合并成一个单元格。

（2）“< a href＝"＃" target＝"_blank">修改密码</a>”表示单击“修改密码”超链接时，在新开的窗口打开此页面，＃ 将被替换成确定后的网页文件名称。

（3）< style type＝"text/css">…</style >表示 CSS 样式，其中 h3{text-align：center；}表示<h3>标记的文本居中显示；th{text-align：center；width：100px；border-color：gray；border-style：dashed；}表示< th >标记的单元格宽度（width）为 100px，边框颜色（border-color）为灰色，边框样式（border-style）为虚线，文本对齐方式（text-align）为居中。这些属性可根据运行时的实际情况赋予较为合理的值。

7.8 Web 用户信息注册设计与实现

开发管理信息系统时一般都会考虑用户管理的功能，包括用户注册、修改密码、用户注销等模块的设计与实现。一种通用的做法是建立数据库和密码数据表，并通过相应的用户界面对密码数据表分别执行增加用户、修改密码、删除用户信息等操作。这样，用户进行系统登录时，就可以根据密码数据表中的记录，判断用户是否为会员，从而确定是否可以使用系统。本节阐述用户注册功能模块的设计与实现，包括密码数据表和用户注册表单（界面）的创建、用户注册信息的处理。

7.8.1 密码数据表与 Web 用户信息注册表单

1. 在账务处理数据库中创建密码数据表

用户使用管理信息系统前，应该首先进行系统登录。系统登录时，用户必须提供账号和密码。假设用户的账号和密码信息保存在账务处理数据库(zwcl)的密码数据表(mima)中，mima 数据表的结构如图 6-33 所示(参见 6.3.3 节"MySQL 数据库客户端命令格式与应用"中的"建立数据表")。如果还没有建立 zwcl 数据库和 mima 数据表，可先在 MySQL 数据库命令行客户端，使用下述命令创建：

```
create database if not exists zwcl;
use zwcl;
create table mima(账号 varchar(16) not null, 密码 varchar(16), primary key(账号));
```

上述第一行命令用于建立 zwcl 数据库，第二行命令用于打开 zwcl 数据库，第三行命令用于建立 mima 数据表。以此命令建立的 mima 数据表包含账号和密码两个字段，均为字符型数据，宽度为 16 位，其中账号是主键(不允许有重复的值)，可根据需要增加其他相关字段(如可增加用户类别字段，以确定用户的操作权限)。用户可以通过 Web 进行信息注册，将账号和密码信息保存在 zwcl 数据库的 mima 数据表(简称 zwcl. mima 数据表)中。可以规定 zwcl. mima 数据表中密码的位数不能低于 6。

2. Web 用户信息注册表单界面设计

设计用户信息注册表单界面如图 7-55 所示，对应的网页文件为 zhuce. html。在用户信息注册表单界面，输入账号的值，并输入两次密码，再单击"注册"按钮(或按下 Alt＋Z 组合键)，若两次输入的密码值不一致，则提示"密码不一致，请重新输入"；若两个密码文本框中的字符完全相同但低于 6 位，则提示"密码不能低于 6 位，请重新输入"；只有当两次输入的密码一致且不低于 6 位时，才将表单输入区域的数据交由网页文件 zhuce. asp 进行处理。用户注册网页文件 zhuce. html 中的代码如下。

```
< html >
< head >
< title >管理信息系统用户注册</title>
< script language = "javascript">
function Check(){
  objMm1 = document. getElementById("mm1");
  objMm2 = document. getElementById("mm2");
  if (objMm1. value!= objMm2. value) {   //若密码不一致
    window. alert("密码不一致,请重新输入");
    objMm1. value = "";
    objMm2. value = "";
    objMm1. focus();
    return false;
  }else{   //若密码一致
    if (objMm1. value. length < 6){ //若密码位数低于 6
      window. alert("密码不能低于 6 位,请重新输入");
      objMm1. value = "";
      objMm2. value = "";
      objMm1. focus();
      return false;
    }
  }
}
</script >
</head >
< body >
```

```
< form action = "zhuce. asp" method = "post">
< table align = "center" border = "1">
    < caption >< strong >用户注册</strong ></caption >
    < tr >
    < td align = "right">输入账号: </td>
    < td >< input type = "text" name = "zh" autofocus = "autofocus" maxlength = "16"></td>
    </tr>
    < tr >
    < td align = "right">输入密码: </td>
    < td >< input type = "password" name = "mm1" id = "mm1" maxlength = "16"></td>
    </tr>
    < tr >
    < td align = "right">重输密码: </td>
    < td >< input type = "password" name = "mm2" id = "mm2" maxlength = "16"></td>
    </tr>
</table>
< p align = "center">
    < input type = "submit" value = "注册(Z)" accesskey = "Z" onclick = "return Check()">
    < input type = "reset" value = "重置(C)" accesskey = "C">
</p>
</form>
</body>
</html>
```

图 7-55　Web 用户信息注册表单界面

说明：< input type＝"submit" value＝"注册(Z)" accesskey＝"Z" onclick＝"return Check()">表示注册按钮(即提交按钮)，其中 accesskey＝"Z" 表示按下 Alt＋Z 组合键相当于单击注册按钮，onclick＝"return Check()"表示单击注册按钮时转向"function Check() {…}"执行 Check()函数，该函数主要用于检验两个密码框的值是否一致及密码位数是否低于 6，若密码不一致或位数低于 6，则进行相关提示且不提交表单数据；若密码一致且位数不低于 6，则将表单数据提交给由< form action＝"zhuce. asp" method＝"post">指定的 zhuce. asp 文件进行处理。

7.8.2　用户注册信息处理

由用户注册网页文件 zhuce. html 中定义的表单可知，处理表单数据的网页文件为 zhuce. asp。由于在客户端已验证两次输入的密码一致且不低于 6 位，所以服务器端 zhuce. asp 中接收到的两个密码值也一定相等且不少于 6 位，只需判断所接收到的账号的值是否在 zwcl. mima 数据表中存在，若不存在，则将接收到的账号值和密码值作为一条新的记录插入到该数据表，并重定向至用户信息注册表单界面(不保留上次输入的账号值和密码值)，以便继续进行注册操作；否则，需要返回"已存在此账号，请重新输入"的提示和"返回"超链接,单击该超链接返回至用户信息注册表单界面(保留上次输入的账号值),以便于进一步的操作。注册处理文件 zhuce.asp 中的程序代码如下。

```
<%
set conn = server.createobject("adodb.connection")
strConn = "driver = {mysql odbc 3.51 driver}; server = localhost; database = zwcl;"
strConn = strConn & "user = root; password = 12345678; port = 3306;"
conn.open strConn
conn.execute("set names gb2312")
set rs = conn.execute("select * from mima where 账号 = '" & request("zh") & "'")
if rs.eof then
        strSQL = "insert into mima(账号,密码) values('"
        strSQL = strSQL & request("zh") & "','" & request("mm1") & "')"
        conn.execute(strSQL)
        response.redirect "zhuce.html"
else
        response.write "已存在此账号,请重新输入<br>"
        response.write "<a href = 'javascript:history.back()'>返回</a>"
end if
rs.close
set rs = nothing
conn.close
set conn = nothing
%>
```

7.9 Web 信息管理系统登录设计与实现

用户使用 Web 信息管理系统时,需要先进行系统登录。系统登录的基本原理是,用户通过系统登录界面输入账号和密码,如果输入的账号和密码与数据库的密码数据表中事先保存的某条记录相匹配,则成功登录系统菜单(或系统首页,或考虑了操作权限的菜单),这时用户可以通过系统菜单(或系统首页,或考虑了操作权限的菜单)进行相关操作;否则登录失败,不能使用系统。系统登录设计包括系统登录界面(表单)的设计和系统登录数据的处理。

7.9.1 系统登录界面设计

1. 系统登录表单界面与网页代码

登录是使用 Web 信息管理系统必不可少的步骤。通过登录,可保证合法用户在被赋予的权限内正常使用系统,保证无权限的用户不得使用系统。设计账务处理系统登录表单界面,如图 7-56 所示。用户输入账号和密码,单击"登录"按钮(或按下 Alt+R 组合键)时执行登录处理(对应于文件 denglu.asp),单击"重填"按钮(或按下 Alt+C 组合键)时重置表单。假定输入的密码字符显示为占位符●,建立系统登录表单文件 denglu.html,该文件中的网页代码如下。

```
<html>
<head><title>管理信息系统登录</title></head>
<body>
<form action = "denglu.asp" method = "post">
<table align = "center" border = "1">
```

```
< caption >
    < b >系统登录</b >(< a href = "zhuce.html" target = "_blank">注册</a >)
</caption >
< tr >
    < td >账号(Z):</td >
    < td >< input type = "text" name = "zh" autofocus = "autofocus" accesskey = "Z"></td >
</tr >
< tr >
    < td >密码(M):</td >
    < td >< input type = "password" name = "mm" accesskey = "M"></td >
</tr >
</table >
< table align = "center" cellpadding = "10">
< tr >< td align = "center">
    < input type = "submit" value = "登录(R)" accesskey = "R" >
    < input type = "reset" value = "重填(C)" accesskey = "C"></td >
</tr >
</table >
</form >
</body >
</html >
```

图 7-56　系统登录表单界面

2. 系统登录表单文件 denglu. html 中相关代码的说明

(1) < input type＝"password" name＝"mm">表示名称为 mm 的密码输入区域,表单运行期间,用户输入密码时,输入区域内显示占位符●。

(2) < table align＝"center" cellpadding＝"10">中的 cellpadding＝"10"表示表格的单元格边框与其内部内容之间的空间大小为 10 像素,没有设置 border 属性表示边框宽度为默认值 0(即不显示边框)。这样设置主要是为了使"登录"和"重填"按钮与其上边的表格之间保持恰当的间距。

(3) < input accesskey＝"X">表示的表单要素可通过按 Alt＋X 组合键被选中。例如,本例中< input type＝"text" name＝"zh" autofocus＝"autofocus" accesskey＝"Z">表示的文本框用于输入账号,可直接按下 Alt＋Z 组合键选中该文本框输入账号数据,不必使用鼠标也可以进行相关操作。

(4) 为方便用户执行注册操作,在系统登录表单界面以超链接形式提供了"注册"入口。

7.9.2　系统登录处理

1. 系统登录处理流程

单击系统登录表单界面的"登录"按钮(或按下 Alt＋R 组合键)后,由服务器执行 denglu.

asp 文件以完成登录处理。登录处理的大致流程如下。

（1）接收从系统登录表单传递来的账号和密码，并建立与数据库的连接。

（2）建立记录集对象，查询 zwcl. mima 数据表中有无匹配的账号和密码。如果有（表示账号和密码正确），则重定向到系统菜单（打开账务处理系统操作界面），否则提示"账号或密码不对，不能使用账务处理系统"和超链接"返回"。

（3）关闭与释放记录集对象，关闭与释放连接对象。

2. 系统登录处理文件 denglu. asp

创建系统登录处理文件 denglu. asp，该文件中的网页代码如下。

```
<%
strZhanghao = request.form("zh")
strMima = request.form("mm")
set conn = server.createobject("adodb.connection")
strConn = "driver = {mysql odbc 3.51 driver}; server = localhost; database = zwcl;"
strConn = strConn & "user = root; password = 12345678; port = 3306;"
conn.open strConn
conn.execute("set names gb2312")
strSQL = "select * from mima where 账号 = '" & strZhanghao
strSQL = strSQL & "' and 密码 = '" & strMima & "'"
set rs = conn.execute(strSQL)
if not rs.eof then
  response.redirect("caidan.html")
else
  response.write "账号或密码不对,不能使用账务处理系统"
  response.write "<br><a href = 'denglu.html'>返回</a>"
end If
rs.close
set rs = nothing
conn.close
set conn = nothing
%>
```

3. 系统登录处理文件 denglu. asp 中相关代码的说明

系统登录处理文件 denglu. asp 中，response. redirect("caidan. html")可写成 response. redirect "caidan. html"，其作用是重定向到 caidan. html 对应的网页。在重定向操作过程中，客户端与服务器端需要进行两次来回的通信，第一次通信是对原始页面的请求，得到一个目标已经改变的应答，第二次通信是请求 response. redirect 指向的新页面，得到重定向的页面（如重定向到 Web 信息管理系统菜单界面，URL 地址栏显示的文件名是 caidan. html）。此语句也可用 server. transfer("caidan. html")或 server. transfer "caidan. html"替换，server. transfer 方法把执行流程从当前的 ASP 文件转到同一服务器上的另一个网页（如转到账务处理系统菜单界面，URL 地址栏显示的文件名是 denglu. asp）。与 response. redirect 方法相比，使用 server. transfer 方法时，客户端与服务器端只需进行一次通信，因而需要的网络通信量较小，可获得更好的性能和浏览效果。

4. 设置 IIS 默认文档，使用户不必输入文件名就能直接访问登录表单界面

按 6.1.1 节"基本运行环境与 IIS 设置"中 的"设置默认文档"（见图 6-12），将系统登录表单文件 denglu.html 添加至 IIS 管理器的"默认文档"列表,之后,在浏览器 URL 地址栏,输入 http://127.0.0.1/is 或 http://localhost/is,再按回车键就可以直接进入系统登录表单界面(见图 7-56),进行系统登录操作。

思考题

1. 参照 7.1.1 节,分析通讯录系统的任务和功能结构,画出通讯录系统的功能模块结构图。

2. 上机操作。已知利用 MySQL 数据库管理系统创建的通讯录数据库(tongxunlu 数据库)中包含通讯录数据表(txl 数据表),txl 数据表的结构如图 6-45 所示(参见第 6 章思考题第 21 题)。请利用 HTML＋ASP＋MySQL 开发一个基于 Web 的通讯录系统,要求:

(1) 参照 7.2.1 节(或 7.2.2 节)设计联系人信息输入表单,实现联系人信息输入功能。注意,账号(主键)不允许在 txl 数据表中有重复,性别的值只能是男或女。

(2) 参照 7.3.1 节实现联系人信息浏览功能。注意,在表格中输出联系人的信息时,不要显示账号信息,可显示序号。

(3) 参照 7.3.2 节采用页码超链接(或命令按钮)方式,实现联系人信息分页显示功能。注意,不要显示账号信息,可显示序号。

(4) 参照 7.4.1 节(或 7.4.3 节)设计联系人信息查询表单,实现按姓名、性别、手机号、邮政编码、联系地址查询联系人信息的功能。注意,不要显示账号信息,可显示序号。

(5) 参照 7.5.1 节设计联系人信息查询与修改表单,实现按姓名、性别、手机号、邮政编码、联系地址查询与修改联系人信息的功能。注意,可以显示但不能修改账号信息,可显示序号,性别的值只能修改成男或女。

(6) 设计一个专门的账号查询与修改表单,实现用户修改自己账号的功能。注意,查询与修改表单可让用户输入自己的原账号、姓名、性别、手机号、邮政编码、新账号等信息,在txl 数据表中有匹配的记录,且新账号的值在 txl 数据表中不重复时,才允许将原账号的值修改为新账号的值,否则不能修改。

(7) 参照 7.6.1 节(或 7.6.2 节,或 7.6.3 节)设计联系人信息删除表单,实现联系人信息删除功能。

(8) 参照 7.7.2 节(或 7.7.3 节)设计一个通讯录菜单(可借助 Dreamweaver),能调用和执行上述功能。

(9) 参照 7.9 节,以账号为登录账号、手机号为登录密码,设计一个系统登录表单和一个用于登录处理的 ASP 程序,实现系统登录功能,使得账号与密码都正确时登录到第(8)小题设计的通讯录菜单,否则,不能使用通讯录系统,并进行必要的提示。

(10) 参照 7.8 节,在 tongxunlu 数据库中创建 mima 数据表,并设计用户信息注册表单界面,实现用户信息注册功能。注意,密码需输入 2 次且一致,账号值在 mima 数据表中不能重复。然后,以 mima 数据表中的账号和密码为登录账号和登录密码重做第(9)小题,实现系统登录功能。

参 考 文 献

［1］李国红.Web 数据库技术与 MySQL 应用教程［M］.北京：机械工业出版社,2020.

［2］李国红.管理信息系统［M］.郑州：郑州大学出版社,2017.

［3］李国红,秦鸿霞.Web 数据库技术及应用［M］.2 版.北京：清华大学出版社,2017.

［4］李国红.管理信息系统设计理论与实务［M］.北京：经济科学出版社,2009.

［5］朱顺泉,姜灵敏.管理信息系统理论与实务［M］.修订版.北京：人民邮电出版社,2004.

［6］刘霞.管理信息系统［M］.郑州：郑州大学出版社,2012.

［7］姜同强.信息系统分析与设计教程［M］.北京：科学出版社,2004.

［8］黄梯云.管理信息系统［M］.北京：高等教育出版社,2000.

［9］薛华成.管理信息系统［M］.3 版.北京：清华大学出版社,1999.

［10］王要武.管理信息系统［M］.北京：电子工业出版社,2003.

［11］仲秋雁,刘友德.管理信息系统［M］.4 版.大连：大连理工大学出版社,2003.

［12］刘鹏,刘亚彬,杜梅先,等.管理信息系统［M］.武汉：武汉大学出版社,2004.

［13］许晶华.管理信息系统［M］.广州：华南理工大学出版社,2003.

［14］张月玲,卢潇.管理信息系统［M］.北京：清华大学出版社,2005.

［15］麦克劳德,谢尔.管理信息系统（第 8 版,影印本）［M］.北京：北京大学出版社,2002.

［16］哈格,卡明斯,麦卡布雷.信息时代的管理信息系统［M］.严建援,等译.北京：机械工业出版社,2004.

［17］相万让.网页设计与制作［M］.北京：人民邮电出版社,2012.

［18］丁志云.新编 Visual FoxPro 数据库与程序设计教程［M］.北京：中国电力出版社,2005.

［19］李国红.管理信息系统数据输入模块的设计与实现：兼论会计科目的输入设计［J］.中国管理信息化（会计版）,2006(11)：19-22.

［20］李国红.基于 Web 的会计科目输入处理的设计与实现［J］.中国管理信息化,2008(13)：4-8.

［21］秦鸿霞.基于 Web 的信息查询处理的设计与实现［J］.中国管理信息化,2009(16)：8-11.

［22］秦鸿霞.管理信息系统数据查询与修改模块的设计与实现：兼论会计科目的查询与修改［J］.中国管理信息化,2009(13)：4-7.

［23］秦鸿霞.管理信息系统数据删除处理的设计与实现：兼论会计科目的删除处理［J］.中国管理信息化,2009(11)：12-14.

［24］秦鸿霞.基于 Web 的信息输入模块的设计与实现［J］.情报探索,2008(7)：65-66.

［25］李国红.管理信息系统记录定位的设计与实现［J］.中国管理信息化（综合版）,2007(1)：37-39.

［26］李国红.账务处理与报表系统的菜单设计及实现方法［J］.中国管理信息化,2009(1)：4-6.

［27］李国红.管理信息系统用户登录的设计与实现：兼论管理信息系统的开发方法［J］.中国管理信息化（综合版）,2005(10)：70-72.

［28］李红梅,韩逢庆,崔骅.管理信息系统规划的主要方法及其评价［J］.重庆工业管理学院学报,1998(4)：51-53.

［29］焦瑾.管理信息系统平台模式的构建［J］.计算机时代,2002(9)：12-13.

图书资源支持

感谢您一直以来对清华版图书的支持和爱护。为了配合本书的使用，本书提供配套的资源，有需求的读者请扫描下方的"书圈"微信公众号二维码，在图书专区下载，也可以拨打电话或发送电子邮件咨询。

如果您在使用本书的过程中遇到了什么问题，或者有相关图书出版计划，也请您发邮件告诉我们，以便我们更好地为您服务。

我们的联系方式：

清华大学出版社计算机与信息分社网站：https://www.shuimushuhui.com/

地　　址：北京市海淀区双清路学研大厦 A 座 714

邮　　编：100084

电　　话：010-83470236　010-83470237

客服邮箱：2301891038@qq.com

QQ：2301891038（请写明您的单位和姓名）

资源下载：关注公众号"书圈"下载配套资源。

资源下载、样书申请

书 圈

图书案例

清华计算机学堂

观看课程直播